LA VIE ÉSOTÉRIQUE DE JÉSUS CHRIST

Discovery Publisher

2020, Discovery Publisher

Auteur : Ernest Bosc

616 Corporate Way
Valley Cottage, New York
www.discoverypublisher.com
editors@discoverypublisher.com
Fièrement pas sur Facebook ou Twitter

New York • Paris • Dublin • Tokyo • Hong Kong

TABLE DES MATIÈRES

LA VIE ÉSOTÉRIQUE DE JÉSUS CHRIST

AVANT-PROPOS

Encore une nouvelle *Vie de Jésus*, dira tout d'abord le lecteur? À quoi bon? Il en existe déjà un si grand nombre que le besoin ne s'en faisait nullement sentir!...

Tel n'est pas notre avis; et voici pourquoi:

Évidemment, écrire une nouvelle «Vie de Jésus» banale (orthodoxe ou hérotodoxe) comme il en existe delà des milliers, ce ne serait vraiment pas la peine de le faire et le besoin ne s'en faisait pas sentir; mais nous avons la prétention de présenter à un public tout spécial, au public occultiste et théosophique[1] une œuvre qui ne ressemble en rien à celles qui l'ont précédée, car au milieu de la quantité innumérable d'Écrits sur l'admirable personnalité du divin Nazaréen, aucun n'est traité au point de vue qui nous occupe et auquel nous nous sommes placés, c'est-à-dire au point de vue ésotérique, au point de vue du pur Ésotérisme.

En effet, parmi les éminents auteurs qui nous ont précédés, aucun n'a traité la *Vie ésotérique* de N.-S. Jésus-Christ.

Voilà pourquoi nous avons jugé utile et d'un réel intérêt, en ce moment surtout, de traiter à nouveau un sujet qui parait inépuisable, en nous plaçant à un nouveau point de vue; du reste, dans le courant de notre étude, nous aurons l'occasion de parler d'un grand nombre d'auteurs, qui ont traité, avant nous, ce sujet captivant entre tous, et de réfuter des théories, parfois singulières, car pour les uns Jésus est Dieu, fils de Dieu, et pour d'autres ce n'est qu'un homme ordinaire, vulgaire même, un simple prestidigitateur pour la plupart, accomplissant des miracles par truquage, par simulation, dit M. Renan.

Pour beaucoup de gens, Jésus n'a jamais existé, c'est un mythe, une légende!

1. Sous ce terme Théosophique, nous englobons toutes les personnes qui s'occupent et qui étudient la sagesse divine, l'antique Sagesse, qu'il vaudrait mieux dénommer cosmosophie, nous comprenons également sous ce même terme, toutes les personnes qui s'occupent purement de religion ou de philosophie spiritualiste.

Parmi ces derniers se trouve H.-P. Blavatsky, la cofondatrice de la *Société théosophique anglaise*, qui a son siège à Madras; dans l'Inde. Or, c'est là une donnée fausse et qui n'a pu traverser que des esprits singulièrement portés au paradoxe.

On trouvera un peu plus loin l'article en question de madame Blavatsky.

D'un autre côté, des théosophes éminents, M. Leadbeater, entre autres, affirment que la Vie de Jésus peut être racontée heure par heure, étant écrite dans les clichés akasiques, et que si on ne l'a pas publiée, c'est qu'une pareille vie apporterait certainement un grand trouble dans les consciences chrétiennes. Ceci nous parait un argument singulier, car pouvoir dire la vérité, la vérité historique sur ce personnage qui a bouleversé le monde de la pensée, nous ne voyons pas en quoi cela peut troubler les consciences; ce qui trouble, c'est la fausseté, c'est le mensonge et tous les troubles du monde doivent passer après la vérité!...

Anna Kingsford et M. Maitland[1] deux théosophes aussi reconnaissent eux, qu'il y a un Christ historique; ils nous disent que pour eux, la révélation a cessé d'être un privilège sacerdotal et est destinée à devenir de plus en plus universelle, mais graduée selon les capacités. Ce n'est pas le Christ historique qu'ils ont voulu nous montrer, mais le Christ-Principe, le Verbe humain et divin, le fils de l'homme devenant, par sa Régénération, le Fils de Dieu dont chaque homme porte en lui le germe latent.

Enfin le colonel américain M. Olcott, le cofondateur de la S. T. à qui nous avons fait part de ces divergences d'opinions au sujet de Jésus, nous a répondu que, comme Initié, Jésus n'ayant pas prévu, comme il aurait dû, le résultat final de sa mission, s'étant trompé à son sujet, avait pu être considéré par H.-P. Blavatsky comme un être mythique, surtout à cause de son histoire arrangée par les Pères de l'Église; il y a ici, nous l'admettons volontiers, une idée qui pourrait être victorieusement défendue; mais pour nous, comme pour bien d'autres, comme pour tous les esprits indépendants et de bonne foi, Jésus a existé, mais pas à l'époque exacte, à quelques années près, indiquée par les *Livres Saints*; mais enfin, son existence est un fait incontestable!

Une preuve formelle de son existence nous est fournie par un grimoire syrochaldaïque presque contemporain de Jésus-Christ, le Sepher Toldos Jeschu, dans lequel les Juifs prétendent que tous les miracles du Christ

1. *La voie parfaite,* traduit de l'anglais: vol. in-8, Paris 1892, Félix. Alcan, éditeur; préface page 11.

doivent être attribués à la Magie kabbalistique de nom incommunicable! Ce nom pouvait être un puissant Mantra, nous le voulons bien, et Jésus le connaissait, comme nous le verrons ultérieurement, mais ce n'était pas la cause unique de la thaumaturgie de Jésus.

La vérité est donc que Jésus a bien existé, qu'il était essénien et un haut Initié de l'Ordre, ce qui lui a permis de posséder des connaissances approfondies sur les phénomènes de la Nature et de produire des faits absolument merveilleux pour la majorité des humains; ajoutons qu'armé des vastes connaissances que possédait l'Ordre des Esséniens, Jésus était un Thaumaturge et un Thérapeute tout à fait hors de pair.

Voilà ce dont il faut bien se persuader. Ceci établi, formellement admis, la plupart des actes et des faits de Jésus s'expliquent naturellement pour ceux de nos lecteurs, surtout, qui connaissent bien ce qu'est réellement la grande Fraternité essénienne sur laquelle nous fournirons des renseignements certains presque inconnus, pour la plupart.

Beaucoup d'auteurs ont parlé des Esséniens, mais ne nous ont fourni que des données fausses, erronées, auxquelles nous avons substitué des renseignements certains, authentiques, nous nous plaisons à le répéter.

Dans *Action de Jésus sur le monde*, Daniel Ramée dit avec raison (Introd. X): «Les vérités éternelles sont aussi claires pour des cerveaux bien organisés, que les propositions mathématiques, puisque toutes ensembles elles offrent la théologie des choses et n'ont jamais eu besoin du glaive de la justice pour se maintenir intactes dans le monde. C'est que ces vérités ne sont pas uniquement réputées divines, c'est qu'elles sont véritablement divines, et ce qui est divin se conserve et trouve en lui-même sa propre sauvegarde. L'erreur seule a besoin de la défense extérieure et matérielle.

«Depuis les grands travaux de la critique allemande, depuis les ouvrages consciencieux et substantiels de H. C. G. Paulus, en 1828; de X. A. Hase, en 1829, D. F. Strauss en 1835, Bruno Bauer en 1841, et autres, la Vie de Jésus est rendue à la vérité historique...

«La Vie de Jésus a donné naissance à une prodigieuse quantité de brochures, au nombre desquelles, on n'en distingue que deux[1] réellement sérieuses. Quant au reste, il semble avoir été écrit au temps où la scolastique était en

1. *Lettre adressée à M. Ernest Renan,* par Henri Disdier, Genève, 1863, in-8°. *Jésus devant l'histoire* ou *examen de la vie de Jésus de M. Renan,* par Havet in-8°, 1863. —Voyez aussi une critique de Charles Selles dans *la Revue du Progrès,* n° de juillet 1863, page 481.

décadence, ces réfutations cléricales ne réfutent rien ; les arguments quelles opposent à leurs adversaires ne sont que des sentences, des affirmations, sans preuve et sans science. »

Notre confrère et regretté ami, Daniel Ramée oublie évidemment une étude hors pair du p. Gratry, qui est une réfutation honnête, loyale et des plus consciencieuse de l'œuvre de Renan ; nous aurons l'occasion d'en citer quelques passages dans notre œuvre ; il oublie également la meilleure brochure peut-être sur Renan de l'abbé Michon.

La grande et noble figure de Jésus de Nazareth a tenté bien des érudits et un grand nombre d'écrivains, mais aucun d'eux, nous nous plaisons à le répéter, n'a étudié la *Vie ésotérique de Jésus*[1], et cependant c'était celle-ci qui était de beaucoup la plus vraie, la plus intéressante, mais aussi de beaucoup la plus difficile à étudier ; aussi nous a-t-il fallu de longues années d'études pour constituer et parfaire notre œuvre, afin de pouvoir étayer l'ensemble de nos données sur des preuves tellement concluantes, certaines, quelles puissent passer, auprès des lecteurs même très difficiles à satisfaire, pour des preuves véritables, d'autant que la vie de Jésus ne fournit que de rares matériaux d'une origine certaine, et ces matériaux sont difficiles à souder entre eux, à réunir en un bloc parfait pour restituer la Personnalité *historique* du divin Nazaréen.

Les sources originelles, documentaires, se réduisent à fort peu de choses, quelques lignes de Tacite, qui parle même avec un grand dédain « d'un certain Christus condamne à mort sous le règne de Tibère par ordre du *Procurator* Ponce Pilate ».

Et Tacite écrivait les lignes qui précèdent trois quarts de siècle après l'exécution du jugement.

Suétone n'est guère plus explicite ; quant à la lettre de Pline à Trajan, personne n'ignore aujourd'hui qu'elle est apocryphe.

L'historien Josèphe le juif ne nous donne que fort peu de renseignements ; un seul passage de ses œuvres, très certainement interpolé ; quant à d'autres sources, la plupart ne peuvent avoir aucune espèce d'autorité, car trop souvent elles affectent le caractère d'une polémique plutôt injurieuse ; on ne saurait donc y puiser des données de quelque valeur.

1. Le beau livre de Anna Kingsford et de Maitlsand, *La Voie parfaite,* dont nous venons de parler a pour sous-titre ; ou *Le Christ ésotérique,* c'est-à-dire le type Christ pris non dans le sens historique, mais dans le sens ésotérique, ce qui est tout différent d'une Vie ésotérique de J.-C.

Nous sommes donc limités dans nos matériaux aux seuls livres du *Nouveau Testament*, et parmi ceux-ci aux seuls Évangiles dont la valeur historique est non seulement des plus contestée, mais des plus contestable.

Ainsi, l'Évangile de Marc, disciple et interprète de l'apôtre Pierre, nous donne un résumé de la prédication de celui-ci. Cet Évangile remonte vers l'an 65 ou 70 de l'ère chrétienne. On peut contrôler ledit résumé par les Évangiles de Mathieu et de Luc, car l'un et l'autre de ces apôtres ont reproduit celui de Marc ; mais nous possédons aussi un Recueil de discours, sentences et paraboles de Jésus, écrit par Mathieu même, en langue araméenne. Ce Recueil, d'un prix inestimable, remonte à dix ans plus haut que l'Évangile de Mathieu et nous permet de nous faire, jusqu'à un certain point, une idée à peu près exacte de l'Enseignement de Jésus.

Dans l'Évangile de Luc, nous trouvons, indépendamment du récit primitif de Marc et des Logia de Mathieu, au document de premier ordre ; nous voulons parler « de l'Évangile des Voyages de Jésus[1] », fragment important et original de Luc dans lequel nous voyons en particulier la visite de Jésus aux deux sœurs Marthe et Marie, l'histoire de Zachée le Péager, ainsi que les paraboles du bon Samaritain, de l'Enfant prodigue, du Pharisien et du Péager, celle du mauvais Riche, celle du Figuier stérile, et d'autres encore.

Dans l'Évangile de saint Jean, nous puiserons des renseignements en plus grand nombre que dans les autres apôtres, parce que cet Évangile nous parait de beaucoup le plus authentique, se rapprochant certainement le plus de la vérité ; malheureusement, il a été singulièrement été travesti, on y voit des traces évidentes de fraudes qui nous a été faciles d'effacer pour y substituer ce que devait fournir le texte primitif l'Évangile de Jean date probablement de la fin du premier siècle ; ce dont on est certain, c'est que vers l'an 150 environ, personne ne se doutait de son existence. Pour nous, cet Évangile représente la plus belle version de la vie de N. S., c'est pourquoi nous l'avons préférée aux Évangiles synoptiques, et cela en toute connaissance de cause, car nous n'ignorons pas que Renan a dit au sujet de cet Évangile que :

« Toute personne qui se mettra à écrire la vie de Jésus sans théorie arrêtée sur la valeur relative des Évangiles, se laissant uniquement guider par le sentiment du sujet, sera ramenée dans une foule de cas à préférer la narration de Jean à celle des synoptiques. Les derniers mois de la vie de Jésus en particulier ne s'expliquent que par Jean ; une foule de traits de la

1. IX, 5 ; XVIII, 44.

Passion, inintelligibles dans les synoptiques[1], reprennent dans le récit du quatrième Évangile la vraisemblance et la possibilité. »

Et après avoir écrit les lignes qui précèdent, Renan dit ce qui suit, qui semble contredire, en partie, ce que nous venons de voir de cet auteur :

« C'est l'auteur du quatrième Évangile, en effet, qui est le meilleur biographe de Jésus[2].

« Le canevas historique du quatrième Évangile est la vie de Jésus, telle qu'on la savait dans l'École de Jean ; c'est le récit qu'Aristion et Presbyteros Joannes firent à Papias, sans lui dire qu'il était écrit, ou plutôt n'attachant aucune importance à cette particularité. J'ajoute que, dans mon opinion, cette École savait mieux les circonstances extérieures de la vie du Fondateur que le groupe dont les souvenirs ont constitué les Évangiles synoptiques. Elle avait, notamment sur les séjours de Jésus à Jérusalem, des données que les autres ne possédaient pas. Les affiliés de l'école traitaient Marc de biographe médiocre, et avaient imaginé un système pour expliquer ses lacunes[3]. Certains passages de Luc, où il y a comme un écho des traditions johanniques[4], prouvent du reste que ces traditions n'étaient pas pour le reste de la famille chrétienne quelque chose de tout à fait inconnu...

« En somme, j'admets comme authentiques les quatre Évangiles canoniques. Tous, selon moi, remontent au premier siècle, et ils sont à peu près des auteurs à qui on les attribue ; mais leur valeur historique est fort diverse. »

Ceci est incontestable, c'est pourquoi nous avons préféré l'Évangile de Jean, dans lequel on retrouve des traits, des éclairs de lumière qui viennent réellement du divin Maitre ; puis c'est bien dans cet Évangile et non dans les autres qu'on retrouve tout le mysticisme, tout l'Ésotérisme du divin Nazaréen.

Du reste, des textes formels nous en parlent comme d'un document de

1. Par exemple ce qui concerne l'annonce de la trahison de Judas.

2. *Vie de Jésus*. Introd, XXXVI.

3. *Papias,* loc. cit. *(*c'est-à-dire dans *Eusèbe,* Hist. Eccl, III. *39).*

4. Ainsi le pardon de la femme pècheresse, la connaissance qu'a Luc de la famille de Béthanie, son type de caractère de Marthe répondant au διηκόνει de Jean (XII, 2), le trait de la femme qui essuya les pieds de Jésus avec ses cheveux, etc., etc.

premier ordre; c'est Justin[1] , Athénagore[2] Tatien[3], Théophile d'Antioche[4] et Irénée[5].

Le rôle qu'a joué l'Évangile de Jean dont le Gnosticisme est très visible principalement dans le Montanisme[6], dans le système de Valentin[7] ainsi que dans la controverse des quartodécimans[8].

On peut suivre l'École de Jean pendant tout le second siècle.

On admet généralement que la Première Épitre attribuée à Jean est bien de lui ou de l'auteur de son Évangile, le fait est confirmé par Poly carpe[9].

Les documents johanniques renferment aussi, d'après nous, des renseignements très utiles, très importants, qui complètent et corrigent parfois les traditions de cette époque si intéressante.

Enfin en ce qui concerne la Passion de Jésus. Nous avons cru devoir nous inspirer d'un livre écrit par une Visionnaire, par Anne Catherine Emmerich, car bien des révélations de la pieuse religieuse nous paraissent empreintes de vérité; nous ne pouvons regretter qu'une chose, c'est que l'auteur qui a rédigé ces visions ait certainement apporté bien des changements, qu'un œil exercé peut parfaitement reconnaitre; nous avons donc agi avec la plus extrême prudence dans les emprunts faits dans ce livre très remarquable au point de vue historique, nous ne craignons pas de l'affirmer.

Nous avons puisé beaucoup de faits anecdotiques dans l'Évangile de Marc, car les détails et les anecdotes sur un personnage en vue peuvent fournir des renseignements instructifs, ils reproduisent souvent en effet, des choses de tradition et sont dès lors plus vrais que de longs discours, d'amples dissertations tels que ceux qui figurent par exemple dans l'Évangile de Mathieu.

Un ou deux siècles après J.-C., il a paru de nombreux évangiles: Évangile selon les Hébreux, Évangile suivant les Égyptiens, etc. Que les Évangiles en

1. Apol., I, 32, 61 Dialog, cum. Tryph., 88.
2. Legado pro Christ., 10.
3. Adv. Græc. 5, 7.,*cf.* Théodoret, Hæretic. fabul., I, 20. Eusèbe H. E., IV, 29.
4. Ad autolycum.
5. Adv. hær., II, XXII, 5; III, 1.
6. *Irénée,* adv. hær., III, XI, 9. *Eusèbe,* Hist. Eccl., V, 24.
7. *Ibid.* III, 1; II, XXII.
8. *Eusèbe,* Hist. Eccl., V, 24*; Papias in Eusèbe,* Hist. Eccl. III, 39; *Irénée,* adv. hær., III, XVI, 5-8.
9. Epist, ad Philipp., 7-9.

général et ces derniers surtout, soient en partie légendaires, c'est là un fait incontestable, mais tous, disons-le franchement, contiennent un grand fond de vérité et on peut le constater souvent; on peut avec un peu d'intuition séparer le bon grain de l'ivraie; on peut voir ce que le sectarisme passionné a pu ajouter et soupçonner, ce qu'il a pu retrancher. Ce qu'il faut surtout examiner et étudier avec le plus grand soin, c'est l'époque à laquelle ont été faits les divers Évangiles et par qui ils ont été faits ou inspirés.

Tels sont les éléments à l'aide desquels on peut reconstituer une synthèse de la vie de Jésus, sinon à peu près véridique, au moins en tout cas vraisemblable, et pouvant commencer à entrer dans le domaine de l'histoire.

De la quantité des documents sérieux, étudiés soigneusement par nous, il résulte que:

Jamais Jésus ne songea à créer un mouvement révolutionnaire pour soustraire les Juifs au joug romain; il voulait seulement inaugurer une révolution sociale pour assurer aux déshérités les moyens d'existence qui leur faisaient alors, comme aujourd'hui, complètement défaut.

Il annonçait bien l'avènement du *Règne de Dieu*, mais ne pensa jamais avoir été le Messie; ce n'est qu'après sa crucifixion, que ses disciples lui attribuèrent cette qualité. Jésus fit une grande propagande pour ses idées, mais sans aucun plan préconçu. Ses discours exaspérèrent les représentants de la Théologie officielle, surtout quand il annonçait l'imminente, d'une révolution sociale. Ces sentiments du Novateur Nazaréen irritaient les détours de la Synagogue, qui finirent par obtenir son supplice, en y employant toutes sortes de moyens iniques et perfides, mais surtout en agitant devant le Procurator romain, le spectre rouge de la révolution contre Rome, contre César; voilà son crime.

Après le crucifiement de leur Maitre, les disciples retournent en Galilée et y élaborent la doctrine de Jésus, qui est bien, malgré tout ce qu'on a pu dire, l'œuvre d'un philosophe, d'un penseur profond, humanitaire, car il a été surtout puissant par la passion, la bonté, le cœur.

Sa vie n'a été qu'une lutte, un combat ferme et sans violence. Il savait, il voulait, il osait, mais IL NE SUT PAS SE TAIRE.

Voilà pourquoi sa mission ne fut pas entièrement accomplie!...

Du reste, il ne pouvait pas se taire, puisque sa mission consistait précisément à prêcher à tous et partout la vérité, à répandre la parole de son père.

Après la disparition de Jésus, il se forma un Parti dit des Nazaréens qui pratiqua les traditions du Maitre.

Qu'étaient au juste ces Nazaréens C'était une secte ou société secrète, qui avait beaucoup d'affinité avec les kabbalistes. Cette Confrérie on Fraternité, comme on voudra l'appeler, étudiait la Loi de Moise et la commentait. Elle ne prit guère naissance qu'un peu avant la venue de J.-C. ; on suppose que celui-ci était un de ses affiliés. Mosheim[1] fait naitre cette secte au IVe siècle. C'est très certainement une erreur, car saint Jérôme et saint Épiphane la font remonter au commencement du christianisme[2].

Pour écrire notre œuvre, nous avons travaillé avec une autre méthode, nous avons noté avec la plus scrupuleuse attention tous les faits qu'affirment les Évangiles et nous avons admis ceux qui ne paraissent pas avoir été ajoutés par des interpolateurs ou des sectaires intéressés à altérer leur vérité.

Nous avons écarté pour l'écrire tout sentiment personnel, toute émotion exagérée, passionnée, ainsi que tous les systèmes et théories préconçues, pour n'envisager « que le critère absolument impersonnel » comme dirait M. Strada.

Nous avons suivi tous les principaux faits de la vie du Nazaréen, nous les avons réunis, groupés entre eux d'une façon probante et nous les avons amenés jusqu'à la conclusion logique qu'ils commandent, et cela, sans nous préoccuper des résultats qu'ils témoignent en faveur d'une thèse ou d'une théorie, même de celles qui pourraient aider ou favoriser un sectarisme quelconque.

Avec un grand nombre d'auteurs, M. Strada[3] attribue au divin Maitre une ambition temporelle qu'il n'a jamais eue, il le montre comme voulant s'emparer du pouvoir temporel afin de se faire élire le chef du peuple juif, puis n'ayant pas réussi dans cette tentative, il se serait contenté, d'après cet auteur, de poursuivre un pouvoir spirituel pour remplacer à lui seul la hiérarchie des prêtres et créer, pour ainsi dire, une organisation théocratique et papale, qui aurait été soutenue par ses douze disciples ou apôtres, un pour chaque tribu.

1. Indice antique *christianorum disciplina* ;, Sect I, chap. V.

2. Ceux de nos lecteurs, qui voudraient des renseignements sur la secte n'auraient qu'à consulter le *Codex Nazareus,* 3 vol., publié par Mathieu Norberg, 1815.

3. Dans *Jésus et l'Être de la science*, in-12, Paris, Oliendord, 1895.

Ces données ne reposent sur aucune base solide.

Quand on a bien médité et réfléchi sur l'homme et sur son noble caractère, on peut certainement affirmer ceci :

Jésus est venu apporter à la terre l'étincelle du pur amour. Il a accepté, au sein même du Père, le courant du feu divin, qui seul peut régénérer l'humanité.

Ce feu suprasensible est le feu Principe créateur ; lui seul donne la vie. Il anime la matière dans tous les règnes et dans tous les deux. — Dans l'âme, où ce feu céleste a une fois pénétré, il ne peut y avoir de souillures, car tout ce qui est contraire à l'amour est enlevé, dès qu'il agit sur une âme. Le processus de l'amour dans celle qui se donne entièrement à lui, est le plus merveilleux des phénomènes les, et de celui-là on peut dire qu'il est surnaturel, car plus rien de matériel, dépendant de la nature objective à n'importe quel état de subtilité, n'existe plus ! Et l'être ainsi sanctifié par ce fieu divin, bien que vivant parmi les humains, n'appartient déjà plus à leur race. Son enveloppe charnelle n'est qu'un véhicule purement automatique qui lui permet de prendre contact avec les Terriens ; son système psychique même, est modifié, il est en état de somnolence ; seul le Corps causal[1] est en pleine activité, mais toutefois, ne fait pas sentir sa puissance au corps physique que dans de fugaces éclairs, pas toujours d'une manière régulière dans le commerce de l'être (ainsi élevé) avec les humains. Ce n'est que par l'amour que l'homme peut vaincre ses mauvaises tendances, qu'il a cultivées lui lui-même et cela forcément durant sa longue période d'évolution, alors que l'instinct qui lui était fourni par la nature inférieure pour sa sauvegarde l'y incitait constamment.

Jésus donc est venu sur la terre pour accomplir une seule mission : prêcher à l'homme l'amour de son prochain, lui faire comprendre la grande Loi de solidarité.

Tout son enseignement pourrait être formulé et résumé dans ces deux sentences essentiellement esséniennes :

Aimez-vous les uns les autres !

Que la Paix soit avec vous !

1. En théosophie, ou nomme Corps causal un agrégat de substance subtile que constitue le manas supérieur (Égo supérieur) — On dénomme cet Égo « Corps causal » parce qu'il porte en lui les germes des autres principes humains et toutes les causes crées par les actes de la vie individuelle qu'il représente.

Il y a de nombreuses années que nous voulions écrire la Vie du divin Maitre, de l'Esprit protecteur de notre Planète, au point de vue ésotérique ; en agissant ainsi nous pensions réaliser le vœu magnifique exprimé par Proudhon[1] en ces termes : « Jésus est une individualité à retrouver, à restituer, à refaire presque, tant il a été dissout, pulvérisé par la religion même, dont il a été l'auteur.

« Rétablir cette grande figure dans sa vérité humaine et dans la réalité de son œuvre est aujourd'hui un travail de première nécessité. Et le moment approche où Jésus ainsi représenté au public obtiendra un succès égal à celui qu'il eut, il y a 1830 ans, dans les campagnes de Galilée.

« Or Jésus dépouillé de ses miracles, de sa messianité, de sa divinité, de tout prestige surnaturel, ramené à la vérité de sa nature, à sa pure individualité, devient un homme prodigieux.

« Sa carrière publique est à peine d'un an ; tout ce qui la précède est inconnu, mais heureusement n'a pas besoin d'être connu. De sa vie privée, de son caractère, de son individualité, même pendant sa mission, on ne sait rien, que juste ce qu'il faut pour constater que ce Jésus fut très positivement un homme, non un Dieu, ni un fantôme ; non une création de la légende, une ombre.

« Ce qu'on sait ensuite, non complètement, mais suffisamment, c'est son Œuvre, œuvre à la fois humanitaire et individuelle et c'est ici que se manifeste la grandeur immense du sujet.

Telle est bien l'idée que nous avons eue, le projet que nous avons caressé en écrivant cette nouvelle œuvre.

Avons-nous réussi dans notre délicate et périlleuse entreprise ?

Avons-nous retrouvé, restitué, refait, cette grandiose Personnalité ?

Nous en faisons juge le Lecteur !

E. D.

Paris, 25 octobre 1901

1. *Jésus et les Origines du Christianisme*, p. 138 et 140.

PREMIÈRE PARTIE

DE LA PERSONNALITÉ DE JÉSUS DE NAZARETH

CHAPITRE PREMIER

• De la personnalité de Jésus • Jésus ésotérique

C'est avec beaucoup de raison que l'on a dit qu'il fallait le recul du temps pour bien juger d'une époque ; à fortiori, dirons-nous, pour bien juger d'une Personnalité, surtout quand elle a occupé dans l'histoire, dans la philosophie et dans la religion une très grande situation, ce qui est bien dans le cas de N. S. Jésus-Christ.

La religion, celle-ci, appartient l'humanité, comme l'a fort bien dit Proudhon, et c'est pourquoi tout le monde a le droit d'en parler, ce qu'en aucun temps et sous aucun climat, le prêtre n'a voulu permettre.

« Je cherche les lois du juste, du bien et du vrai[1] ; ce n'est qu'à ce titre que je me permets d'interroger la religion. Elle appartient à l'humanité ; elle est le fruit de ses entrailles. À qui serait-elle méprisable ? Honorons en toute foi, en toute Église reconnue ou non reconnue par l'État, honorons jusque dans le Dieu quelle adore, la conscience humaine : gardons la charité, la paix avec les personnes à qui cette foi est chère. C'est notre devoir et je n'y manquerai pas. Mais la piété publique satisfaite, le système de la théologie appartient à ma critique ; la loi de l'État me l'abandonne ».

Ces idées de Proudhon sont fort justes et permettent de traiter la question, pouvons-nous dire, avec toute liberté d'action, il faut, du reste, pour la traiter, posséder une sorte d'intuition, de prescience et d'inspiration.

Proudhon nous dit que le système de la Théologie appartient à sa critique, mais nous devons ajouter que beaucoup d'auteurs ont voulu faire de la théologie, la Boussole de la science ; c'est là une grave erreur, car la théologie et la science sont des ennemies implacables. Aussi nous ne pouvons que partager absolument l'avis de M. Charles Naudin, l'honorable et regretté

1. P.-J. Proudhon, *De la Justice dans la Révolution et dans l'Église,* I, p. 3. — Œuvres complètes, Paris, 1570.

membre de l'Académie des sciences quand il dit[1] :

« Ce que je ne puis concéder, c'est que la théologie serve de flambeau à la science. Toutes deux sont légitimes, mais elles correspondent à des aspirations différentes ; toutes deux doivent rester indépendantes dans leurs allures, pour que leurs décisions fassent autorité.

« La théologie et la science ont toujours fait mauvais ménage et se sont nui mutuellement toutes les fois qu'on a voulu les enchainer l'une à l'autre. Il y a entre elles incompatibilité d'humeur. Le propre de la science est la libre recherche dans toutes les voies accessibles à l'esprit humain, et tant quelle reste sur son domaine, toutes les audaces du libre penseur doivent lui être permises. Les erreurs, quand elle en commet, c'est à elle-même de les redresser et il n'est pas à craindre que ses erreurs s'éternisent dans un temps où toutes les théories sont discutées et contredites. Mais malgré leur antagonisme, qui est plus apparent que réel, la théologie et la science convergent à une même fin, qui est, si je ne me trompe, de résoudre le problème de la destinée humaine. »

Mettant à profit les idées qui précèdent, nous entrerons immédiatement dans le vif de notre sujet.

Et tout d'abord, la première pensée qui se présente à l'esprit est celle-ci : Jésus est-il Dieu ou bien n'est-il qu'un homme ?

Pour les uns, Jésus est Dieu, le fils de Dieu, la seconde personne de la Trinité !

Pour les autres, Jésus n'est qu'un homme, qu'une créature humaine ne comportant dans sa personne rien autre de *divin,* que n'en comporte tout le reste des humains.

Or, nous ne saurions partager complètement l'une ou l'autre de ces opinions.

Pour nous, Jésus est un être humain et Dieu à la fois, mais pas de la façon que le croit et l'admet l'Église catholique et avec elle le bon vulgaire.

Pour nous, Jésus est ce que l'on nomme dans la science hindoue un *Nirmanakaya,* c'est-à-dire un être humain très avancé, très évolué qui, par une série d'existences, a atteint le Nirvana, mais qui n'a pas voulu user de la haute situation que lui a mérité son Karma, pour être utile à ses frères en humanité, qui a voulu les aider à racheter leurs fautes par une expiation imméritée. C'est là le sacrifice sublime fait par Jésus pour le bonheur, pour

1. *Bulletin de la Société botanique de France,* tome XXI (Séance du 13 nov. 1874).

l'avancement et le plus grand progrès de ses Frères terriens.

Le sacrifice par lui une fois accepté, il se réincarne sur la terre et là, il oublie sa grande Personnalité, sa qualité de *Nirmanakaya* (une sorte de Divinité) pour ne rester qu'un simple humain comme tous ses frères en humanité. Et c'est ceci, qui explique son beau rôle envers l'humanité, de même que le mérite de ses souffrances.

Avant de poursuivre cette thèse, nous parlerons de la question de la réincarnation de Jésus. Bien des personnes se sont demandées et se demandent journellement, si le Christ a été soumis à la *Loi de la réincarnation,* puisque ce n'était qu'un être humain et non un Dieu?

Comme dans toutes les graves questions les uns sont pour la réincarnation, les autres s'inscrivent contre elle. Parmi ceux-ci, nous devons mentionner l'opinion de Roustaing dans son ouvrage intitulé: *Les Quatre Évangiles,* «la Vie médianimique dictée, dit l'auteur, par ceux qui ont préparé la mission terrestre de Jésus et qui ont participé à son accomplissement» (Mathieu, Marc, Luc et Jean).

Nos lecteurs sont évidemment libres de ne point ajouter foi à cette hypothèse.

«Jésus, y dit-on, était et est infaillible, comme étant en rapport direct et constant avec Dieu. Sa pureté parfaite lui permettait d'approcher du centre de toute pureté; il était et il est son Verbe auprès de nous, en ce sens qu'il était et qu'il est, et par, et pour son Dieu et votre Dieu son père, votre maitre.»

Pour bien comprendre ce terme infaillible que Roustaing applique à Jésus, nous mentionnerons ce qu'il écrit à ce sujet:

« Les Esprits, dit-il, qui, dociles aux esprits chargés de les conduire, de les développer, ne faillissent point, continuent à progresser à *l'état fluidique.* »

Ceci est généralement admis par tous les occultistes réincarnationistes.

Dès lors, d'après Roustaing, pas d'incarnation pour ceux-là et partant pas de réincarnation, et d'après cet auteur Jésus aurait été de ceux-là.

Nous n'hésitons pas à nous inscrire en faux contre une pareille thèse. —Jésus, en effet, avait fini, en tant qu'humain, la série de ses existences, quand il est venu accomplir bénévolement, volontairement sa mission angélique; il était, suivant la philosophie bouddhique, nous l'avons déjà dit, un Nirmanakaya, c'est-à-dire un Saint ayant atteint le Nirvana, et il a sacrifié sans regret, sans aucune hésitation, cet état de béatitude, auquel il avait droit pour venir instruire ses frères et améliorer leur sort, comme nous l'avons dit précédemment. Or, si nous admettions la thèse catholique : *Jésus est Dieu, Fils de Dieu* ; dans ce cas où serait son mérite ?

Sa personnalité divine lui permettant de supprimer toute douleur, toute souffrance, Jésus, dans sa *Passion,* n'aurait rien, absolument rien souffert, il aurait donc joué une infâme *comédie,* ce qu'admet Renan l'athée, ce qui est de toute impossibilité, ce qui est absolument inadmissible ; et c'est cependant ce qu'admettent implicitement certains écrivains catholiques ! Tandis qu'au contraire, Jésus n'étant qu'un homme, un simple humain (dès lors, rien de ce qui est humain ne lui est étranger), il éprouve donc la joie, les tristesses, la douleur, les humiliations et les souffrances de tous genres. Rien ne lui est épargné ; au contraire, sa nature sensitive, hautement sensitive, lui fait éprouver une plus grande acuité de sensation. S'il résiste aux tentations, il en a tout le mérite ; s'il porte sa croix, il en souffre, il en supporte le poids réel, la charge tout entière ; s'il est injurié, souffleté, tourné en dérision, s'il subit toute sorte d'opprobres et d'avanies, il éprouve réellement dans son esprit, dans son cœur, dans son âme, dans sa chair, toutes les avanies, toutes les douleurs, toutes les souffrances, et il ressent toutes ces émotions avec une intensité inconcevable, comme les ressentent les natures sensibles et généreuses. Étant libre d'échapper à toutes ces épreuves, s'il les surmonte victorieusement il doit récolter et il récolte effectivement tout le mérite de son immense sacrifice, et c'est la *Douloureuse Passion,* qu'il subit dans son extrême rigueur, qui sert d'exemple aux hommes et qui rachète ainsi tous les crimes de l'humanité.

Donc, ceux qui considèrent Jésus comme un simple humain l'exaltent beaucoup plus et le glorifient bien autrement que les catholiques orthodoxes qui le considèrent comme Dieu ; de plus, ils sont beaucoup plus logiques, puisque, pour souffrir réellement, intégralement sa Passion, il lui faut n'être qu'un homme, le fils d'une femme, d'une Vierge devenue mère par le moyen ésotérique que nous expliquons plus loin, car Joseph n'a jamais été que le père nourricier de Jésus.

Nous partageons complètement en ceci les vues de l'Église catholique, apostolique et romaine.

Il n'y a guère que Paul, l'apôtre des Gentils, qui ait bien compris la personnalité de Jésus ; il la considère comme humaine, mais d'une humanité transcendante ; pour Paul, comme pour nous, Jésus est le plus grand des hommes parmi les grands hommes et à quoi faut-il attribuer cette transcendance ? À la pluralité de ses existences ; dans chacune de celles-ci, Jésus a pu atteindre une évolution supérieure, l'évolution finale, celle des Nirmanakayas.

Or, les évangélistes eux-mêmes reconnaissent que Jésus était venu d'autrefois sur la terre, donc il n'est pas venu il y a dix-neuf siècles pour la première fois ; c'est là un fait irréfutable. Si donc il s'est réincarné plusieurs fois, il n'était pas Dieu, mais simplement un homme. Ceci est généralement admis par des philosophes et des exégètes catholiques, chrétiens.

Du reste, la divinité de J.-C. n'était pas formellement admise dans les premiers siècles du christianisme.

Voici, à ce sujet, l'opinion d'un pasteur, protestant il est vrai, M. Albert Réville, mais précisément à cause de sa qualité, très compétent et très versé dans les questions religieuses et notamment dans celle qui nous occupe.

Or, d'après M. Réville[1], la croyance à la divinité de J.-C. commença à se former chez les Gnostiques, en vacillant longtemps dans les écrits des ères apostoliques ; elle s'affermit avec Justinien le martyr et l'Évangile attribué à Jean, et elle ne triompha contre la doctrine plus rationnelle d'Arius au concile de Nicée en 325, que par la pression purement politique de l'Empereur.

Le catholicisme a marqué le premier pas vers le polythéisme, les autres en sont la conséquence ; ce n'est que le premier pas qui coute. Du *dithéisme,* avec le Christ du IVe siècle, nous passons au *trithéisme* avec le Saint-Esprit dans le symbole *Quicumque* du VIIIe siècle, et nous aboutissons au *tétrathéisme* du Concile du Vatican avec Marie l'immaculée : « C'est logique, avec les papes infaillibles, ils augmenteront encore le catalogue, si on leur en laisse le temps. »

En envisageant, ainsi que nous venons de le faire, la belle personnalité de Jésus, nous entrons par là en plein *ésotérisme* ; nous sortons des sentiers faux et battus, nous entrons dans la saine tradition, dans la vérité ésotérique.

Et c'est dans celle-ci et par celle-ci que nous allons écrire la Vie du grand martyr, du grand Crucifié, par la haine et la méchanceté des sacerdoces, des rabbins de l'ancienne et despotique loi de Mosché (Moïse), sacerdoces, eux, qui n'ont jamais changé, dans tous les temps et dans tous les pays, et qui semblent avoir adopté une devise célèbre : *Ut sint, aut non sint.*

Ils sont tels, sans cela ils ne seraient pas !

C'est précisément pour détruire cet état de choses que Jésus est venu en

1. A. Réville, *Histoire du dogme de la divinité de Jésus-Christ*, vol. in-I *2,* Paris, Fischbacher.

ce monde comme Sauveur.

Telle est nettement caractérisée la personnalité du doux Nazaréen, telle était bien sa véritable mission :

Réformer les abus, donner à chacun sa part de soleil, proclamer la fraternité et la solidarité humaines et n'employer pour tout ce vaste effort que l'amour, ces simples mots :

Aimez-vous les uns les autres.

Jésus Ésotérique

Nous avons dit dans notre Avant-propos qu'aucun auteur n'avait écrit une *Vie ésotérique de Notre Seigneur Jésus-Christ,* qu'aucun n'avait jusqu'ici envisagé la vie de Jésus *au point de vue ésotérique.* Ceci est exactement vrai, mais ne signifie pas qu'aucun auteur n'ait jamais voulu effleurer le sujet. Au contraire, ces derniers sont très nombreux.

Ainsi, quand nous parlerons des Esséniens, nous mentionnerons un volume de MM. R. Girard et Garredi, qui renferme quelques données assez timides sur l'ésotérisme de la vie de Jésus ; nous reconnaissons également que notre collègue de la société théosophique, Franz Hartmann, dans son *Jehosuah von Nazareth,* a traité subsidiairement de l'ésotérisme de la vie de Jésus[1].

Un auteur français, un jeune philosophe catholique, M. Albert Jhouney, dans un opuscule intéressant, a esquissé quelques idées ésotériques au sujet du Christ, mais n'a jamais eu la prétention d'écrire une *Vie ésotérique* de Jésus.

Nous analyserons brièvement les rages écrites par cet auteur avant sa conversion complète au catholicisme, de sorte qu'aujourd'hui, Albert Jounet n'écrirait peut-être pas ce qu'a écrit l'ésotériste *Albert Jhouney.*

Quoi qu'il en soit, voici la thèse soutenue par notre honoré confrère et ami.

1. Ayant eu l'occasion de voir à Nice, au commencement d'avril, le Dr Franz Hartmann, nous lui avons posé cette question : « Avez vous jamais eu l'intention d'écrire, dans votre *Vie de Jésus,* quelques chapitres ésotériques ? » Il m'a répondu littéralement ceci : « Je n'ai eu que l'intention d'indiquer la chose, ouvrir un horizon sur cette question. » Et quelques minutes auparavant, dans une conférence en anglais qui a été faite chez une de nos amies et au cours de laquelle chacun posait des questions au théosophe allemand, j'avais demandé à Hartmann « s'il croyait que J.-C. sur la croix avait pu, en *corps astral,* aller parler à Jean, son disciple favori ». Le docteur, au lieu de me répondre directement, prit une tangente en disant que « c'était là une question de dogme qu'il désirait ne pas aborder ».

Il débute en nous disant que le nom et l'œuvre de Jésus de Nazareth a déjà passionné et passionnera encore longtemps l'humanité, et qu'un politicien de l'Église dit un jour à un saint prêtre (à l'abbé Rocca, pensons-nous) :

Vous ne savez que racler cette vieille guitare de l'Évangile. Mais n'insistons pas.

A. Jhouney dit que le Christ, tel que nous l'ont montré les prêtres, est méconnaissable, ce n'est pas l'esprit de charité et de fraternité qu'il a toujours été et que, quand l'Évangile aura trouvé un bon interprète, il deviendra tellement lumineux que tout le monde et jusqu'aux prêtres eux-mêmes seront chrétiens.

C'est bien là notre opinion, de même que nous partageons pleinement les idées suivantes, si bien exprimées.

« Mais ce Christ vivant, ce Christ lumineux, ressuscité dans le cœur des peuples et adoré par le Sacerdoce des temps nouveaux, ce Verbe de gloire est-il celui que le dogme obscurcit et que la négation repousse ? Je ne le crois pas ! Et je suis convaincu que la victoire du christianisme serait impossible sans une conception plus vraie, plus évangélique et plus profonde du Christ. »

M. Jhouney ajoute quelques lignes après :

« Le désir israélite pur n'eut de fidèles que les millénaires attendant le retour visible et triomphant du Roi, qui règnerait mille ans sur le peuple des Élus. »

Les douteurs modernes qui ont traité de notre sujet, dont le plus célèbre est M. Ernest Renan, nous montrent le Christ comme un homme, tout simplement ; ils ne reconnaissent ni n'admettent la dualité de sa nature, dit notre auteur ; pour ces gens-là, ce n'est qu'un homme exalté d'une haute moralité, bien que capable de simuler le miracle, afin de frapper les esprits et pouvoir ainsi propager sa doctrine avec plus de fruits. Ils vont même jusqu'à nous représenter cette noble figure comme un inconscient devenant *Messie* par déférence, par complaisance envers ses disciples, et heureusement sauvé du ridicule par sa mort.

En ce qui concerne sa mission, ils veulent bien reconnaitre que, malgré ses faiblesses, il eut de beaux élans de prophète et de thaumaturge.

« Pour Renan, le Christ est un homme dont l'idéalisme a contribué à parer l'humanité, et dont le caractère mêlé de grandeur et de défaillances le fait le premier et le plus illustre de ces mystiques capables d'héroïsme et de ruses, comme l'histoire nous en montre. C'est un Mahomet sans la chair et sans le sabre ; un Savonarole plus puissant, peut-être moins pur, un moraliste, un idéaliste et un charmeur dans le sens oriental, un peu Magicien, un peu équivoque.

« Telle est l'image que le doute moderne se forme du Christ. »

Un peu plus loin, A. Jhouney partage, sans le dire ouvertement, notre idée que le Christ est un *Nirmanakaya,* quand il dit que l'action des âmes supérieures dans notre monde est la cause de tout ce qui arrive de beau et de bien.

Puis, Jhouney trouve dans Jésus une sureté dans ses affirmations essentielles, un équilibre parfait, un caractère de vie et de perfection admirables. Le comparant avec les prophètes d'Israël, il nous dit que ceux-ci ont bien une élévation robuste, mais non pas la tendresse et le charme profond de Jésus ; ils n'ont pas non plus sa douceur et en même temps son énergique fermeté.

Au point de vue ésotérique, Jhouney reconnait que le Christ est né de Dieu comme toutes les âmes et... qu'il subsiste de son être humain tout ce qui est nécessaire pour que son sacrifice fût réel. En ce qui concerne la Trinité, le Christ, étant un homme, correspond naturellement au principe masculin de ladite Trinité... Et le Christ ésotérique embrasse et incarne toute la Trinité ésotérique... La doctrine de Jésus fit rayonner les vérités essentielles qui suffirent à réunir l'homme et Dieu. Il effaça de la religion toutes les vaines pratiques, tous les rites et cérémonies extérieurs et inutiles, pour ne laisser subsister que la charité, l'observation, les commandements venant du cœur pour honorer Dieu... Quant à sa prédication directe, elle fut uniquement essentiellement morale.

« Nul mieux que Jésus n'eut le sens de l'âme, ne connut plus intimement que lui, que l'âme, le fond de l'être, ne vit que d'amour, de pureté et de justice, et que tout le reste est du superflu, qui vient par surcroit. »

« Dieu lui avait donné cœur à cœur la vérité réelle. Et il était trop sûr que Dieu seul peut la donner pour enseigner aux hommes une autre voie. La vérité profonde n'est qu'en Dieu et pour aller à Dieu il n'y a que le bien.

Puis, notre confrère ajoute :

Dans ses *Paraboles* sur le royaume de Dieu, Jésus nous indique les vérités que le Père enseigne, ainsi que tout ce qu'il révèle aux humbles et qu'il cache aux puissants. Le fond de cet enseignement, c'est la *Régénération de l'homme,* sa fusion en Dieu qui devient sa récompense : c'est absolument la doctrine hindoue du Nirvana !

Jésus montre cette régénération comme devant éveiller dans l'âme un instinct de l'invisible, une perception intérieure, qui aide grandement à l'avancement de l'homme.

Dans l'ordre moral, Jésus a mis au-dessus de tout : la Charité ! *Hors la charité, pas de salut,* a-t-il dit en quelque sorte !

Toutes les hypocrisies, tous les pharisaïsmes, il les a également rejetés.

Les quatre principes primordiaux de sa morale ont été : *Sincérité, Charité, Amour, Perfection.*

Et toute science vient de Dieu, voilà pour l'ordre intellectuel.

Un fait curieux à retenir est celui-ci : que la pensée est une force, la prière une accumulation, puis une dépense et une projection de force !

Et, revenant sur une idée émise dans le début de son étude, notre confrère dit avec raison que Renan a montré trop souvent Jésus comme un prestidigitateur, et considère ses miracles et ses prodiges comme un résultat de simulation. Or, quelques années plus tard, des savants véritables ont démontré la réalité de faits surprenants qu'on considérait à tort comme des prodiges : faits de lévitation, de psychométrie, de télépathie, etc.

« Cherchons maintenant comment le Christ sauve les hommes et comment il faut entendre, d'après la *doctrine ésotérique,* ce qu'on dit des mérites du Rédempteur.

« Jésus sauve les hommes en leur ouvrant, par sa doctrine, la voie unique ; il les sauve encore en ayant incarné dans sa vie et sa passion la réalité vécue de sa doctrine. Enfin, il contribue au salut de la planète non seulement par le dévouement de sa vie, mais encore par une activité continuée après sa mort, car, réuni à Dieu, il est devenu un des organes de son rayonnement, un des actes spirituels de sa Providence qui dirige spécialement ses efforts sur la Planète à qui son passage a refait une âme.

« De plus, le Christ de notre planète est à la fois un symbole et un élément du Christ universel, du principe général qui, dans la pensée de Dieu, correspond à l'humanité parfaite et qui s'unit avec les âmes parfaites à mesure quelles rentrent dans ce principe... Ainsi, les mérites du Christ ne nous sont applicables qu'après un effort de notre part et, là-dessus, l'Église n'est pas en désaccord avec la doctrine ésotérique. »

Dans les lignes qui précèdent, nous venons de résumer ce qui a été écrit à notre époque sur le Christ ésotérique ; c'est bien peu de chose, comme peut en juger le lecteur ; aussi pouvons-nous dire avec raison que rien ou presque rien n'a été dit sur le sujet que nous allons traiter.

Un auteur éminent qui a écrit une Œuvre des plus remarquables, M. Saint-Yves d'Alveydre nous avait promis une *Vie ésotérique de Jésus,* et nous allons voir comment il s'est acquitté de sa promesse.

Voici ce que nous dit cet auteur dans sa *Mission des Juifs* :

« Dans le chapitre suivant, je conduirai le lecteur en Judée à Jérusalem ; je lui ferai lire clairement tous les signes historiques de la Société juive de ce temps, pénétrer toutes ces catégories, depuis le monde officiel, toujours déprimé par la politique, toujours inféodé bon gré mal gré, au Nemrodisme divinisé, toujours aveugle à l'Esprit de Moïse et des Abramides sur ce point comme sur bien d'autres.

« Puis, nous entrerons pieusement dans le Temple, à l'ombre duquel vit Marie, dans les Communautés laïques des Nazaréens, des Esséniens de Palestine et de Chaldée, dans celles des Thérapeutes d'Égypte et dans leurs ramifications avec les Ordres et les Sanctuaires de l'Agneau.

« Je montrerai comment Marie, comment Jésus reprendront par l'Initiation la grande Tradition des Abramides et de Moïse, et je dévoilerai à ce sujet certaines profondeurs ésotériques peu connues.

« Nous verrons naitre le christianisme, nous écouterons la pensée secrète de son divin Fondateur sur les trois phases de son action : Purification morale des individus, Rectification intellectuelle des gouvernements par l'Esprit scientifique, vivant, de la Promesse, Restauration enfin de la Synarchie universelle de *Adveniat Regnum Tuum*[1].

Voilà certes un fort beau programme et très alléchant, nous allons voir comment va le développer notre auteur dans le chapitre suivant[2].

Jésus, Marie, Les Partis Politiques, Le Judaïsme Et Le Mosaïsme Ouvert. Les Ordres Laïques, Vie Publique De Jésus, Sa Science, Ses Miracles, Sa Promesse, Sa Mort, Sa Résurrection. Le Christianisme Des Apôtres Et L'israélitisme Messianique. Le Christ Crucifié Et Le Christ Glorieux. La Loi De Sa Promesse Sociale Est La Synarchie.

Voilà certes un titre de chapitre splendide, des plus alléchants ; on pourrait même faire un livre sur cet entête, sur ce programme.

1. *Mission des Juifs,* p. 823 et 824.
2. *Mission des Juif,* p. 825.

Nous allons voir comment s'en tire M. Saint-Yves d'Alveydre.

Ah! mes amis, quelle désillusion, écoutez plutôt:

« Ce chapitre était terminé, et j'allais l'envoyer à l'imprimerie, quand je fus pris d'un grand trouble d'âme, dont voici quelques raisons:

« Depuis des siècles la vie et la mort du Christ, Ses Enseignements, Son Évangile sont l'objet d'une guerre ardente entre les Talmudistes et les Théologiens.

« Depuis près d'un demi-siècle, c'est entre les Exégètes naturalistes et la Dogmatique des clercs que cette querelle passionnée a été reprise, au nom de l'érudition et de l'Histoire élémentaires.

« Derrière les combattants, toutes les anarchies universitaires et politiques se pressent sous des drapeaux divers, se fusillent de polémiques, se bombardent de controverses.

« Pour moi, sur ce terrain sacré, je vois tout autre chose qu'un champ de bataille.

« J'y vois la Paix annoncée par les Prophètes, et je ne dois pas alimenter la guerre par une nouvelle *Vie de Jésus,* étudiée cette fois, au point de vue ésotérique et à la clarté des principes.

« Sans doute, il m'est pénible de bruler mon travail, mais je sens avec trop de force la nécessité de cet holocauste, pour ne pas m'y résigner joyeusement.

« Ce livre est le protocole de la Paix du Monde, et, tôt ou tard, il la déterminera invinciblement d'un bout à l'autre, en démontrant scientifiquement la Loi sociale de cette Paix.

« Aurais-je écrit cette Mission et les deux précédentes, si je n'étais pas à la fois Universaliste et Chrétien?

Certainement non.

« J'ai donc rendu témoignage à Jésus-Christ, et ce chapitre ne ferait qu'enfoncer l'épée sur la terre sainte, où je ne dois déposer qu'un rameau d'olivier.

« C'est à un Israélite que je lègue le soin de combler cette lacune de cent et quelques pages.

« C'est à lui de venger Jésus de ses détracteurs et aussi, hélas! d'un grand nombre de ses défenseurs; c'est à lui de glorifier le Christ dans la lumière scientifique et dans la vérité sociale où j'ai glorifié Moïse.

« C'est à lui de toucher aux plaies de sa nation crucifiée, elle aussi depuis près de vingt-cinq siècles par le Nemrodisme, et qui n'a pas d'espérance de résurrection possible, en Palestine, que dans et par l'accomplissement des promesses de Jésus-Christ.

« Je lui ai d'avance indiqué les causes des maux de sa patrie avec une précision mathématique, ne laissant place à aucune équivoque, à aucune confusion entre les choses politiques et l'Ordre religieux et social.

« Que le noble esprit que j'appelle, et qui viendra, médite mes œuvres : une grande lumière se fera en lui, et en sortira pour le bien des siens, et de toute la judéochrétienté, puis de toute l'humanité.

« Il verra Jésus dans Son éblouissante splendeur, et le Christ Glorieux lui apparaitra dans ce Christ Douloureux, comme la Fin dans le principe, comme la moisson dans le froment.

« Alors, il retrouvera Israël dans le Genre humain, sa promesse dans celle de Jésus-Christ, sa loi sociale dans la Synarchie trinitaire.

« Que le Dieu de la totale Connaissance inspire cet homme, et bénisse en lui tous les siens, membres du Christ, au même titre que tous les hommes de cette Terre Un point d'exclamation et c'est tout.

Mais si M. de Saint-Yves ne tient pas ses promesses, il passe la plume à un Israélite et il lui donne d'excellents conseils !... pour écrire ce qu'un scrupule de conscience l'a sans doute empêché de le faire.

Ce conseil n'est-il pas un peu d'un Pince-sans-rire ?

CHAPITRE II

Divers récits sur la naissance de Jésus

De prime abord, il semblerait bien inutile de discuter si Jésus a existé et l'origine diverse qu'on attribue à sa naissance. L'existence du Sauveur du monde ne saurait être aujourd'hui mise en doute, pas plus que celle des chrétiens, qui lui sert de corolaire ; ce sont là des faits tellement évidents qu'il semble même qu'un auteur soit d'une grande naïveté pour les examiner. Cependant, comme il s'est créé autour du Christ tant de légendes et tant de mythes, il ne sera pas hors de propos d'étudier ici la question. Du reste, dans un ouvrage tel que le nôtre, il est absolument indispensable de produire tous les documents possibles, afin de détruire, s'il se peut, toute légende ou Mythe qui à l'heure n'ont plus aucune raison d'être admis par la science et l'érudition contemporaines.

Nous devons donner en premier lieu ce que rapporte madame H.-P. Blavatsky sur l'origine mythique du Sauveur du monde.

Voici comment s'exprime la célèbre Théosophe[1] :

« Pour moi, Jésus-Christ, c'est-à-dire l'Homme-Dieu des Chrétiens, copie des Avatars de tous les pays, du Chrishna hindou, comme de l'Horus égyptien, n'a jamais été un personnage historique. C'est une personnification déifiée du type glorifié des grands Hiérophantes des Temples[2] et son

1. *In Lotus rouge,* n°13 (avril 1888), page 3.

2. Chaque acte du Jésus du Nouveau Testament, chaque parole qu'on lui attribue, chaque évènement qu'on lui rapporte pendant les trois années de la mission qu'on lui fait accomplir, repose sur le programme du cycle de l'initiation, cycle basé lui-même sur la précession des Équinoxes et les signes du Zodiaque. Lorsque l'Évangile hébreu non *selon,* mais *par* Mathieu le Gnostique, dont on a fait un évangéliste (évangile dont parle saint Jérôme au IVe siècle et qu'il a refusé de traduire, sous prétexte qu'il était falsifié (!) par Séleucus, disciple manichéen, (*Vide Hieronymus : De viris illustr.*, cap. ni), lorsque dis-je, ce document original aura été traduit, si jamais on le retrouve et que les Églises chrétiennes auront du moins *un* document non falsifié, alors on pourra parler de la « Vie de Jésus » dont « nul

histoire racontée dans le *Nouveau Testament* est une allégorie contenant certainement de profondes vérités ésotériques, mais c'est une allégorie. Elle s'interprète à l'aide des *sept clés,* de même que le Pentateuque. Cette théorie des sept clés, l'Église, d'après l'abbé Rocca[1], l'aurait simplifiée et résumée en trois, « sans la dénaturer » alors qu'au contraire elle a fabriqué trois fausses clés qui n'ouvrent rien du tout. La légende dont je parle est fondée, ainsi que je l'ai démontré à diverses reprises dans mes écrits et dans mes notes, sur l'existence d'un personnage nommé Jehosua (dont on a fait Jésus) né à Lüd ou Lydda, vers l'an 120 avant l'ère moderne. Et si l'on contredit ce fait (ce à quoi je ne m'oppose guère) il faudra en prendre son parti et regarder le héros du drame du Calvaire comme un Mythe pur et simple. En effet, malgré toutes les recherches désespérées faites pendant de longs siècles, si on laisse de côté les témoignages des « Évangélistes », c'est-à-dire d'hommes inconnus, dont l'identité ne fut jamais établie, et celle des *Pères* de l'Église, fanatiques intéressés, ni l'histoire, ni la tradition profane, ni les documents officiels, ni les contemporains du soi-disant drame, n'ont pu fournir une seule preuve sérieuse de l'existence réelle et historique, non seulement de l'Homme-Dieu, mais même du nommé Jésus de Nazareth, depuis l'an 1 jusqu'à l'année 33. Tout est ténèbres et silence. Philon de Judée, né avant l'ère chrétienne et mort longtemps après l'année où, d'après Renan, l'hallucination d'une hystérique, Marie de Magdala, donne un Dieu au monde, Philon fit dans cet intervalle de quarante et quelques années plusieurs voyages à Jérusalem. Il y alla pour écrire l'histoire des sectes religieuses de la Palestine à son époque. Il n'est pas d'écrivain plus correct dans ses récits, plus soucieux de rien omettre : aucune communauté, aucune fraternité, fut-elle la plus insignifiante, ne lui échappe. Pourquoi donc ne parle-t-il pas des Nazaréens ? Pourquoi ne fait-il pas la plus lointaine allusion aux apôtres, au Galiléen divin, à la crucifixion ? La réponse est facile : parce que la biographie de Jésus fut *inventée après le premier siècle* et que personne à Jérusalem n'était plus renseigné que Philon sur ce sujet. On n'a qu'à lire la querelle d'Irénée avec les Gnostiques au IIe siècle, pour s'en assurer.

Ptolémée (l'an 180) ayant fait remarquer que Jésus ne prêcha qu'*un an* au dire de la légende, et qu'il était trop jeune pour avoir enseigné quelque

n'ignore » les évènements. En attendant, et sans perdre son temps à se disputer au sujet du siècle où aurait vécu Jésus ou Jehosna, un fait est certain, c'est que les occultistes sont en mesure de prouver que même les paroles sacramentelles qu'on lui attribue sur la croix ont été *dénaturées* et quelles veulent dire tout autre chose que leur traduction grecque.

1. Le fragment écrit par Blavatsky l'a été à propos d'une polémique du col celle-ci et du regretté abbé Rocca, un saint prêtre,s'il en fût. E. B.

chose d'important, Irénée a un bel accès d'indignation et certifie que Jésus prêcha plus de dix et *même* de vingt *ans*! La tradition seule, dit-il, parle de dix ans (lib. II, c. XXII, p. 4, 5). Ailleurs, il fait mourir Jésus âgé de plus de cinquante ans !!! Or, si déjà en l'an 180, un Père de l'Église a recours à la tradition et que personne n'était sûr de rien et qu'on ne faisait pas grand cas des Évangiles (des *Logia* dont il y avait plus de 66) qu'a à faire l'histoire dans tout ceci ? Confusion, mensonges, fourberies et faux, voilà le bilan des premiers siècles. Eusèbe de Césarée, le roi des falsificateurs, insère les fameuses 16 lignes touchant Jésus, dans un manuscrit de Josèphe, pour donner le change aux Gnostiques, qui niaient qu'il y eût jamais eu un personnage *réel* du nom de Jésus[1]. Plus encore : il attribue à Josèphe, un fanatique mort comme il avait vécu, en juif obstiné, la réflexion qu'il n'est peut-être pas juste de l'appeler (lui Iasous) un homme, car il était l'Oint du Seigneur, c'est-à-dire le Messie ! (Voyez Josèphe, *Antiq.*, lib. XVIII, cap. III).

Mais à quoi bon perdre son temps à redire des choses que tout homme bien élevé connait. Monsieur l'abbé nous renvoie, à tout moment, aux Évangiles et à saint Paul et, faisant pleuvoir un torrent de citations, il demande triomphalement : est-ce assez clair ? Le Christ ne dit-il pas *lui-même,* ceci et cela et saint Paul ne nous assure-t-il pas que... etc. » Inutile de dire que pour que les paroles de Jésus obtiennent quelque valeur comme preuve, il faut d'abord que l'authenticité des Évangiles soit prouvée. Jésus, qu'il ait vécu à cette époque ou auparavant, *n'a rien écrit,* et ce qu'on lui fait dire dans les quatre Évangiles est parfois terriblement contradictoire. Quant à Paul, personnage historique certainement, il serait difficile de le retrouver au milieu de ce qu'il dit lui-même et de ce que ses éditeurs et correcteurs lui font dire. Il est resté cependant (par inadvertance sans doute) une phrase de lui ou de ses collaborateurs, qui résume en deux mots ce qu'on pensait de Jésus. Voyez *Épître aux Hébreux* (chap, n, v. 9) ; vous y lirez que Jésus a été fait inférieur aux anges. Cela nous suffit. Celui qui est inférieur aux anges peut-il être Dieu, l'infini, l'Unique ?

Oui, tout homme, tout *Ju-Su* (nom d'Horus, Khunsu, le Fils, type de l'homme), tout Initié surtout, dont le corps est fait inférieur à celui des anges, peut en présence de son *Atman* (Esprit divin) dire : Vicit vero in me Christus, comme il dirait : Krishna, Bouddha ou Ormuzd vit en moi[2].

1. Ajouter à cela qu'il invente le fameux monogramme pour le Labarum de Constantin (combinaison de X (chi), P Rho), initiales de *Christos* qu'il applique à Jésus) et fabrique la vision de cet empereur. Mais Gibbon et d'autres historiens ont depuis longtemps jugé Eusèbe, dont on connait la valeur maintenant.

2. En Hébreu, l'homme ou *Aish* (אוש) donne par dérivation cabalistique cette autre

Malgré le raisonnement assez serré de H.-P. Blavatsky, nous sommes obligés de constater que la thèse que nous venons de transcrire est fausse et paradoxale. On ne crée point ainsi un mythe de toutes pièces, surtout quand le personnage a vécu dans un temps aussi rapproché de nous ; car l'origine de Jésus ne remonte pas à des temps fabuleux. Mais nous n'insisterons pas davantage, car l'ensemble de notre œuvre s'inscrit en faux contre la thèse soutenue avec habileté par la cofondatrice de la *Société théosophique,* et nous passerons immédiatement à une autre origine de Jésus ; celle-ci serait très terre-à-terre, vulgaire même, et c'est peut-être pour cela qu'elle doit être mentionnée ici et brièvement discutée.

Nous l'empruntons au chef incontesté des occultistes modernes, à l'abbé Constant, alias Eliphas Lévi[1], qui du reste l'a tirée lui-même de Celse.

« La pensée secrète d'Hugues de Payen en fondant son Ordre (l'Ordre des Templiers) n'avait pas été précisément de servir l'ambition des Patriarches de Constantinople. Il existait à cette époque en Orient une secte de chrétiens Johannites, qui se prétendaient seuls initiés aux vrais mystères de la religion du Sauveur. Ils prétendaient connaitre l'histoire réelle de J.-C. et adoptant en partie les traditions juives et les récits du Talmud, ils prétendaient que les faits racontés par les Évangiles ne sont que des allégories dont saint Jean donne la clé en disant « qu'on pourrait remplir le monde des livres qu'on écrirait sur les paroles et les actes de J.-C. » ; paroles qui, suivant eux, ne seraient qu'une ridicule exagération, s'il ne s'agissait, en effet, d'une allégorie et d'une légende qu'on peut varier et prolonger à l'infini.

« Pour ce qui est des faits historiques et réels, voici ce que les Johannites racontaient :

« Une jeune fille de Nazareth, nommée Mirjam, fiancée à un jeune homme de sa tribu nommé *Jochanam* fut surprise par un certain Pandira ou Panther, qui abusa d'elle par la force, après s'être introduit dans sa chambre sous les habits et le nom de son fiancé ; Jochanam, connaissant son malheur, la quitta sans la compromettre, puisqu'en effet la jeune fille était innocente,

forme אש *Jes* en grec et en français *Jé-us,* signifiant en même temps le *feu,* le *soleil,* la *divinité* et l'homme. Ce mot (voyez-le avec les points de la Massore) était prononcé אש *is h* ou *Jes,* l'homme dans ce cas. La forme féminine était אשה Issa, la femme ; en égyptien Is-sa, Isis. La forme collatérale était ושך *Jesse* ou Isi, dont le féminin eu égyptien était Isi-s. Mais Isi est l'équivalent de Jesse le père de David, de la race de qui vient Jésus, Jes-us. C'est qu'il faut connaitre la langue du mystère et du symbolisme avant de parler avec autant d'autorité et l'Église l'a perdue.

1. Eliphas Levi, *Histoire de la Magie* ; 1 vol. in-8, Paris, Germer Baillière, 1860 — Chap. IV, page 275.

et la jeune fille accoucha d'un fils, qui fut nommé Josuah ou Jésus.

Cet enfant fut adopté par un rabbin du nom de Joseph, qui l'emmena avec lui en Égypte ; là, il fut initié aux sciences secrètes, et les prêtres d'Osiris reconnaissant en lui la véritable incarnation d'Horus promise depuis longtemps aux adeptes le consacrèrent souverain Pontife de la religion universelle.

« Josuah et Joseph revinrent en Judée où la science et la vertu du jeune homme ne tardèrent pas à exciter l'envie et la haine des prêtres qui lui reprochèrent un jour publiquement l'illégitimité de sa naissance. Josuah, qui aimait et vénérait sa mère, interrogea son Maitre et apprit toute l'histoire du crime de Pandira et des malheurs de Mirjam. Son premier mouvement fut de la renier publiquement en lui disant au milieu d'un festin de noces : « Femme qu'y a-t-il de commun entre vous et moi ? »

Mais ensuite, pensant qu'une pauvre femme ne doit pas être punie d'avoir souffert ce quelle ne pouvait empêcher, il s'écria : « Ma mère n'a point péché, elle n'a point perdu son innocence ; elle est vierge, et cependant elle est mère ; qu'un double honneur lui soit rendu ! Quant à moi, je n'ai point de père sur la terre. Je suis le Fils de Dieu et de l'humanité ! »

Nous ne pousserons pas plus loin cette fiction quelque peu affligeante pour des cœurs chrétiens ; qu'il nous suffise de dire que les Johannites allaient jusqu'à faire saint Jean l'évangéliste responsable de cette prétendue tradition et qu'ils attribuaient à cet apôtre la fondation de leur Église secrète.

Comme dans toutes les légendes, il y aurait peut-être dans celle-ci une part de vérité. Cette même légende est rapportée aussi, nous venons de le dire, par Celse dans son *Discours véritable,* qui nous a été transmis par Origène. Doit-on ajouter foi à ce fragment ? Nous en faisons juge le lecteur. Ce fragment, du reste, n'a guère que l'allure d'un pamphlet[1].

D'après le texte de Celse, Jésus aurait eu pour mère une simple campagnarde qui, en s'occupant de son ménage, gagnait quelque argent en filant. Surprise en flagrant délit d'adultère avec un soldat grec, du nom de Panthéra, elle fut chassée du domicile de son mari, Joseph, qui était charpentier de son état ; c'est ainsi que sans demeure fixe, errante, elle aurait mis au monde son fils, dans une étable, puis fuyant plus loin le théâtre de son crime, elle serait allée en Égypte, où Jésus aurait appris la science occulte et serait devenu magicien ou plutôt mage.

Dans toute cette légende, il y aurait plus d'un point à retenir, c'est que

1. Origène, Contre Celse I, 28.

d'abord Joseph était charpentier, ce fait est toujours confirmé, donc réel. Ensuite, nous admettons volontiers que Jésus ayant voulu naitre dans la classe du peuple, soit bien né d'une paysanne, mais pousser sa basse extraction, jusqu'à vouloir être un bâtard, cela n'est pas admissible, car ceci suppose sa mère criminelle, donc lui-même, le produit, le résultat d'un crime ; ceci nous parait de toute impossibilité et les deux récits de Pandira ou Panthéra que nous venons de mentionner doivent être considérés comme purement et simplement faux, comme une fable. Nous n'ajouterons pas plus foi à une autre légende qui se rapproche de celle que nous venons de rapporter d'après Eliphas Levi et Celse, légende qui proviendrait d'une ancienne tradition acceptée par les Esséniens mêmes, ce qui mérite qu'on l'étudie avec attention et qu'on ne la rejette pas à la légère.

« Marie avait été élevée avec d'autres Vierges dans le temple et, pendant son sommeil, on aurait abusé d'elle. Le Pontife, inquiet des suites que pourrait amener ce viol de la Vierge, proposa à Joseph de l'épouser. Celui-ci objecta d'abord son grand âge, si disproportionné avec celui de la jeune fille, pour décliner la proposition (Marie avait alors onze ans et demi[1]). Il ajouta qu'il était déjà père de quatre fils et de deux filles, enfin vu son âge avancé, « il craignait de s'exposer au ridicule en Israël ».

Le Pontife leva tous les scrupules et toutes les difficultés surtout la première, la capitale, la disproportion des âges des futurs époux, en disant à Joseph que : « Marie étant consacrée au Seigneur, il n'aurait aucun devoir, aucune obligation conjugale à remplir envers la Vierge qui lui serait confiée ».

Dans ces conditions, Joseph aurait alors accepté la proposition du Pontife.

Peu de temps après son mariage, Joseph qui, nous le savons, était charpentier, partit pour la forêt, pour le mont Liban probablement, afin d'y exploiter le bois nécessaire pour ses travaux. — À son retour, il fut désolé de l'état de grossesse où se trouvait Marie, ce qui lui créait une fausse situation vis-à-vis du Grand-Prêtre qui lui avait confié la jeune Vierge. Aussi regretta-t-il amèrement son séjour en forêt. — C'est alors, nous dit Mathieu[2], que l'ange du Seigneur lui apparut en songe et lui dit « que ce qui a conçu en elle est l'œuvre du Saint-Esprit ».

Joseph ajouta-t-il foi à ces paroles, ou fit-il semblant d'y ajouter foi ?

La réponse est bien difficile à formuler.

1. Disons que dès l'âge de 10 à 11 ans, les jeunes filles d'Orient sont pubères.
2. *Évangile*, I, 20.

Cette version ne saurait être rejetée sans un examen sérieux ; en effet, dans le cas présent, il n'y aurait aucune faute de Marie, qui même aurait pu avoir été mise en sommeil hypnotique par un prêtre ou un serviteur du temple[1]. Il aurait ensuite abusé d'elle et facilité enfin son départ du temple pour un accouchement clandestin, dans une localité éloignée de Jérusalem.

Si l'on acceptait cette légende fort acceptable, elle expliquerait bien des choses : la conception de Marie réellement vierge, puisque mise enceinte, sans aucune participation volontaire de sa part. — Son fils devenu raisonnable pouvait accepter sa fausse situation vis-à-vis de l'innocence de sa mère ; enfin, elle expliquerait *les Voyages de J.-C.*, la haine de ses frères à son égard et ce que lui dit plus tard à son lit de mort son père adoptif Joseph[2].

Cette même légende expliquerait également comment Jésus aurait eu des frères et des sœurs non du côté utérin, du côté de Marie, mais du côté de son père nourricier qui était veuf, nous l'avons vu.

Comme on voit, cette légende, si elle était acceptée, éclaircirait une grande partie du mystère de la conception, ainsi que les voyages de Jésus fuyant un milieu où ses frères ne pouvaient avoir pour lui que mépris, puisqu'en Judée un bâtard était considéré comme un étranger.

Par le fait même de cette origine criminelle, le Sauveur du monde a-t-il voulu boire *le calice jusqu'à la lie* — Cette hypothèse ne répugne pas à notre esprit, pour nous qui connaissons bien le noble caractère du Seigneur.

Quoi qu'il en soit, nous allons donner maintenant des explications, qui permettront à ceux de nos lecteurs qui connaissent un peu d'ésotérisme de comprendre qu'une naissance dénommée à tort miraculeuse peut avoir lieu.

Plus loin, nous verrons que Joseph avait été amené à dire à Jésus qu'il n'était pas son père, puisqu'il avait été engendré d'une manière occulte, ce que la religion catholique a traduit par l'*Opération du Saint-Esprit* comme nous venons de le voir.

Ce serait là certainement une vérité, en transposant un mot, si par exemple les docteurs catholiques avaient dit, au lieu de Saint-Esprit, d'un *Esprit saint,* c'est-à-dire d'un Esprit élevé, d'une Entité astrale très évoluée.

Ce qui précède signifie ésotériquement que la Vierge Marie avait conçu par l'intermédiaire d'un Esprit de l'Astral (du plan Dévakanique), au lieu

1. Voir M. A. B., *Romans ésotériques. Épisode en Égypte*, page 81 et suivantes, 2e édition, Société libre d'édition des Gens de Lettres, 1901.

2. Voir chapitre, VI.

de s'être unie avec un humain, un terrien, un homme.

La Vierge aurait donc réellement conçu, sans cesser d'être Vierge, en supposant que Joseph fut resté continent à son égard, ce qui ne saurait faire un doute.

Telle serait la naissance divine de Jésus ; ce serait là un fait très rare, mais non unique dans l'histoire.

La tradition, en effet, nous apprend que Zoroastre, Moïse, Alexandre le Grand, Romulus et Numa, rois de Rome, ainsi que d'autres personnages illustres de l'Antiquité, n'ont pas eu pour père un terrien, mais une Entité de l'espace, un Génie, un Dieu.

Nous n'en finirions pas, si nous voulions énumérer tous les personnages nés d'une Vierge sans la coopération d'un homme. Ceux de nos lecteurs que les hautes questions philosophiques intéresseraient trouveront dans le tome second de notre *Doctrine Essénienne*[1], tout un chapitre « sur les hommes nés d'une Vierge » dans la même partie de cet ouvrage, nous disons :

« On pourrait écrire un gros volume sur les naissances dites Saintes des grands hommes et des empereurs de la Chine qui sont nés, dit-on, par miracle !... (sans semence), à la page suivante on peut lire ce qui suit « Plutarque admet que le *souffle* de Dieu[2] peut à lui seul rendre une femme féconde. »

Dans un autre de ses ouvrages[3], le même auteur nous dit que « les Égyptiens pensent qu'il n'est pas impossible que l'esprit de Dieu puisse s'approcher d'une femme et que par sa vertu (puissance) il ne fasse germer en elle ses principes de génération... »

En Grèce, nous voyons naitre de Vierges : Orion, Neptune, Mercure, Erychton, Vulcain, Mars et autres personnages.

Platon né de Périctone encore Vierge : Homère naquit d'Orithéïs qui, malgré cela, resta Vierge.

Xeusippe fils de Cléarque, sœur de Platon, dans l'éloge qu'il fait de son oncle, et Anaxilide dans le second livre de sa philosophie, affirment que Périctone, mère de Platon, avait reçu les caresses d'une Entité astrale, qui n'était rien moins qu'Apollon même.

Devant ce qui précède, il nous sera bien permis de rappeler le texte de saint

1. *La doctrine ésotérique à travers les âges,* 2 vol. *in* 2, Dépôt général, L. Dorbon Aîné, 45, quai des Grands Augustins, Paris.

2. *De Iside, et Osiride* p. 92 de l'Édition infolio : 6-24.

3. *Vie de Numa* Trad, française page 316.

Luc : « *Spiritus sanctus superveniet in te et virtus altissima abumbravit tibi*[1]. »

Ce qui précède a été également exprimé sous une autre forme par un théosophe anglais, M. Leadbeater[2] : « Et fut incarné (le Christ) du Saint-Esprit et de la Vierge Marie. C'est-à-dire l'essence monadique étant déjà descendue des deux, se matérialisa en prenant un vêtement de matière visible et tangible déjà préparée à la recevoir par l'action du troisième logos sur ce qui, sans lui, serait une nature vierge ou improductive.

« Le nom de vierge a été fréquemment appliqué à la matière atomique des différents plans, parce que dans cette condition elle ne peut, par son propre mouvement, entrer dans aucune espèce de combinaison, et rester ce quelle était, inerte et improductive. Mais elle n'est pas plutôt électrisée par la projection de l'énergie du Saint-Esprit qu'elle entre en activité, se combine en molécules, et génère rapidement la nature des sous-plans inférieurs. C'est de cette matière vivifiée par cette première projection que sont composées les innombrables formes qui sont animées par l'essence monadique.

« Le second Logos prend une forme non seulement de la matière « Vierge », mais aussi de la matière qui est déjà vivante et palpite de la vie du troisième Logos, de sorte que la vie et la matière l'entourent comme un vêtement et en toute vérité « il est incarné du Saint-Esprit et de la Vierge Marie. »

« Ici encore la tendance à tout matérialiser a donné naissance à une idée toute différente par une altération du texte presque insignifiante, grâce à l'insertion d'une simple lettre, car dans la forme primitive le nom n'est pas *Maria,* mais *Maia,* qui signifie simplement mère. »

Voilà, selon nous, une explication peu banale de ces vierges-Mères qui figurent comme nous l'avent dit dans la mythologie des diverses religions qui ont couvert et couvrent la surface de la terre.

Reprenant le principal point de notre sujet, nous dirons qu'il y a un autre moyen pour une femme d'engendrer sans cesser d'être vierge, mais ce moyen est tellement ésotérique, qu'il n'est pas permis de le divulguer.

Nous nous bornerons donc à dire que, dans ce cas, l'enfant est à la fois le mari, le frère et le fils de sa mère (Osiris, Horus, Isis) ; c'est là un grand mystère que pourront comprendre ceux de nos lecteurs qui sont un peu versés dans l'Occultisme, quand ils auront lu surtout les deux citations suivantes : l'une de *Pistis Sophia,* l'autre de l'un de nos collaborateurs à l'Initiation.

1. Luc, ch. IV, 37, *La doctrine ésotérique à travers les âges,* pages 83 et 84. Tome II.

2. *La doctrine ésotérique à travers les âges,* vol. 1 pages 84 et 85. — 2 vol, in-12, Paris, Dorbon Aîné, 1900.

Voici la première, qui confirme tout ce que nous avons dit plus haut :

« Et Jésus insista encore dans le discours, il dit : « Après cela, il arriva donc que, par l'ordre du premier mystère, je regardai de nouveau en bas vers le monde de l'humanité ; je trouvai Marie, celle que l'on nomme ma mère selon le corps matériel ; je lui parlais aussi sous la forme de Gabriel et, lorsqu'elle se fut tournée en haut vers moi, je jetai en elle la première vertu que j'avais reçue des mains de Barbilo, c'est-à-dire le corps que j'ai porté. En Haut, et au lieu de l'âme, je jetai en elle la vertu que j'avais reçue de la main du grand Sabaoth le bon, celui qui existe dans le lieu de droite. »

Voici le passage de l'Initiation, auquel nous avons fait allusion :

« En 1783, M.Turner, envoyé anglais du Bengale pour saluer le Tichu-Lama, se trouva en présence d'un enfant de dix-huit mois, étonnant pour l'intelligence qu'il démontrait dans la réception qu'il fit à l'envoyé du gouvernement anglais. Bien qu'en raison de son âge, il ne pouvait parler, il faisait comprendre par geste ce que les serviteurs devaient faire.

« Les Lamas ont deux chefs principaux, le premier est le Dalaï-lama, c'est-à-dire selon Amiot, le Lama qui voit tout ; le second Tichu-lama, celui qui exécute les ordres.

« Les bouddhistes considèrent ces deux personnages comme immortels, ils abandonnent un corps usé pour en occuper un sain et robuste qui est généralement celui d'un enfant.

« Cet échange ne peut se produire sans que le lama soit complètement maitre des plans inférieurs physique et astral.

« A ce propos, nous devons faire observer combien plus logique et profitable est le système employé par les Lamas pour continuer leur existence terrestre pendant un temps indéfini, que celui suivi par les mahatmas. Ces derniers conservent leur organisme, qui peut vivre des centaines d'années, cependant sujet à l'usure comme toute matière, ce qui exige un emploi continuel et spécial de la volonté pour le conserver et le préserver.

« Les lamas préfèrent renouveler leur organisme en en prenant un, ou mieux en en créant un à la source de conception. Ils choisissent naturellement des auteurs forts et robustes et pendant la gestation, l'astral domine tout, mère et fœtus, et préside au perfectionnement du corps physique. On peut dire que pendant cette période, le lama a deux corps soumis à sa volonté astrale[1].

Ici, il y a bien dans ce cas cité un père, mais il y a possibilité pour une

1. H. Girgois, *La volonté,* in *Initiation,* n.8 (mai 1901), pages 175 et 176.

femme, nous le répétons, d'engendrer sans époux; c'est là un grand mystère, redirons-nous, mais, quand l'homme sera plus évolué, ce sera le seul mode de la propagation humaine.

Revenant à notre sujet, nous dirons qu'en ce qui concerne la naissance de Jésus dans une étable entre un bœuf et un âne, l'adoration des Mages, conduits par une Étoile, il ne faut voir en tout ceci qu'une légende, qu'un mythe comme du reste l'imagination populaire s'est plu à entourer la naissance de personnages importants; or pour Jésus cette légende a été forgée après coup, car il est bien clair qu'au moment de sa naissance, personne ne pouvait soupçonner la haute situation qu'il occuperait dans l'histoire.

En résumé, de toutes les légendes qui précèdent, nous pouvons logiquement tirer les conclusions suivantes.

La naissance de Jésus et son origine est un mystère, c'est peut-être un fils naturel, de là, les déplacements de sa mère pour cacher cette naissance illégitime; ensuite il est bien évident qu'il a été en Égypte, qu'il y a séjourné, qu'il s'y est instruit chez les esséniens. Il existait en Égypte des centres de la confrérie; enfin, Jésus peut avoir passé dans l'Inde, où il reçut la *grande Initiation,* qui demandait 21 ans d'étude et d'épreuves; or tous les textes concordent pour nous montrer Jésus absent de la Galilée de l'âge de 11 à 12 ans jusqu'à 32, où il commence sa mission, c'est-à-dire qu'il est sensiblement absent 21 ans de son pays. Ce qui correspond exactement au terme précis de la durée de l'Initiation.

Arrivés à la fin de ce chapitre et avant de le terminer, nous pouvons dire et conclure qu'ils sont complètement dans l'erreur, ceux qui prétendent que Jésus est un mythe et que sont légendaires les chrétiens du premier siècle de l'ère vulgaire.

En ce qui concerne Jésus un fait qui nous parait probant c'est que Josèphe, historien contemporain du Seigneur, le nomme par son nom.

« En ce temps-là (du temps de Pilate), il y avait Jésus, homme sage, si toutefois on peut le nommer homme, car il accomplissait beaucoup de merveilles.

« Il enseignait la vérité à ceux qui prenaient plaisir à la connaitre et il attirait à lui beaucoup de juifs et même des Gentils; il était le Christ.

« Les principaux de la Nation l'accusèrent devant Pilate et celui-ci le fit crucifier. Ceux qui l'avaient aimé auparavant, ne cessèrent pas de l'aimer pour cela, parce que trois jours après (son crucifiement) il se montra à eux de nouveau vivant. Les saints Prophètes avaient prédit ces choses de lui, ainsi que d'autres merveilles et la secte des chrétiens à laquelle il a donné son nom subsiste encore de nos jours[1]. »

Ajoutons cependant que quelques Exégètes ne voient dans ce passage qu'une interpolation, M. Peyrat entre autres, nous dit : « De l'avis de tous les critiques habiles et compétents, ce passage de Josèphe est interpolé et il faut le mettre au rang des fraudes pieuses des premiers chrétiens[2]. »

S'il en était ainsi évidemment, on ne pourrait pas le donner comme témoignage, mais ce passage serait-il une interpolation, ce qui est contestable, il y a en dehors de lui assez de preuves pour que nous puissions nous en passer.

Ainsi de son côté, Tacite nous apprend le même fait :

« Néron livra aux supplices les plus cruels ces hommes détestés pour leurs forfaits (les chrétiens), dont le nom leur vient d'un nommé Christ qui, sous le règne de Tibère, fut condamné à mort par le procurateur romain Ponce Pilate. Cette secte criminelle, réprimée une fois, se répandit de nouveau, non seulement dans la Judée, où elle avait pris naissance, mais jusqu'à Rome même ; car c'est dans cette ville que tous les crimes et toutes les infamies affluent de tous les points du monde et trouvent des discoureurs. »

Plus loin, parlant de l'incendie de la Ville éternelle, Tacite nous apprend que les chrétiens en furent non seulement accusés, mais convaincus ; voici le texte de l'historien latin :

« On ne saurait nier la réalité de l'existence de Jésus et des chrétiens. Ceux-ci existaient fort bien chez les juifs avant la prise de Jérusalem par Titus, puisque Tacite et Suétone parlent d'une secte chrétienne existant sous les règnes de Claude et de Néron ; mais les auteurs latins en parlent plutôt avec mépris. » Voici ce que dit Suétone : « Il (l'empereur Claude) chassa de Rome les Juifs qui excitaient des troubles à l'instigation du nommé Chrest (*Judæos impulsore Chresto, assidue tumultantes, Roma expulsii*). »

Cette mention prouve bien que jusqu'à la dernière année du règne de Claude, les sectateurs du Christ (Chrest) étaient confondus avec les juifs.

Le même auteur, dans la *Vie de Claude*[3], dit encore : « Les chrétiens, espèce d'hommes infectée d'une superstition nouvelle et dangereuse (*Superstitionis novae ac maléfice*), furent livrés aux supplices.

« On saisit des gens qui, tout d'abord, s'avouaient coupables et sur leur

1. *Antiq. Judaic.* I, XVIII, chap. IV.

2. Peyrat, *Histoire de Jésus,* chap . XII, p. 335.

3. Chap. XXV.

déposition, il y eut un grand nombre qui furent convaincus, sinon d'avoir incendié Rome, tout au moins de haïr le genre humain. On insultait comme à plaisir ceux qui allaient mourir ; on les couvrait de peaux de bêtes pour les faire dévorer par les chiens ; on les attachait sur des croix ; quelquefois même, après les avoir enduits de résine, on les allumait en guise de flambeaux ou de torches pour éclairer la nuit, quand le jour venait à tomber — Néron prêtait ses jardins pour ces spectacles auxquels il ajoutait les jeux du cirque ; il se mêlait même à la plèbe et, en costume de cocher, il conduisait lui-même un char.

Bien que les chrétiens fussent des misérables dignes du plus grand châtiment, on ne pouvait cependant ne pas les prendre parfois en pitié, comme s'ils eussent été sacrifiés, non pas à l'utilité publique, mais à la cruauté d'un seul homme[1]. » Nous pensons qu'il est inutile de poursuivre des recherches probantes dans la même voie, aussi passerons-nous à une question capitale que nous étudierons dans le chapitre suivant, question qui donnerait, en effet, des origines nouvelles à la religion chrétienne, si la preuve pouvait être faite, que Jésus était aryen, originaire de l'Inde et sémite ou mieux juif originaire de la Galilée.

Beaucoup d'israélites admettent aujourd'hui que Jésus n'était pas juif, mais arabe et par conséquent sémite.

1. Tacite, Annales, liv. XV, *infine,* page 367. Édition, *Ex officina Elzeviriana, Lusgduni Batavorum, anno 1640.* Nous informons une fois pour toutes, le lecteur que nos citations de Tacite sont toutes tirées de cette édition.

CHAPITRE III

Jésus est-il sémite ou aryen ?

Après avoir donné les principaux récits, mythes et légendes concernant l'origine et la naissance de Jésus, après avoir démontré la réalité de son existence et celle des chrétiens du premier siècle, il y a lieu de se demander quelle était son origine raciale. Jésus est-il sémite ? Jésus est-il aryen ?

Dans une étude parue dans une revue psychologique, il y a plus de quinze ans, nous avons dit et démontré, pensons-nous, que Jésus pourrait bien avoir une origine aryenne ; nous disions alors : « En étudiant avec la plus scrupuleuse attention le *Saint-Paul* de Renan, il est permis de se demander :

« Si Jésus-Christ était un Sémite pur sang ou bien s'il ne serait pas plutôt un descendant des Aryas émigrés en Judée ? »

Si ce dernier fait pouvait être prouvé, le christianisme aurait une origine aryenne.

Ce point d'histoire nous parait bien difficile à résoudre, mais nous devons dire cependant qu'il nous répugne absolument d'admettre que la théogonie d'une race puisse être la continuation de la théogonie d'une autre race.

Ce serait là un phénomène plus qu'étrange, tout à fait extraordinaire même.

Il nous semble, du reste, que les faits ne manquent point pour corroborer l'origine aryenne du christianisme ; nous allons en mentionner quelques-uns, laissant à d'autres plus compétents le soin d'élucider une question qui nous parait si intéressante.

Voici quelques aperçus qui pourront fournir matière à réflexion :

La religion du Christ ne put s'implanter dans les pays de race sémitique, race égoïste et ne pouvant comprendre l'altruisme, le dévouement, la charité, toutes les belles et nobles vertus.

Cette même religion se propage, au contraire, assez facilement chez les nations aryennes, et cela malgré et peut-être à cause de quelques persécutions.

Jésus lui-même, ce socialiste, d'il y a bientôt 2.000 ans, n'est-il pas discuté, persécuté et finalement crucifié par les Sémites?

Si au lieu de prêcher sa suave doctrine à Jérusalem, il eût fait ses prédications à Rome, aurait-il été crucifié?

Nous ne le pensons pas; il est tout au moins permis d'en douter!

La grandeur de ses idées, ses franches paroles envers les puissants et les financiers de l'époque (les pharisiens) auraient pu lui attirer des persécutions, mais il est probable, certain même, que cette généreuse nature n'aurait pas subi le supplice infamant de la croix.

De prime abord, la thèse que nous soutenons de l'origine aryenne de Jésus-Christ peut paraitre bien osée, bien hasardée, cependant de nombreux faits que nous trouvons dans Renan peuvent fortement appuyer notre thèse, comme on va voir.

Les réflexions qui précèdent nous sont venues à l'esprit, à la suite d'une lecture du *Saint-Paul* de Renan.

Il ressort, en effet, du récit biographique, disons mieux, de la très minutieuse analyse de la vie de saint Paul, que l'apôtre eut à soutenir contre les judéo-chrétiens de Jérusalem une lutte constante et acharnée.

Ces juifs convertis, ces néochrétiens, suivaient bien la doctrine du Sauveur, mais mitigée pour ainsi dire par des pratiques juives. — À Jérusalem, Jacques, le frère supposé de Jésus, enseignait une doctrine absolument accommodée à la religion juive.

Il prescrivait à ses disciples l'accomplissement de la Loi et comme rite principal, fondamental la circoncision, tandis que Jésus et son apôtre Paul n'attachaient aucune importance à cette cérémonie. Ce dernier, surtout, élisait fort peu de cas et de l'observation de la *Loi* et de la *circoncision*; il rompit même très carrément avec la vieille *Loi juive* importée d'Égypte; ces paroles qu'il avait coutume de prononcer dans ses prédications le prouvent hautement:

«Vous êtes, disait-il aux rabbins juifs, les apôtres de la circoncision, tandis que moi je suis l'apôtre du prépuce.»

La circoncision ne fut abandonnée par les sectateurs de Jésus qu'après de longs combats et de graves discussions, car les juifs y tenaient grandement, c'était le signe de la victoire sémitique, mais la nouvelle doctrine religieuse voulut se séparer tout à fait de la Loi, de là les paroles de Paul, aussi la nouvelle doctrine fit rejeter, en somme, une pratique qui relevait plutôt de l'hygiène que d'une cérémonie rituelle.

Mais poursuivons notre récit.

Paul s'apercevant bientôt du petit nombre de partisans qu'il se faisait en Palestine se dirigea vers le Nord et l'Ouest, c'est-à-dire dans les pays de race aryenne, pensant avec raison y obtenir plus de succès ; il se rendit d'abord à Antioche et à Philippes, puis à Thessalonique, à Athènes, à Corinthe, enfin à Rome.

C'est même à cause de ses prédications chez les peuples du paganisme que Paul a reçu dans l'histoire le surnom de « apôtre des Gentils ».

Dès le début de sa mission, il s'aperçut qu'il ne pouvait convertir les juifs profondément attachés à l'Ancien Testament ; au contraire, les païens de la Grèce et de Rome, fatigués pour ainsi dire de leurs Dieux, adoptèrent presque avec bonheur, en tout cas plus aisément que les enfants d'Israël, la doctrine nouvelle.

Nous venons de voir que saint Paul se rend tout d'abord à Antioche, habitée par un grand nombre de juifs, il est vrai, mais comme ils étaient éloignés de Jérusalem, ils ne subissaient pas le fanatisme immédiat de leurs coreligionnaires de Judée. Ces fils d'Israël vivaient même en bonne intelligence avec les païens, puisqu'ils contractaient des mariages avec eux ; ce qui était tout à fait inusité en Palestine.

Dans ces villes orientales, suivant une vieille coutume, les Assemblées juives avaient lieu le samedi. Tous les étrangers paraissant instruits avaient la faculté de parler au peuple à la Synagogue ; c'était un usage depuis longtemps admis. Paul, en y arrivant une première fois, usa de cette faveur et fut fort écouté, c'était, parait-il, un brillant orateur ; aussi le samedi suivant, la ville tout entière (juifs et païens) se porta-t-elle à la Synagogue, afin d'entendre de la bouche charmeresse de Paul, la nouvelle doctrine.

Les juifs orthodoxes furent singulièrement froissés de l'enthousiasme de la population envers l'orateur et du gout quelle prenait à ses prédications.

Ces bons juifs se repentaient même de la tolérance qu'ils avaient montrée à son égard une première fois ; aussi en ce second jour, une violente discussion, qui dégénéra bientôt en dispute véritable, s'éleva entre eux et Paul, dispute à laquelle se mêlèrent bientôt des injures si violentes et si grossières, que Paul dut se retirer, mais non sans lancer cette protestation : « Nous devions commencer par vous prêcher la parole de Dieu, mais puisque vous la repoussez, nous nous tournerons vers les Gentils. »

Et M. Renan ajoute ceci : « à partir de ce moment, Paul se confirma de plus en plus dans l'idée que l'avenir n'était pas non plus aux Juifs, mais aux Gentils ; que la prédication sur ce terrain nouveau porterait de bien meilleurs fruits ; que Dieu l'avait spécialement choisi pour être l'apôtre des nations.

Dès lors, les prédications de Paul obtinrent un grand succès : il convertit un nombre considérable de païens, ce qui acheva de mettre les Juifs en fureur ; aussi intriguèrent-ils pour faire expulser Paul et ses compagnons d'Antioche.

Voici comment s'y prirent les juifs pour accomplir cette expulsion.

Quelques grandes dames, les plus considérables de la Cité, avaient embrassé le Judaïsme ; les Juifs orthodoxes les engagèrent à monter la tête à leurs maris contre Paul, afin de le faire chasser de la ville ; elles obtinrent en effet un arrêté municipal qui bannit bientôt l'apôtre d'Antioche et de son territoire. Alors, Paul, suivant l'usage établi, secouant la poussière de ses sandales, sortit de la ville et la quitta définitivement, suivi de son fidèle disciple Barnabé ; les deux expulsés se rendirent à Iconium, puis à Lystres. Mais si Paul avait quitté Antioche, il y avait laissé des disciples ; aussi la lutte continua-t-elle et les Juifs, exaspérés contre une doctrine qui les ruinait dans l'esprit du peuple, excitèrent la population païenne contre les prédicateurs. On vit alors le peuple d'Antioche se diviser en deux camps. Or, qui dit *Camps,* dit guerre ou tout au moins émeutes suivies, continuelles ; il y en eut en effet à Antioche, il y fut même question de lapider les apôtres, les socialistes d'alors, qui, obligés de chercher leur salut, s'enfuirent à Lystres, et qui, nous dit M. Renan, « n'avait que peu ou point de juifs d'origine palestinienne ; la vie de l'apôtre y fut longtemps fort tranquille ».

Ainsi donc, il est parfaitement établi que si Paul est toujours persécuté chez les Juifs, il est fort bien accueilli partout ailleurs, c'est là un fait qui a son importance.

À Lystres, l'apôtre convertit à la nouvelle doctrine Loïs et Eunice, celle-ci mère de Timothée ; mais le bruit de ces conversions arrive bientôt à Antioche et à Iconium ; la colère des juifs se ranime : ils envoient à Lystres des émissaires pour y provoquer une émeute ; elle a lieu bientôt ; le peuple ameuté s'empare de Paul, l'expulse hors de la ville, le crible de coups de pierre, enfin, on ne cesse la lapidation que quand on le croit bien mort.

On voit donc que, pour n'avoir pas une existence aussi douloureuse que celle de son divin Maitre, Paul n'est pas moins un persécuté, un véritable martyr de l'intolérance sémitique ; ce n'est pas chez les peuples aryens, aux vues plus larges et libérales, qu'il aurait été traité de la sorte.

Les Aryens, du reste étaient des hommes fort doux, fort paisibles, n'étaient-ils pas les disciples de Krishna, le Christ hindou, le véritable précurseur du divin Instructeur Nazaréen, bien plus que Jean le Baptiste ?

Revenant à Paul, nous dirons que remis après de longs jours de ses blessures, il se réfugia à Derbé, toujours accompagné de son fidèle disciple Barnabé. Ils firent dans cette ville un long séjour et y opérèrent de nombreuses conversions.

Et pourquoi convertirent-ils tant de païens ?

M. Renan nous répond à cette question.

« On conçoit, dit-il, quelle différence il devait y avoir entre de telles Églises et celles de la Palestine, formées au sein du judaïsme pur, ou même à celles d'Antioche, formées autour d'un levain juif et dans une société déjà judaïsée. Ici c'était des sujets tout à fait neufs, de bons provinciaux très religieux. »

Nous pensons, nous, que les conversions y étaient plus faciles, parce que Paul ne se trouvait pas en contact avec des païens et des juifs, qui ne pouvaient admettre la doctrine large et libérale du Christ, et nous ajouterons aussi que l'apôtre y quittait le courant sémitique pour entrer dans le courant aryen. Voilà surtout ce qui explique la cause de ses véritables succès, nous pourrions dire même de son triomphe.

Ernest Renan le constate du reste lui-même, sans en indiquer le motif, ce qui nous surprend un peu chez ce savant, il n'a pas l'air de s'en douter, ou bien ne veut-il pas le dire ? Cependant, il frise le véritable motif du succès de Paul, quand il nous dit un peu plus loin :

« Un autre fait de la plus haute importance était mis en lumière : c'étaient les excellentes dispositions qu'on pouvait trouver chez certaines races attachées aux cultes mythologiques, pour recevoir l'Évangile. »

Ce n'étaient pas plusieurs races, nous ne l'ignorons pas, c'était une seule, celle des Aryens ou Aryas, qui avait été nourrie des doctrines du Rig-Véda. Disons en un mot et comme conclusion de ce qui précède que tous ceux qui ont vécu de l'Ancien Testament, que les Sémites, répudient le Nouveau Testament tous ceux, au contraire, dont les ancêtres ont pratiqué le culte primitif des Védas, le *Védisme,* ceux qui sont d'origine aryenne adoptent et reconnaissent avec empressement, avec bonheur même, la doctrine du

Christ, parce quelle répond aux idées, aux besoins, aux aspirations du spiritualisme, en un mot aux nobles et grandes aspirations de la race aryenne, laquelle du reste était merveilleusement préparée à recevoir la doctrine chrétienne par la vie et les beaux travaux de Bouddha, que nous narre un livre sublime, *La Bhagavad-Gitâ,* ou le *Chant du bienheureux*[1].

Nous dirons enfin qu'il est bien évident pour nous que le Nouveau Testament n'est pas, comme beaucoup trop de personnes le croient, la continuation de la Bible hébraïque, une sorte de second Tamuld. Les origines du Nouveau Testament remontent beaucoup plus haut, au Rig-Véda probablement, de même que le Koran est pour ainsi dire la suite du Tamuld et de l'Ancien Testament.

C'est du reste par une évolution toute naturelle que les peuples de race aryenne ont passé des diverses mythologies antérieures à la doctrine du Christ, cette doctrine, devenue plus tard religion, tend du reste chaque jour à redevenir ce quelle était à son début, une philosophie spiritualiste et tout à fait humanitaire ; elle y aurait même abouti depuis longtemps déjà, si l'intolérance du clergé romain, actionnée par son chef suprême, le Pape du Vatican, n'avait fait jusqu'ici les plus énergiques efforts pour empêcher l'avènement de cette nouvelle phase religieuse, qui existe en définitive dans la religion catholique, grecque, notamment dans la religion orthodoxe du vaste empire de Russie.

Si nous avons été le premier à émettre l'opinion et les idées qui précèdent, d'autres nous ont suivi soit en France, soit à l'étranger.

En effet quelques années après notre étude, l'origine aryenne de Jésus a été également étudiée d'une manière intéressante par la regrettée Comtesse d'Adhémar dans sa *Revue*[2] où nous étions du reste collaborateur, sous notre pseudonyme J. M. de Vèze ; voici l'article auquel nous venons de faire allusion :

« Mais qu'était donc Jésus ?

« Ce n'était pas un Sémite répondrons-nous. Il suffirait pour s'en convaincre de songer à ceci : quand un grand homme nait dans un peuple, il et, représente les aspirations, et tôt ou tard apparait comme la synthèse des énergies contenues dans les hérédités et le milieu animique où il surgit : tôt,

1. Une des meilleures traductions sinon la meilleure est celle de Burnout, un vol. in-18, Paris. Edmond Bailly, Éditeur, 10, rue Saint-Lazarre.

2. *Revue Théosophique* sous la Direction de la Comtesse d'Adhemar, H.-P. Blavatsky, rédacteur en chef, n° de juin 1889, pages 8 et suivantes.

il est adoré de son vivant; tard, s'il a été persécuté pendant son existence, un jour vient où on lui rend l'hommage qui lui était dû pendant sa vie. Et voyez comment les juifs auraient traité leur plus grande Individualité, pendant la vie et après!

Non certes judaïsme et christianisme sont loin de se faire suite.

Mais qu'était Jésus, enfin? Jésus était aryen, d'inspiration à coup sûr, et peut-être même de race. Et les preuves ne manqueront pas à ce que nous venons d'avancer. Voyez l'origine de Jésus: ce n'est pas un citoyen de Jérusalem, mais un natif de Nazara (aujourd'hui Nazareth), de cette Galilée, l'ancienne *alla podrida* des nations idolâtres que les Juifs avaient trouvées établies là avant eux; de cette race si méprisée, si antipathique, si étrangère au peuple juif que le prophète Nathanaël demandait avec dédain, au commencement de la carrière du Christ: *Est-ce que quelque chose de bon peut sortir de Nazareth*[1] ?

L'enfant nait, et c'est d'Orient que viennent les Rois-Mages pour l'adorer et pour annoncer la bonne nouvelle au peuple juif dans la personne d'Hérode. Il grandit et ce n'est pas un conducteur de peuple, un homme pratique, un guerrier, mais un rêveur, un doux philosophe. Certes le petit Charpentier mystique de M. Renan ne sera pas le Messie attendu par la Nation, où la Providence l'a ainsi jeté, germe de vie, pour en briser la dure écorce; ce n'est pas lui le Roi conquérant de la terre. Aucun des Hébreux de bonne race ne voudra le reconnaitre, et ils auront raison ; le Messie d'Israël est bien encore à naitre, comme l'enseignent les rabbins. Jésus revenu d'Égypte, où s'est passée sa première jeunesse, ira-t-il recevoir la Tradition juive? Non, il ira recevoir le baptême de l'Éssénien saint Jean-Baptiste; et les Essènes étaient les convertis des missionnaires bouddhistes qui s'étaient répandus en Égypte, en Grèce et même dans la Judée pendant le règne d'Asoka[2].

« Il est évident que c'est aux Essènes qu'appartient l'honneur d'avoir eu comme membre et comme disciple le réformateur Nazaréen Jésus, bien qu'il ne fut pas tout à fait d'accord avec eux sur plusieurs points d'obser-

1. Saint-Jean. chap. 1, 46.

2. Selon Pline, des missionnaires bouddhistes se sont établis sur les bords de la mer Morte, des siècles avant son époque *per sæculorum millia* (a) ; ils ont été les premiers à établir des communautés monastiques et à inculquer l'observation stricte aux règles conventuelles, comme ils ont été les premiers à fortifier et populariser les vertus sévères, si bien représentatives par la vie de Cakya-Mouni, et qui, antérieurement, n'étaient exercée, que dans des cas isolés de philosophes bien connus et de leurs disciples, vertus précitées deux ou trois siècles plus tard par J.-C. (b.), (a) Voir M. Overs, p. 183. — (b) H.-P. Blavatsky, *Isis Unveiled.*

vances extérieures. Ce qu'était Jésus, aux yeux des juifs, peut être trouvé dans le *Codex Nazamus* « Jésus est *Nébu* le faux messie, le destructeur de la vieille religion orthodoxe, dit le *Codex*[1]. Il est le fondateur de la secte des nouveaux Nazaréens, et comme les mots l'impliquent clairement, un sectateur de la doctrine bouddhiste en hébreu, *Naba* signifie *Inspiration,* et il est le même que *Nébo* Dieu de la Sagesse. Mais Nébo est aussi Mercure et Mercure est Bouddha dans le monogramme des planètes. Les talmudistes disent aussi que Jésus était inspiré par Mercure[2]. » L'Évangélisation commence; écoutez les paraboles: ce ne sont pas des prophéties aux images énormes et heurtées, c'est de la poésie, c'est de l'hindouisme tout pur, et des phrases de Çakya-Mouni renaissent sur les lèvres du Nouveau Sauveur.

« Bon Maitre, que faut-il que je fasse pour gagner la vie éternelle? demande un homme à Jésus.— Garder les commandements qui sont: tu ne tueras pas; tu ne commettras pas d'adultère, tu ne voleras pas, tu ne porteras pas faux témoignage, » répondit-il (Mathieu, XIX, 16-18). — Que faut-il que je fasse pour obtenir la possession de Bodhi? (la connaissance de la vérité éternelle) demande un disciple bouddhiste à son maitre; que faut-il faire pour devenir *Uposakai* — Garder les commandements, qui sont: tu ne commettras pas de meurtre, ni de vol, ni d'adultère, ni le mensonge répond le maitre (Pittakatayar, I, III, vers. Pali).

Non seulement l'enseignement du Christ répète dans ses termes mêmes celui de Bouddha, mais il rompt définitivement avec la Loi de Jéhovah à qui il jette un solennel défi, qui ne sera que trop bien entendu, hélas!

« Un homme ne met pas une pièce de drap neuf dans un vieux vêtement, car les déchirures ne deviendraient que pires. Et les hommes ne mettent pas davantage de vin nouveau dans de vieilles bouteilles, car les bouteilles périraient; mais ils mettent du vin nouveau dans de nouvelles bouteilles et tout est conservé. » « Dans quelles particularités, demande Mme Blavatsky[3], trouve-t-on de la dissemblance entre le Dieu colère, jaloux, vindicatif d'Israël avec le Dieu de merci, prêché par Jésus, son père qui est au ciel et le père de toute l'humanité? Ce père seul est le Dieu d'esprit de pureté, et le comparer avec le Dieu inférieur et capricieux du Sinaï est une erreur. Jésus a-t-il jamais prononcé le nom de Jéhovah? a-t-il jamais placé *son* Père sur la même ligne que ce sévère et cruel juge; son père de bonté, d'amour et de justice que le Génie *juif de vengeance*? Jamais. Depuis le jour mémorable

1. Norberg, *Onomastican, 75.*
2. Alphonse de Spire: *Fortalicium fidei,* 11, 2; — H.-P. Blavatsky, *Isis Unveiled.*
3. *Isis Unveiled.*

où il a prêché son sermon sur la Montagne, un abime incommensurable s'est creusé entre son Dieu et cette autre divinité qui a fulminé ses commandements du haut du mont Sinaï. Le langage de Jésus n'est pas équivoque il implique non seulement la rébellion, ruais un défi au *Seigneur Dieu,* mosaïque.

« Vous aurez entendu, nous dit-il, qu'il a été dit : « Œil pour œil et dent pour dent », mais *moi je vous dis* qu'il ne faut pas rendre le mal ; mais quiconque vous soufflète sur la joue droite, il faut lui tendre l'autre aussi. Vous avez entendu qu'il a été dit : « Tu aimeras ton voisin et tu haïras ton ennemi. »

Mais *moi je vous dis* : « aimez vos ennemis, bénissez ceux qui vous maudissent, faites du bien à ceux qui vous haïssent, et priez pour ceux qui vous font du mal et qui vous persécutent (Math., V). » Jésus a payé de sa vie sa révolte contre Jéhovah, contre ses enseignements et ses lois, le sémitisme l'a tué, et sur sa tête, il a inscrit ironiquement : I. N. R. I. *Jésus de Nazareth roi des Juifs.*

« Son crime accompli, croyez bien que le Sémite ne va pas lâcher prise. Ne pouvant pas détruire l'œuvre de J.-C., il va tenter de s'en emparer ; de là viennent les premières luttes entre Pierre et Paul.

« Dans l'Épitre aux Corinthiens de la Gallo-Grèce, en Phrygie, saint Paul se borne à combattre les sectateurs des rites du mosaïsme ; il y montre que le Mosaïsme n'est qu'une institution élémentaire calculée pour l'enfance du genre humain, et il met à prouver cette manière de voir une chaleur qui a pu devenir plus tard, pour quelques gnostiques, le motif de leur antipathie pour les codes, les idées et les institutions du Judaïsme[1]. »

Si, comme nous venons de le voir, Jésus au lieu d'être sémite ou juif (car ces deux termes ne sont pas synonymes) était Aryen, les origines du christianisme seraient tout autre que celles jusqu'ici admises, car le divin essénien au lieu de s'être inspiré du Talmud, de la Bible et des traditions hébraïques, aurait pu puiser sa doctrine dans les traditions hindoues, dans les antiques Védas, dans les traditions brahmaniques et bouddhiques, la suave douceur de paix et d'amour de sa doctrine essénienne.

Une telle hypothèse non seulement ne répugne ni à la raison, ni au bon sens, mais encore elle cadrerait et concorderait bien mieux avec l'essence de la religion de Bouddha, dont elle ne serait que la suite, le prolongement, la continuation, mais il n'y a pas lieu de poursuivre ici cette thèse, car méritant un sérieux examen, nous l'étudierons dans un chapitre à part, dans

1. Matter, *Histoire critique gnosticisme*, p. 130.

le chapitre XX.

Là nous pourrons démontrer avec l'aide des travaux des orientalistes modernes que toutes les cérémonies cultuelles du catholicisme sont la reproduction exacte et fidèle du bouddhisme.

CHAPITRE IV

Les Esséniens ou thérapeutes ou contemplatifs

Il est extrêmement difficile d'avoir des renseignements sérieux et positifs sur les esséniens, bien qu'il existe des ouvrages exclusivement écrits à leur sujet, mais ce sont en général des œuvres de sentiments, mais non des œuvres documentaires.

Faisant depuis longtemps déjà des recherches au sujet des esséniens, nous avons été assez heureux pour mettre la main sur des documents et des matériaux très intéressants, en compulsant notamment de nombreux ouvrages allemands.

C'est une faible partie de ces recherches que nous allons aujourd'hui soumettre à nos lecteurs.

Et tout d'abord, nous devons nous demander ce qu'était au juste la Secte Essénienne ?

Quels étaient ses règlements, ses statuts, son mode d'initiation, etc. ?

Ce que personne ne saurait contester, c'est que la Confrérie ou Ordre ou plutôt la Fraternité, a bien eu une existence propre, laquelle remonte même à une Antiquité reculée, et que depuis elle n'a jamais cessé d'exister, car elle s'est perpétuée jusqu'à nous, puisque, dans la Franc-Maçonnerie moderne, on trouve les derniers vestiges de l'Ordre des esséniens, qui existe également chez des peuples divers modernes. Ainsi, nous lisons dans un petit volume de *Romans ésotériques* dans la préface, page IX, ces lignes : « Voici ce que nous a appris M. Oppert lors de l'avant-dernier Congrès des orientalistes qui s'est tenu à Paris (séance du soir, 12 septembre 1897) : « Il y a trente ans, j'ai vécu en Abyssinie parmi un peuple (les Falashas) qui a conservé la doctrine essénienne, telle que l'ont décrite les historiens Josèphe et Philon. Ces Falashas ne font pas de commerce, car ils craignent le serment et ne voudraient pas tromper. Ils sont d'une propreté extrême ; ils se lavent constamment et s'efforcent de contenir le plus possible les besoins du corps ;

enfin, ils pratiquent rigoureusement le sabbat. Ils adorent même un génie, la Sabbate (car dans ces contrées les divinités sont féminines) comme une Entité qui obtient de Dieu tout ce que désirent ses sectateurs, dont elle est l'intermédiaire. Ils disent que, tous les samedis, la Sabbate quitte le ciel, accompagnée d'une légion de Saints ou Génies, quelle traverse le Ghéol ou Enfer et en fait sortir les damnés qui ont ainsi un jour de repos par semaine[1].

À la communication qui précède, nous ajouterons qu'il existe encore en France, à Paris même et dans ses environs, des esséniens pratiquants. Comme preuve à l'appui du fait que nous avançons, nous mentionnerons une sorte de proclamation qui forme l'introduction d'un volume contemporain[2].

À l'époque de Jésus, les esséniens étaient fort répandus en Égypte et en Palestine ; ils possédaient en effet dans ces contrées soit de nombreuses communautés, soit de simples refuges dans lesquels se réunissait l'ordre ; mais les deux centres principaux de l'Essénisme étaient l'un en Égypte, aux bords du lac Maoris ; l'autre en Palestine, à Engaddi sur les bords de la mer Morte.

Dans leurs réunions, les différentes sociétés entretenaient des rapports fréquents et elles instruisaient les frères de ce qui se passait au sein de la *Société mère.*

À toutes les époques et chez tous les peuples où il a existé des esséniens, la tradition a constaté qu'ils formaient une réunion d'hommes qui pratiquaient une morale sévère et qu'ils menaient une vie exemplaire empreinte de la plus grande pureté. Dans tous les lieux où ils se trouvaient, les esséniens ne s'occupaient ni de politique ni de controverses religieuses, car les esséniens cherchaient partout à établir la paix et la tranquillité.

Les peuples chez lesquels ils vivaient ignoraient la pratique de leurs mystères, et du reste seuls les Supérieurs de l'Ordre ont connu la secrète conservation et leurs secours que recevaient les Frères esséniens, parce qu'une de leur règle leur défendait de prêter publiquement leur concours au peuple et d'intervenir dans le conseil et les décisions de ceux qui gouvernent les pays.

Ceci se comprend fort bien, puisque le premier terme de leur ralliement était : *que la paix soit avec vous !*

C'était là leur apostrophe ordinaire !

Chez les israélites, les esséniens adoraient bien comme Dieu Jéhovah,

1. *Romans ésotériques* (séries : *Infernaux et Sathaniques),* in-i2 de X 318 pp., par M-.A-.B. Paris, Société libre d'édition des gens de lettres 22, rue Le Pelletier.

2. *Les Messies Esséniens,* par les Esséniens du XIXe siècle, par René Girard et Garredi, un vol. in-18. Paris 1893.

mais ils ne lui offraient jamais de sacrifice dans le temple ; ils avaient une confiance inébranlable dans l'action directe de Dieu sur les vicissitudes humaines ce qui les rendait pour ainsi dire *fatalistes* jusqu'à un certain point.

Presque jusqu'à nos jours, on a considéré les Esséniens comme de simples sectaires juifs, le lecteur vient de voir que ce n'était pas seulement en Judée qu'il existait des Frères, il y en avait en Égypte et dans d'autres parties du monde. — Du reste, tous les Exégètes qui se sont occupés des origines du christianisme ont reconnu dans sa forme primitive, c'est-à-dire pure de tout alliage, de toute sophistication, que le christianisme présentait beaucoup d'affinité avec l'Essénisme. Rien d'étonnant dans ce fait, puisque nous savons que les frères Esséniens avaient autorisé Jésus (qui du reste n'avait pas besoin de cette autorisation étant passé Maitre, nous le verrons plus loin) à répandre la doctrine essénienne sous le nom de Galiléisme, puisqu'elle était prêchée par le Galiléen.

Nous venons de mentionner un peu plus haut un ouvrage moderne donnant quelques renseignements sur les Esséniens ; nous ajoutons ici qu'un de nos confrères a étudié aussi à son tour l'Essénisme et les Esséniens.

C'est M. Gustave Lejeal. Son livre soutient une thèse que nous soutenons depuis longtemps à savoir : que Jésus a fait des études initiatiques en dehors de la Judée ; mais l'auteur ne le fait pas dépasser l'Égypte, Alexandrie, aussi intitule-t-il son livre original *Jésus l'Alexandrin*[1]. Nous conduisons Jésus beaucoup plus loin comme le verra le lecteur, nous le conduisons dans l'Inde même où se trouvait alors, comme aujourd'hui, la source de l'Ésotérisme.

M. Lejeal fait des Esséniens et des Thérapeutes deux sectes différentes, c'est là une erreur, car ceux-ci et ceux-là ne sont que deux branches d'une même Fraternité, comme l'indique du reste (nous le disons plus loin) la racine syriaque *Asaya* qui signifie médecin, en grec *Thérapeute* ; donc ceux-ci et les Esséniens n'étaient pas deux fraternités différentes, il n'était pas non plus des sectaires juifs, puisque les Esséniens occupaient diverses contrées de l'Orient, comme nous l'avons déjà vu et le verrons encore ultérieurement.

M. Lejeal nous dit ensuite que M. Maurice Yernes conclut un article dans une Encyclopédie en ces termes :

« La question de l'Essénisme est une énigme et nous ne voyons pas trop par quelle voie on a chance d'arriver à une solution généralement acceptée de ce problème. »

1. Un vol. in-8° de 128 pages, Paris, J Maisonneuve, 1901.

Et l'auteur de J. l'A. répond avec raison : « cette solution, nous croyons qu'il n'est pas impossible de la trouver, si on porte ses investigations en toute indépendance d'esprit, dans une autre direction que celle qu'ont suivie jusqu'ici les chercheurs.

Ces prémisses nous faisaient espérer des documents nouveaux, inconnus, inespérés ; malheureusement, M. Lejeal ne nous offre que ceux que nous connaissons déjà, c'est-à-dire les seuls passages de Pline, de Philon d'Alexandrie et de Flavius Josèphe, l'historien des juifs. — Il est vrai que notre auteur a singulièrement allongé les « quelques lignes », dit-il, que nous a laissé Philon, et il s'est autorisé de Thomas Mangey pour développer le texte de Philon et en interpréter le sens ; nous devons ajouter que son travail sur les Esséniens en ce qui concerne Philon ne nous parait pas altérer la pensée de cet auteur ; aussi y avons-nous puisé quelques *addenda*s au travail beaucoup plus complet que nous donnons sur les Esséniens, travail qui, pensons-nous, « fournira une solution du Problème essénien qui sera généralement acceptée ».

Nous le pensons du moins pour le moment.

Nous ne nous attarderons pas davantage sur l'œuvre intéressante de M. Lejeal, puisque dans un autre chapitre en parlant des Voyages et séjours hors de la Judée, de Jésus, nous aurons peut-être encore à revenir sur la thèse de notre confrère.

Nous allons maintenant passer eu revue ce que nous apprennent trois auteurs anciens sur les esséniens : Pline *l'Ancien,* Philon d'Alexandrie et Flavius Josèphe l'historien des juifs.

Le texte de Pline fait constater par l'intermédiaire d'un auteur païen latin, l'existence des Esséniens. Pline leur consacre quelques pages, mais qui présentent un grand intérêt, car elles tendent à prouver qu'on nommait thérapeutes ceux-là surtout qui, parmi les esséniens, avaient embrassé « la Vie contemplative ».

Philon nous donne aussi en passant quelques détails sur les Thérapeutes d'Égypte ; ceux-là nous les connaissons bien ; ces détails sont donc applicables aux Esséniens de la Judée. « Ils ont l'habitude de prier, nous dit-il, deux fois par jour, le midi et le soir. Au lever du soleil, ils implorent un heureux jour et demandent que leur mental soit illuminé par la lumière divine. »

Ceci démontre ce que l'on sait, que les Esséniens d'Égypte adoraient le Soleil, mais le culte solaire est plus clairement indiqué dans le passage suivant : « Et vous Thérapeutes dont tous les efforts sont dirigés vers l'acuité de la vue de l'esprit, montez jusqu'à la contemplation de l'être, dépassez le soleil chaleureux et n'abandonnez jamais cette voie qui mène au bonheur parfait. »

« Aucun d'eux, dit encore Philon, ne goute d'aliment ni de boisson avant le coucher du soleil, car ils estiment que si l'étude de la philosophie est digne de la lumière, les nécessités du corps ne méritent que les ténèbres. »

Philon aurait écrit beaucoup plus sur les Esséniens que les simples fragments parus sous le titre de « La Vie contemplative » ; mais cet écrit aurait été perdu.

Quelques auteurs ont cru voir dans les Thérapeutes, nous l'avons vu, une secte différente de celle des Esséniens : c'est là une erreur. Ce qui le prouve, d'abord c'est qu'il n'y a aucune différence dans la doctrine des Thérapeutes ou contemplatifs et celle que professaient les Esséniens, il est donc bien évident que les contemplatifs n'étaient qu'une section ou branche de la Fraternité essénienne. Ce qui le prouve, c'est que cette Fraternité avait une partie de ses membres pratiquant un travail manuel et ayant, par conséquent, une vie active, tandis que la section des contemplatifs se livrait à l'étude théorique de la doctrine, de sa Théodicée, et, par la méditation, ceux-ci arrivaient à l'extase.

N'en est-il pas de même de nos jours dans la religion catholique, sans être séparés par sections, il y a les laïques qui travaillent et mènent une vie active et les moines ou religieux qui se livrent à la méditation, à la prière perpétuelle et à l'extase mystique.

Enfin, comme dernière preuve que les Thérapeutes ou Esséniens ne formaient qu'une seule et même Confrérie, et cette preuve est typique, rappelons que le terme même d'Essénien est dérivé du terme syriaque, *Asaya* qui signifie, médecin, en grec Thérapeute, et nous ajouterons que la médecine était précisément la seule fonction que les Esséniens avouaient exercer. Ils étaient à la fois les guérisseurs des maladies physiques et des maladies morales. Quant aux autres professions qu'ils exerçaient, ils les cachaient au public, à leurs concitoyens. — Enfin divers auteurs, fort mal renseignés du reste, ont nié l'existence même des Thérapeutes, or il est très notoire, de notoriété certaine, qu'en Orient, il y a toujours eu des Ascètes, des moines (aujourd'hui des Marabouts) exerçant la médecine — Justin le martyr, dans son Dialogue avec Tryphon, n'affirme-t-il pas qu'il existe des moines juifs en Égypte ? Est-ce que ces moines ne seraient pas des Esséniens ? Nous pouvons l'affirmer, puisque Justin ajoute[1] « qu'avant d'adopter les idées chrétiennes, il avait conféré avec les philosophes des diverses Écoles contemporaines, avec les Stoïciens, les Péripatéticiens, les Pythagoriciens ou Végétariens, enfin avec les Thérapeutes ou Contemplatifs. Ceux-ci ont donc bien existé, puisqu'un Père de l'Église le constate.

Passons à Flavius Josèphe ; dans son *Histoire des Juifs,* de même que dans son *Histoire de la guerre contre les Romains,* il nous fournit des renseignements plus étendus que les précédents auteurs, mais encore fort incomplets. On comprend cette rareté de renseignements, puisque les Esséniens formaient une véritable Société Secrète, dans laquelle aucun profane n'était admis.

Dans son *Histoire des Juifs,* Josèphe en parlant du renouvèlement d'un certain traité d'alliance avec Anthiochus IV nous informe qu'à cette époque, il y avait sur le sort des choses humaines dans son pays trois sortes d'opinions ; celle des Sadducéens et celle des Esséniens ; et au livre XV, il dit : « Ce roi (Hérode-le-Grand) exigeait que ses sujets lui prêtassent serment de fidélité, mais il ne l'exigeait pas des Pharisiens, par suite du respect considérable qu'il professait pour l'un d'eux : Pollion. — Il en avait également dispensé « ceux qu'on nomme *Esséniens* et qui pratiquent le même genre de vie que ceux qui vivent en Grèce sous le régime pythagoricien »... et il ajoute : « Et je ne crois pas m'éloigner de mon sujet en disant le motif qui porta Hérode à leur accorder cette faveur c'est qu'un certain Manahem avait prédit à Hérode qu'il serait roi, un jour. » Le même auteur nous apprend aussi que la règle des Esséniens leur interdisait et, cela sous les plus graves peines, toute espèce de serment, sauf celui de fidélité à leur Dieu et à ses commandements, serment qu'ils prononçaient le jour même où ils étaient affiliés à la Fraternité. Enfin dans son livre XVIII, à propos du dénombrement de la population de la Judée ordonné par Auguste, Flavius Josèphe expose qu'un certain Juda dit *le Gaulonite* créa en Judée une quatrième secte et pour la faire connaitre, il nous en donne fort peu de renseignements, mais il s'étend longuement sur les Esséniens qui existaient « depuis plusieurs siècles » et il compare leur existence à celle des Pûtes de la Dacie[2].

Il confirme ce que nous savons déjà, qu'en dehors des Esséniens qui vivaient en communauté et qui se vouaient au célibat, une autre catégorie se mariait. Ces unions ne se pratiquaient pas à la légère, les futures épouses étaient mises en observation 2 et 3 ans, etc. Plus loin, il dit que les Esséniens sont d'une grande piété envers Dieu. Mais quel Dieu ? Est-ce Jéhovah ? C'est ce

1. *Cum Tryphon,* 32.
2. Cf. G. *Lejeal, op., c.,* page 10.

que nous allons voir ; puis il ajoute que :

« Les Esséniens ne prononcent aucune parole profane avant le lever du Soleil ; mais dès qu'il parait, ils lui adressent leurs vœux comme à un père en le conjurant d'éclairer de sa lumière leurs âmes », puis il poursuit : « Plus que tous les autres israélites, les Esséniens observent le jour du Sabbat et s'abstiennent de s'adonner ce jour à aucune œuvre servile. Non seulement ils préparent leur nourriture, dès la veille, afin de n'avoir pas à allumer le feu le jour du Sabbat, mais encore ils évitent ce jour-là de remuer un objet ou un ustensile quelconque et même de satisfaire à leurs besoins naturels. »

Et pour satisfaire ces besoins les autres jours, il narre ce que quantité d'auteurs ont rapporté sur les Esséniens, à savoir qu'ils enfouissaient leurs déjections avec un petit piochon, à la mode des scarabées de l'Égypte, c'est-à-dire qu'ils les enfouissaient dans un trou.

Josèphe ajoute : « Tout cela était ainsi accompli, afin de ne pas souiller les regards du Dieu. »

Ce Dieu était le soleil. Il ne faut voir en tout ceci qu'une question de salubrité publique.

De ce que des Esséniens dans certaines contrées adoraient le soleil, divers auteurs ont tiré cette conclusion, qu'ils pratiquaient le culte de Mithra.

C'est là une erreur.

Comme il y avait des Esséniens dans des pays très divers, chacun adorait le Dieu de son propre pays, ce qui ne l'empêchait pas d'être Essénien, de pratiquer l'Essénisme. Nous pensons que beaucoup d'Esséniens suivaient les traditions hindoues, au sujet de leur culte. Ils adoraient Agni, le Dieu du feu, ou même Siva. C'est bien sous cette forme que se présente à l'esprit le culte de certains Esséniens.

D'après Josèphe, il semblerait que les Esséniens juifs n'adoraient pas Jéhovah, puisqu'il nous informe qu'ils n'allaient pas faire des sacrifices au temple de Jérusalem « parce qu'ils en faisaient d'autres dans un local particulier, lesquels sacrifices étaient accompagnés de cérémonies plus solennelles ».

« En entrant dans la Confrérie, les Esséniens s'engageaient à observer la justice envers tous les hommes. »

Ils ne devaient jamais faire du mal volontairement à personne, et cela, quand bien même on leur commanderait ; ils devaient assister les justes de tout leur pouvoir et tenir leur engagement envers tous. Par-dessus tout, ils devaient aimer la Vérité !

Au sujet de la mort, ils professaient à son égard le plus profond mépris, car ils considéraient l'âme comme l'esclave du corps, quelle s'émancipait par la mort, et qu'une fois émancipée elle s'élevait alors dans les régions célestes.

La plus haute vertu pour les Esséniens consistait à vivre et à mourir dans la stricte observance de leur règle, et ils considéraient le mensonge et le faux serment comme des actes aussi criminels que la vengeance et la guerre. Ils vivaient en communauté de biens, tous les membres de l'ordre travaillaient pour le Trésor commun, qui lui servait principalement au soulagement des pauvres et des malheureux.

Les règles de l'Ordre prescrivaient, à tous les membres actifs, la culture de la terre à l'exclusion du commerce et de l'industrie. Aussi les Esséniens fuyaient le séjour des villes et ne s'appliquaient qu'aux arts de la paix, ils étaient tisserands, charpentiers, potiers, etc.

Après avoir prié et offert des hymnes de louanges à Dieu, dès le lever du soleil, les Esséniens se rendaient aux champs dans un costume approprié à l'usage des travaux de culture, puis ils se réunissaient à midi pour prendre le repas en commun, mais ils ne commençaient ce repas qu'après s'être purifié le corps par des ablutions ou des bains. Ils revêtaient ensuite des robes de toile blanche, qui laissait pénétrer sur tout le corps une agréable et saine fraicheur. À table, pas plus qu'à leurs travaux, ils n'employaient des serviteurs ; ils se servaient eux-mêmes. Ils se tenaient à l'écart du fanatisme oriental et vivaient dans une sphère intellectuelle supérieure à l'esprit vulgaire de leurs contemporains, pratiquant un large esprit démocratique et exerçant l'hospitalité et la charité très grandement.

D'après Josèphe, les Esséniens étaient de la plus grande moralité, de plus ils s'efforçaient de réprimer toute passion, tout mouvement d'impatience ou de colère et dans toutes leurs relations, ils étaient d'une douceur et d'une affabilité exquises, de relation sure, de la meilleure foi du monde ; aussi leur parole valait mieux qu'un serment, qu'un contrat. Enfin l'historien nous dit qu'ils supportaient avec une merveilleuse force d'âme les tortures plutôt que de violer leurs principes religieux.

Dans leur communauté, les Esséniens admettaient des pauvres, des artisans et des personnes retirées de la vie publique, mais ils recevaient également des hommes qui pouvaient avoir une grande influence, soit par leur caractère, soit par leur position ; ils comptaient aussi parmi leurs frères des hommes de grand savoir des savants et des politiciens travaillant en secret dans l'intérêt de l'Ordre. Parmi les savants se trouvaient les Thérapeutes ou Médecins, qui connaissaient parfaitement les propriétés médicales des plantes et des minéraux, ainsi que les effets multiples qu'ils pouvaient exercer sur l'organisme humain ; mais les seuls initiés supérieurs de l'Ordre possédaient ces connaissances et se faisaient un devoir de les utiliser pour le soulagement physique et intellectuel de leurs semblables.

Dans la *Guerre des juifs* et dans ses *Antiquités*[1], Josèphe nous apprend ce qui confirme ce que nous venons de dire, que les Esséniens étudiaient « avec le plus grand soin, les écrits de médecine qui traitaient des vertus secrètes des plantes et des minéraux ».

Dans leurs réunions, il régnait un grand calme ; elles se faisaient tantôt par sections de grades, tantôt c'étaient les Assemblées générales pour honorer et pratiquer la sagesse et la vertu. En ce qui concerne la hiérarchie initiatique, nous savons pertinemment qu'elle comportait quatre grades, dans lesquels chaque frère était placé suivant ses facultés et sa valeur intellectuelle et morale. Dans le premier degré ou degré inférieur, les Esséniens recevaient non seulement des hommes, mais aussi des enfants ; car la plupart d'entre eux, nous l'avons vu, ne se mariaient point. Quant aux adultes, ils n'étaient reçus qu'après avoir subi des épreuves plus ou moins sévères en rapport avec le degré initiatique ; ces épreuves duraient l'espace de trois années.

« Il y avait, avons-nous dit, quatre degrés d'initiation ; le plus élevé était le dernier (ou premier) et le moins élevé, celui par lequel commençait toute initiation, était le quatrième, puis on accédait au troisième, au second, enfin au premier degré. Il était interdit, sous peine de profanation, aux Initiés des grades supérieurs de communiquer à leurs frères des grades inférieurs aucun des mystères. Il fallait du reste avoir une vie sans tâche et avoir fait preuve d'une haute sagesse et d'une grande moralité pour parvenir aux degrés élevés de l'Initiation.

Les Esséniens professaient le dogme principal de la *doctrine orphique* et de la doctrine pythagoricienne à savoir : la préexistence de l'âme, ses nombreuses incorporations à travers son évolution, donc le dogme de l'immortalité.

Ils avaient coutume de dire : « L'âme provenant de la partie la plus subtile de l'éther est attirée dans le corps par un charme naturel ; elle y demeure comme dans une prison et délivrée des liens corporels de sa coque, quelle considère comme un esclavage, elle s'envole avec joie[2]. »

1. *Antiq Jud.*, XIII, 5-9 et XVIII, 1-5.
2. Fl. Josephe, *Antiq. Jud.*, 11, 8.

Répandus par petits groupes dans la Palestine, ils se donnaient réciproquement, nous l'avons déjà vu, une fraternelle hospitalité. Aussi voyons-nous Jésus et ses disciples voyager de ville en ville, de province en province, toujours assuré de trouver chez ses frères bon accueil et bon gite.

Après le noviciat, quand un néophyte avait donné des gages de tempérance, il était admis aux ablutions, mais il n'entrait pas encore en rapport avec les Maitres de l'ordre; il lui fallait subir deux autres années d'épreuves pour être reçu dans la Confrérie; mais une fois reçu, le nouveau frère participait à tous les exercices et assistait aux agapes fraternelles qui commençaient et se terminaient, comme tous les repas, par la Prière. Ce sont ces mêmes agapes qui donnèrent à Jésus l'idée d'instituer la Cène. C'est dans ces agapes, que les frères se livraient à l'interprétation des livres sacrés; mais dans l'explication des textes, il y avait trois sens qui correspondaient aux trois premiers degrés de l'Initiation, c'est-à-dire au 3e, au 2e et au 1er degré. Très peu de frères parvenaient au 1er degré.

Les Esséniens réprouvaient l'esclavage; c'était une offense permanente à la nature qui fait tous les hommes égaux, aussi se servaient-ils, nous l'avons vu, les uns les autres.

Philon nous dit que « les Thérapeutes ne sont pas servis par des esclaves ou des serviteurs, car un pareil service est contraire aux droits de la nature, qui nous a engendrés tous libres; les injustices et l'avarice de quelques hommes qui cherchaient à établir l'inégalité, source de tous les maux, ont courbé les plus faibles sous le joug des plus forts.

« Il y a, dit Philon[1], dans la communauté des Thérapeutes, *une réunion du septième jour,* qu'ils considèrent comme la plus sainte et la plus solennelle, qu'ils ont jugée digne d'une célébration particulière. *Ce jour-là,* après les soins donnés à l'âme, ils fêtent le corps, qu'ils traitent comme une bête de somme et dont ils suspendent pour un temps le labeur. Ils ne mangent rien de recherché, mais simplement du pain assaisonné de sel et auquel les plus délicats joignent l'hysope. Ils ont pour boisson l'eau des sources. Ils cherchent à satisfaire la soif et la faim, mais ne leur offrent rien qui puissent les flatter, mais seulement les choses nécessaires sans lesquelles on ne saurait vivre. »

Les femmes des Thérapeutes prenaient part aux repas; les hommes et les femmes étaient séparés; les premiers occupaient le côté droit de la table, les femmes le côté gauche.

1. *In* G. Lejeal, *op. c.,* p. 25.

Le Traité de Philon mentionne que deux dignitaires, qu'on dénomme Ephémereutes surveillaient le banquet sacré (c'est le nom que Josèphe donne au prêtre de service dans le Temple de Jérusalem), et le Président du banquet, auquel assistaient les Anciens *(Patres)* dont le service était fait par les Novices « qui s'empressaient autour des convives comme des fils heureux autour de *leurs pères* et les considéraient comme des parents communs, auxquels les rattache un lien plus étroit, plus puissant que celui même du sang ».

« Après leurs ablutions solennelles, nous dit Flavius Josèphe, les Esséniens se rendent dans un local particulier où nul profane ne peut avoir accès ; ils portent un vêtement blanc et rituélique, pur de toute souillure, ils pénètrent dans le réfectoire avec autant de recueillement que dans le temple le plus respecté. Avec le plus grand calme, ils s'assoient ; le panetier dépose devant eux le pain du poids prescrit et le cuisinier un petit vase qui contient la nourriture. Avant de ne toucher à aucune nourriture, un frère prononce une prière et une autre à la fin du repas[1]. »

Nous trouvons fort bien résumés quantité de tous les faits qui concernent les Esséniens, dans la page suivante d'une brochure de propagande rédigée par les Esséniens du XIXe siècle[2] ; voici cette page :

« La Maison-Mère de *l'Institut Essénien qui fut le berceau et la tombe de Jésus* était depuis longtemps fixée à Jérusalem ; les Esséniens avaient d'autres instituts dans plusieurs villes telles que : Alexandrie, Héliopolis, etc., et plusieurs succursales cachées dans les montagnes qui au temps des invasions persanes et romaines servirent de refuges aux familles fuyant la férocité des conquérants. Pour tous ces infortunés blessés, si fraternellement reçus et soignés par les Esséniens, l'Institut leur apparaissait comme l'arche du Salut, l'asile du Bonheur !

« Ces hommes d'élite, les plus savants dans l'art de guérir et les plus avancés de leur époque, méritaient bien toutes les qualifications que le public attachait à leur nom *Ésséniens* qui pour tous signifiait : *Hommes justes, cœurs dévoués, guérisseurs* du mal physique et moral et si bons aux malheureux ! Unissant à une grande érudition *une connaissance approfondie des propriétés infinies des plantes, des minéraux et des fluides sur l'organisme humain* !

« Aussi obtenaient-ils des cures merveilleuses qui semblaient pour tous tenir du miracle ! »

1. Cf. G. Lejeal, *op. c.*, p. 25.

2. *La délivrance de la famille humaine par l'Essénianisme,* par René Girard et Marius Garredi ; un vol. in-16, Argenteuil, Imprimerie p. Worms, 1889.

En résumé, peu de nos contemporains connaissent exactement ce qu'est l'Essianisme ; M. Lejeal qui en a longuement parlé a peut-être donné un peu trop cours à son imagination, surtout quand il prétend que les Esséniens avaient puisé en grande partie leur doctrine dans celle des Mazdéens ; ensuite, il fait tous les Esséniens sectateurs, adorateurs du feu, de Mithra, dont ils pratiquaient les mystères. Nous pensons que ce sont là des erreurs, car l'Essénianisme laissait à ses disciples la liberté de suivre la plupart des religions, pourvu que ceux-ci pratiquassent ensuite dans leur sanctuaire, dans leur loge, les théories de la doctrine Essénienne.

M. A. Réville ne connait pas, ne sait pas, ce qu'est la Fraternité Essénienne ; il ne considère ses membres que comme de hauts Pharisiens, des Pharisiens hautains méprisant le *Vulgum pecus,* délaissant l'habitation des villes pour se retirer dans les déserts pour y vivre égoïstement et loin de tout contact d'une plèbe impure ; redoutant tellement l'impureté corporelle que ces Esséniens évitaient de se trouver en contact avec les novices qui n'avaient pas passé par toutes les épreuves purificatrices de l'*Initiation.*

M. A. Réville ignore comme beaucoup de savants, du reste, que la pureté du corps est un des grands éléments d'avancement de l'homme. Les ablutions partielles ou complètes tiennent l'homme dans un état de propreté extérieure ; mais le régime végétarien tient l'homme dans un état de propreté intérieure, dans un état de pureté, absolument indispensable à sa rapide évolution.

L'homme moderne ignore trop encore que l'alimentation nécrophagique et alcoolique donne à l'homme une odeur repoussante, qui incommode les sensitifs, ceux qui suivent un régime végétarien strict. — Le nécrophage émane de son corps, nous disait notre regretté ami le Dr Bonnejoy du Vexin, une odeur *sui generis*, aussi répugnante que l'est l'odeur des fauves pour les odorats délicats ; le nécrophagien pue le bouc, la hyène, le renard, la fouine, en un mot toutes les bêtes puantes.

Or, l'odeur que le corps contracte pendant toute une vie par l'usage de la viande saignante et de l'alcool empêche l'homme une fois mort de s'élever dans les hautes régions, dans les plans supérieurs de l'astral.

Voilà des notions ésotériques fort peu connues encore et qui mériteraient d'être répandues et vulgarisées parmi toutes les classes de la société, non seulement pour l'évolution spirituelle de l'homme, mais même au point de vue de l'hygiène publique.

Si l'homme était purement végétarien, la criminalité s'abaisserait considérablement sur notre terre ; et aujourd'hui il n'est pas possible de prévoir quel immense progrès accomplirait l'évolution humaine, par suite de l'abaissement du nombre de criminels.

Les lignes qui précèdent demandent quelques explications pour ceux de nos lecteurs qui ne sont pas versés dans l'Ésotérisme.

Ainsi, bien des personnes pourront se demander, comment un homme mort peut emporter avec lui une odeur dans l'au-delà ?

L'explication est simple et naturelle : quand l'homme est mort, il délaisse sur la terre ses coques physiques, ses restes (*reliquia*) mais sa partie psychique emporte dans son corps subtil *(corps astral)* les odeurs qu'il a contractées pendant toute une existence terrestre, et c'est cette odeur, cette sorte de vapeur odorante qui le tient cloué dans les parties inférieures du Plan astral, qui comprend sept plans et sept sous-plans.

CHAPITRE V

Jésus essénien

Après les généralités qui précèdent sur les Esséniens et sur l'Essénianisme, nous nous occuperons plus particulièrement de Jésus de Nazareth en tant qu'Essénien.

Et tout d'abord, nous devons nous demander si Jésus était réellement Essénien ? Peut-on l'affirmer ?

On peut l'affirmer hautement par l'étude de la haute et sublime morale, par l'admirable doctrine qu'il a voulu répandre dans le monde, ensuite par les signes de reconnaissance et les mots de ralliement qu'il a employés sa vie durant, à savoir : le baptême qu'il a reçu, par la rupture du pain et la présentation du calice ; or le baptême et la communion étaient des usages sacrés des Esséniens.

Nous savons aussi que Jésus fut voué à la Confrérie des Esséniens et cela dès son enfance, qu'il passa dans la vallée du mont Cassius, où son père trouva, en fuyant la Judée, un asile chez un homme de la Fraternité des Esséniens, qui habitaient en grand nombre en ce lieu, à l'Orient de la frontière égyptienne.

Quand Jésus encore enfant, nous venons de le dire, fut voué à la Confrérie Essénienne, il avait dû promettre, étant à Jutha, lors de sa réception, que désormais l'Ordre remplacerait pour lui et son père et sa mère. Il fut voué en même temps qu'un adolescent de sa race, Jean, qui avait passé en Galilée les années de son enfance et de sa prime jeunesse. C'est ce même Jean qui, plus tard, le baptisa à l'âge de 33 ans dans les eaux du Jourdain, sur le rivage de la mer Morte.

Jésus après avoir reçu le baptême visita Jérusalem, mais il fut constamment et sans s'en douter sur la surveillance de la Communauté Essénienne. Jésus commença à faire autour de lui ce que nous nommerions aujourd'hui des sortes de Conférences, qui étaient très écoutées ; aussi, quand, à l'âge de douze ans, il eut parlé publiquement sous les portiques du temple, les Frères Esséniens qui étaient préposés à sa garde d'une manière détournée virent le danger qu'il courait ; ils apprirent aussi que les Pharisiens et les Rabbins avaient tenu à son sujet un conseil secret, dans lequel ils avaient étudié les moyens de poursuivre l'enfant, même en dehors de la Galilée.

Aussi l'engagèrent-ils dans ce but par des discours fort flatteurs à les suivre dans la réunion du *Sophérim* ; ils espéraient que, poussé par l'*Esprit* qui le faisait parler, il oublierait tout autre sujet pour ne parler que de la Loi Souveraine.

Les rabbins voyaient donc que l'enfant était inspiré.

C'est en goutant de ce conseil qu'il perdit dans Jérusalem son père et sa mère, d'autant qu'à cette époque de l'année, la voie était encombrée d'étrangers venus de toutes les contrées de la Judée pour célébrer la fête.

Heureusement pour Jésus que les Esséniens (que nous pourrions surnommer ses *Gardes du corps*) avaient pris secrètement leurs informations, et ils virent que les Scribes paraissaient de plus en plus ravis des questions remplies de sagesse que leur posait Jésus ; ils craignirent cependant pour sa sureté, d'autant qu'un rabbin, qui avait conçu un grand attachement pour Jésus et qui était pour lui un ami sincère, était obligé de s'absenter de Jérusalem pour se rendre à Jéricho, afin de régler une affaire urgente. Or, il arriva que, durant cette absence, Jésus combattît plus violemment que jamais contre le mensonge et l'immoralité, et ses discours n'étaient tempérés par aucune prudence.

Aussi les Esséniens qui veillaient sur lui en parlèrent à Joseph et à Marie. Celle-ci éprouvait à ce moment une très grande tristesse : elle venait d'apprendre qu'une de ses amies, qu'elle aimait beaucoup, venait de perdre son mari. Marie désirait aller rendre visite à cette amie et quitter Jérusalem, elle voulait donc emmener avec elle Jésus ; or, pendant trois jours, elle dut chercher son fils dans la ville, qui, nous venons de le dire, était encombrée à ce moment d'étrangers. Le quatrième jour de ses recherches, elle fut informée par les Esséniens que son fils était au Sophérim, où elle se retrouva en effet.

Joseph, Marie et Jésus se rendirent donc en Galilée auprès de la récente veuve qui se nommait Elisabeth. Celle-ci avait un fils unique qui se nommait Jean, qui se prit d'une vive amitié pour Jésus, qui lui rendit bien toute son affection. — Dès leur première entrevue, les jeunes gens devinrent si bons amis que Jean devint, par la suite, le disciple aimé, le disciple favori de Jésus, ils ne se quittaient plus ; ils se promenaient dans les bois et sur les montagnes sauvages, discourant entre eux sur les sujets sacrés les plus élevés. C'est ainsi qu'ils cimentèrent leur réciproque et pure affection et qu'ils apprirent chaque jour à se mieux connaitre.

Jean, fils de Zacharie et d'Elisabeth, avait été initié de très bonne heure à la doctrine des Nazaréens ; il pratiquait donc l'abstinence et maîtrisait toutes ses passions. Il avait un profond mépris pour les pratiques païennes et une haute répulsion pour tout ce qui sentait le despotisme.

Quand le temps fut venu pour Jésus de recevoir le premier grade (le 4e) de l'Initiation à la Sagesse secrète ou *doctrine ésotérique,* ses maitres le dirigèrent dans la vallée située non loin des rochers de Massada, où se trouvait une maison de l'Ordre dont le Supérieur avait rencontré un jour les deux jeunes gens dans la vallée et comme par hasard, mais il ne s'était effectivement rendu en ce lieu que pour les connaitre, uniquement pour cela. Il avait écouté leurs propos avec intérêt et avait loué leur sagesse et leur vertu ; aussi lorsque Jésus lui avait demandé la voie à suivre pour être initié dans l'Ordre des esséniens, Jean s'enflamma d'un bel enthousiasme et demanda lui aussi au Supérieur *l'Initiation.*

Alors, celui-ci fit une prière, qui transporta Jésus *dans l'Adoration* et le Maitre Essénien dit aux jeunes gens : « Vous deviendrez mes Frères, voici quel jour quand, à la nouvelle lune prochaine, vous verrez briller les feux de la montagne du Temple, vous reviendrez en ce lieu. Celui qui s'est consacré à notre règne consacre en même temps sa vie au service de ses semblables.

« Dis à ton père Joseph, que le temps est venu d'accomplir ce qu'il a promis autrefois au pied du mont Cassius. »

Et le Supérieur s'en alla.

Quand Jésus eut rapporté les paroles du Supérieur des Esséniens à Joseph, celui-ci lui dit : « Je me souviens bien de ma parole et de mes devoirs envers nos Frères, et je dois te déclarer que je ne suis pas ton père, car Marie t'a conçu d'une manière occulte, tu en sauras un jour davantage ! »

Cette déclaration plongea l'enfant dans un grand étonnement et le rendit méditatif.

Quand le soir de l'époque annoncée arriva et que les signaux nocturnes parurent sur la montagne, Jésus et son ami Jean s'empressèrent de gagner le lieu du rendez-vous convenu avec le Supérieur Essénien, et, à l'heure dite, ils trouvèrent en ce lieu un émissaire de l'Ordre vêtu de blanc qui les attendait. Jésus et Jean furent alors reçus, selon les règles, car ils n'avaient été que voués auparavant à l'Ordre. Ils avaient subi les épreuves, sans s'en douter, pendant le trajet qui les avait conduits au sein de l'Assemblée, où ils trouvèrent les nouveaux Frères assis en demi-cercle et séparés en même temps, selon les quatre degrés de la Sagesse. Et c'est au milieu du Cénacle, au milieu des Sages, assis et vêtus de leur robe blanche que les deux nouveaux Frères prononcèrent leurs vœux ayant la main droite posée sur la poitrine, tandis que le bras gauche pendait le long de leur corps.

Dans leurs vœux, les néophytes promettaient, entre autres choses, de renoncer aux biens terrestres, à la gloire que peuvent procurer les choses de ce monde, ainsi qu'à la puissance qu'ils peuvent conférer, et, par le baiser fraternel, ils promirent obéissance et discrétion.

Alors les nouveaux Frères furent conduits dans une grotte solitaire, dans laquelle ils restèrent trois jours et deux nuits, afin de procéder à leur examen de conscience. — Le soir du troisième jour, on les conduisit de nouveau au sein de l'Assemblée des Frères, pour y être interrogés et pour y prier avec la Communauté. Puis ils reçurent encore le baiser fraternel ; on leur fit revêtir la robe blanche des Esséniens (symbole de la pureté de l'âme), et tenir en main la *buche sacrée* (buche en bois), emblème du travail de l'Ordre. Cette cérémonie se termina par un chant de louange entonné par les deux nouveaux Frères, qui se retirèrent pour prendre chacun en particulier leur repas dénommé REPAS D'AMOUR ET DE CHARITÉ !

Quand les deux néophytes eurent terminé leur *Repas d'amour et de charité,* ils furent, suivant, que le commandent les règles de l'Ordre, congédiés, parce qu'ils devaient rester *solitaires,* c'est-à-dire entièrement séparés du monde, pendant l'espace de douze lunes, pendant lesquelles ils restaient sous la seule surveillance du Supérieur de la Communauté, afin de se rendre dignes d'accéder aux grades supérieurs de la doctrine ésotérique.

Les deux jeunes gens grandirent ainsi dans la puissance de leur divine destinée. Jésus avait un caractère doux et joyeux : Jean au contraire avait le caractère sévère et recherchait la solitude. Il voilait son âme d'une sombre gravité A l'expiration de l'année ou des douze lunes, ils furent initiés au second degré de l'Ordre ; ils furent alors reçus comme membres effectifs de la Communauté : leur initiation à ce nouveau grade eut lieu pendant la nouvelle lune, et le Supérieur les congédia cette fois en leur disant :

« Lisez, cherchez et fouillez dans l'Écriture ».

Quand les nouveaux initiés eurent chanté et pris le *Repas de charité,* ils furent conduits chacun dans une cellule, où il n'eurent plus qu'à se livrer à la prière et à la méditation, car ils avaient accompli toutes les règles et prescriptions de l'Ordre.

L'une de ces règles permet à tout Frère reçu de rester soit au sein de la Communauté, soit dans le monde pour y professer l'Enseignement.

Jésus put donc y poursuivre la mission pour laquelle il s'était incarné : celle d'enseigner aux hommes la vérité ; Jean, au contraire, se livra à l'art de guérir, à la thérapeutique, il devint Thérapeute et il retourna à Jutha, tandis que Jésus se rendit à Nazareth. Il se sentait poussé par l'Esprit de Dieu (Émanation divine) à glorifier par ses paroles, ses actes, par toute sa vie enfin, la Sagesse essénienne. Il garda fidèlement les vœux qu'il avait faits à l'Ordre, il subit même une terrible épreuve en observant strictement son vœu de chasteté, car il aimait Marie, la plus jeune sœur de son hôte, de son ami Lazare et il était aimé d'elle, mais le génie de l'Ordre et le devoir de pratiquer l'Enseignement essénien triomphèrent de son amour pour une femme. Ayant promis de rester célibataire, il ne devait pas suivre ses penchants et ses désirs, afin de pouvoir se livrer entièrement à sa sainte mission.

Aussi Jésus et Marie, après avoir versé des larmes amères et abondantes, se séparèrent-ils, malgré le violent chagrin qu'ils éprouvaient l'un et l'autre à se quitter Telle est une partie de la vie essénienne de Jésus, partie fort obscure, fort peu connue, ignorée même pour ainsi dire.

Après avoir établi et démontré que Jésus a été Essénien, nous donnerons d'autres renseignements sur la Fraternité essénienne, lesquels renseignements joints à ceux qui précèdent et qui suivront dans le courant de notre étude fournissent un ensemble sur la doctrine essénienne, tel que nous pensons qu'il n'en a pas été donné un pareil. — Nous fournirons notamment des détails nouveaux inédits, quand nous passerons en revue ce qu'a pu faire, et ce qu'a fait probablement Jésus depuis l'âge de onze à douze ans, jusqu'à 33 ans, car après sa prédication au temple à l'âge de 12 ans jusqu'à 33 ans, il disparait pour ainsi dire dans les pages historiques écrites à son sujet.

On peut donc se demander, où a-t-il été et qu'a-t-il fait dans ce laps de temps de vingt ou vingt-et-un ans ? Nous espérons avoir résolu un problème encore inexploré, et l'avoir résolu d'une façon sinon certaine, du moins très vraisemblable.

Les Évangiles gardent un silence absolu sur les faits et les actes de Jésus depuis l'âge de 12 ans où nous le trouvons discutant avec les Anciens sous les portiques du temple jusqu'à sa rencontre avec Jean-le-Baptiste.

Immédiatement après son baptême qu'il reçut à l'âge de 30 ans, il fait son apparition en Galilée et il se montre au peuple en Prophète véritable armé de toutes pièces, tel un Messie ; or il est bien évident qu'il avait reçu une instruction et une Initiation quelconque, il n'est pas moins évident d'après ce qui précède qu'il ne pouvait avoir été instruit et initié que chez les Esséniens, seule Fraternité qui à cette époque avait conservé en Israël les véritables traditions ésotériques, ainsi que le genre de vie particulier aux Prophètes. — Divers auteurs nous disent en effet que l'Ordre des Esséniens constituait à l'époque de Jésus « les derniers restes de ces Confréries de Prophètes organisées par Samuel ».

Nous savons aussi que divers Esséniens possédaient le don de prophétie par exemple, nous l'avons vu plus haut, Menahem avait prédit à Hérode enfant qu'il règnerait un jour.

Quand Jésus eut étudié la tradition ésotérique des Prophètes, il comprit bien vite l'abime qui séparait la doctrine juive officielle de l'antique sagesse, de la Théosophie, la *mère véritable des religions.* Il apprit des Esséniens que la genèse de Moïse contenait sous le sceau du symbolisme une Cosmogonie, une Cosmosophie et une Théogonie aussi éloignées de son sens littéral, que la haute Science l'est des contes les plus puérils.

C'est chez les Esséniens d'Alexandrie ou même de l'Inde probablement qu'il apprit la doctrine du *Verbe* enseignée par Krishna, par les Hiérophantes de l'Égypte, par Orphée et par Pythagore. D'après cette doctrine il sut que l'homme est la plus haute manifestation du Dieu, de l'Absolu et que par sa constitution, sa forme, ses organes et son intellect, il est un Microcosme, soit l'image de l'Univers, du Macrocosme.

Pour accomplir toutes ses études, celles que nous venons d'énumérer et celles qui suivent, Jésus dut passer de longues années parmi ses Frères esséniens. Il dut y faire de profondes méditations et cela pendant des années et des années ; aussi apprit-il par cette longue étude et les destinées de l'homme et son évolution et celle de l'humanité. Il étudia encore les secrets de la nature et la thérapeutique occulte, enfin, il s'entraina à dompter entièrement ses sens, ce qui lui permit d'atteindre à un grand développement mental.

Arrivé à ce niveau mental, Jésus commença à avoir la vague connaissance de sa mission ; aussi son instructeur (ce que l'Hindou nomme son *Guru*) lui annonça-t-il un jour qu'il recevrait bientôt le 4e degré de *l'Initiation,* c'est-à-dire le plus haut, le premier grade ...

Enfin une nuit, nuit inoubliable, à jamais mémorable pour lui et pour ses Frères, il reçut la *grande Initiation,* celle qu'on n'accordait qu'aux seuls Prophètes qui avaient une mission spéciale à accomplir et qu'ils avaient acceptée volontairement.

La réunion pour cette tenue solennelle avait lieu dans une grotte creusée dans les flancs de la montagne. On n'admettait à cette cérémonie rituelle que les Frères hauts Initiés et deux ou trois Esséniennes passées Prophétesses. Elles avaient pour mission de porter des flambeaux et des palmes auprès du nouvel élu et de le saluer comme Maitre.

À un moment donné, le chef de l'Ordre entouré seulement de quelques Anciens comme nous venons de le dire présentait au nouvel élu le *calice d'or,* symbole de la grande initiation, lequel calice contenait le *vin de la Vigne du Seigneur,* qui symbolisait lui-même *l'Inspiration prophétique divine.*

La tradition rapporte qu'Abraham avait bu dans ce même calice « quand Melchisédech avait reçu cette même Initiation en communiant sous les espèces du pain et du vin[1]. »

Cette coupe n'était offerte par l'Ancien à l'initié, que quand il avait reconnu en celui-ci les signes certains de sa mission prophétique ; mais personne ne pouvait apprendre ou même faire pressentir au futur missionnaire qu'elle était sa mission ; il devait la trouver lui-même, en avoir l'intuition, la conviction intime. Telle était la Règle des *Initiés.*

Le calice une fois vidé, le Prophète était libre désormais de ses actions et de ses mouvements, il était passé MAITRE, il ne dépendait plus de personne, Hiérophante lui-même, il était affranchi de l'ordre, il pouvait parcourir le monde là où le poussait le *souffle de l'Esprit.*

Au moment où le divin Maitre venait de vider la coupe d'or, tous les assistants remarquèrent une grande pâleur sur le visage du Nazaréen, bien qu'en ce moment il fût frappé par un rayon du soleil levant.

Ce rayon pénétrait dans la grotte par une faille ou fente, qui en transperçait le plafond ou dôme.

D'où pouvait provenir cette pâleur diffuse sur le visage du doux Nazaréen ? Quelle pouvait en être la cause ?

Il est probable que le divin Maitre avait tout à coup aperçu l'ensemble de la voie douloureuse qu'il allait parcourir !... vision fugace, rapide, mais terrible[2].

---

1. *Genèse,* XIV, 18.
2. *Les grands Initiés,* p. 484.

Du reste, Jésus eut l'occasion plus tard de voir et d'accepter sa sacrificielle mission. Voici comment nous trouvons le fait raconté par M. Ed. Schuré :

« Après sa tentation où Jésus dit à l'esprit tentateur : « Arrière, il se retrouva seul dans sa grotte d'Engaddi et Jésus dit :

« — Par quel signe vaincrai-je les puissances de la Terre ? »

« — Par le signe du fils de l'homme dit une voix d'en haut !...

« — Montrez-moi ce signe, dit Jésus.

Une constellation brillante parut à l'horizon. Elle avait quatre étoiles en forme de croix. Le Galiléen reconnut le signe des anciennes Initiations familier en Égypte et conservé par les Esséniens... La croix splendide grandissait et se rapprochait, comme attirée par le cœur du Voyant. Les quatre étoiles vivantes flamboyaient en soleil de puissance et de gloire.

« —Voilà le signe magique de la vie et de l'immortalité, dit la voix céleste. Les hommes l'ont possédé jadis ; ils l'ont perdu ! veux-tu le leur rendre !

« —Je le veux dit Jésus.

« —Alors, regarde ! voici ton destin. »

« Brusquement les quatre étoiles s'éteignirent. La nuit se fit. Un tonnerre souterrain ébranla les montagnes et au fond de la mer Morte sortit une montagne sombre surmontée d'une croix noire. Un homme agonisant était cloué dessus. Un peuple démoniaque couvrait la montagne et hurlait avec un ricanement infernal : « Si tu es le Messie, sauve-toi ! »

Le voyant ouvrit les yeux tout grands, puis il retomba en arrière, ruisselant d'une sueur froide ; car cet homme crucifié c'était lui-même...

Il avait compris. Pour vaincre, il fallait s'identifier avec ce double effrayant, évoqué par lui-même et placé devant lui comme une sinistre interrogation. Suspendu dans son incertitude comme dans le vide des espaces infinis. Jésus sentait à la fois les tortures du crucifié, les insultes des hommes et le silence profond du ciel.

« — Tu peux la prendre ou la repousser dit la voix angélique. Déjà la vision tremblotait par places et la croix fantôme commençait à pâlir avec son supplicié, quand soudain Jésus revit près de lui les malades du puits de Siloé et derrière eux, venait tout un peuple d'âmes désespérées qui murmuraient les mains jointes : « Sans toi, nous sommes perdues. Sauve-nous, toi qui sais aimer. »

« Alors, le Galiléen se redressa lentement, et, ouvrant ses bras pleins d'amour, il s'écria :

« À moi la croix ! Et que le monde soit sauvé ! »

Aussitôt Jésus sentit un grand déchirement dans tous ses membres et poussa un cri terrible...

« En même temps, la montagne noire s'effondra, la croix s'engloutit ; une lumière suave, une félicité divine inondèrent le Voyant, et, dans les hauteurs de l'azur, une voix triomphante traversa l'immensité, disant : « Satan n'est plus maitre ! La mort est terrassée : gloire au Fils de l'homme Gloire au Fils de Dieu ! »

CHAPITRE VI

Naissance, enfance et éducation de Jésus

Où puiser les matériaux nécessaires pour traiter ce qui fait l'objet du présent chapitre ? Dans les Évangiles, car ce sont les seuls livres qui nous donnent des renseignements sur la Vie de Jésus. Or nous l'avons déjà dit, mais il faut bien le répéter, ils présentent entre eux de grandes contradictions et il ne peut guère en être autrement. Ainsi, l'Évangile de Mathieu a été écrit primitivement en Araméen, puis il a été traduit en Grec, en latin, enfin dans nos langues modernes. Il est donc bien certain que de nombreuses fautes, ainsi que des interpolations s'y sont introduites par la négligence, l'ignorance des copistes ou la mauvaise foi peut-être de certains traducteurs.

Il était bien fâcheux qu'un grand nombre de livres mentionnés par l'Écriture sainte ne soient pas parvenus jusqu'à nous ; ils auraient singulièrement aidé à éclaircir des problèmes qui se posent à l'esprit de l'écrivain.

Voici la liste à peu près complète de Livres mentionnés dans *l'Écriture sainte*, qui ne sont pas parvenus jusqu'à nous ; par cette nomenclature, on pourra juger de la perte des ouvrages historiques qui auraient pu apporter quelque lumière à une quantité d'obscurités ...

1. Chroniques des rois d'Israël (I, Rois, XIV, 19).
2. Chronique des rois de Juda (I, Rois, XIV, 29 ; XV, 7).
3. Dix-mille paraboles, mille et cinq cantiques.
4. Histoire naturelle de Salomon (I, Rois, IV, 32, 33).
5. Livres des justes (Josué, X, 13,11, Rois, 1, 18).
6. Livre des paroles des jours (III, Rois XL, 4).
7. Livre de Nathan et de Gand sur le roi David (I, Para., XXIX, 29).
8. Livre de Nathan, d'Ahias et de Addon sur le roi Salomon (II, Para., IX, 29).

9. Livres des Prophètes Semeia et Addo sur Roboam (II, Para, XII, 15).
10. Livre de Jéhu sur Josaphat (II, Para., XX, 34).
11. Livre d'Isaïe sur le roi Osias (II, Para., XXVII, 22).
12. Livre de Ozai sur le roi Manassès (II, Para., XXXIII, 18).
13. Livre des Lamentations (II, Para., XXXV, 25).
14. Livre de Jérémie Hali sur Jéhu (Jérémie, XXXVI, 26, 23).
15. Livre des lois du royaume (I, Rois, X, 25).

De la négligence, de l'ignorance ou de la mauvaise foi des copistes provient l'incertitude qui règne parmi les Évangiles relativement à l'époque exacte de la naissance du Sauveur du monde.

Dans l'Évangile de Mathieu, puisque nous avons mentionné en premier lieu cet évangéliste, nous trouvons un préambule qui place la naissance de Jésus sous Hérode-le-Grand ; il raconte la visite des Mages et le massacre des Innocents. Or ce récit ne saurait être exact, puisque nous savons d'une manière certaine, authentique, que Hérode-le-Grand est mort quatre ans au moins avant l'ère vulgaire.

D'après Luc, J.-C. serait né l'an 6 avant l'ère vulgaire, puisque cet évangéliste nous dit que lors du recensement général, qui fut ordonné par Quirinus, préfet de Syrie, Joseph et Marie partirent de Nazareth pour se rendre à Jérusalem et de là, à Bethléem, afin de se faire inscrire dans cette ville, puisqu'ils appartenaient à la famille de David et que l'édit préfectoral ordonnait à chaque citoyen de se faire inscrire dans le pays d'origine de la famille à laquelle il appartenait. Ceci nous reporte donc bien en l'an 6 de l'ère chrétienne, puisque nous savons que Quirinus ne fut nommé préfet de Syrie qu'après la déposition d'Archélaüs fils et successeur d'Hérode.

Le même Évangile nous permet de corroborer cette date par celle du Baptême de Jésus. Il nous dit en effet qu'au moment de ce Baptême le Christ avait 32 ans et qu'il fut baptisé la quinzième année du règne de Tibère à cheval en partie sur l'an 29 et l'an 30 de l'ère vulgaire or si J.-C. était né sous Archélaüs, il aurait eu 25 ans à peine lors de son baptême, au lieu de 31 ou même 32 qu'il avait certainement et comme le dit fort bien Luc.

C'est donc par suite du recensement ordonné par Quirinus, que Marie mit au monde Jésus à Bethléem et comme à ce moment-là, il y avait encombrement dans la ville, Marie ne trouva pour réduit qu'une étable et une crèche, comme berceau pour son enfant.

Dix ou quinze jours après sa naissance, l'enfant fut présenté au Temple, puis ramené à Nazareth.

Le même Évangile nous dit que Marie était arrivée à Bethléem très fatiguée, car de Nazareth à Bethléem la route est fort longue (50 lieues environ) surtout pour une femme sur le point d'accoucher. Aussi Marie eut-elle beaucoup à souffrir durant tout le trajet.

Aujourd'hui, Bethléem n'est qu'un gros bourg, un petit village, si l'on veut, qui en fait de monuments ne possède guère qu'un monastère, propriété indivise de Grecs et de Latins qui vivent du reste entre eux, dans la plus parfaite... inimitié !

Avant d'arriver à Bethléem, beaucoup d'étrangers vont voir le tombeau de Rachel (?). Ce monument ne présente aujourd'hui aucun intérêt, car sous prétexte de restauration il a été complètement rebâti en moderne style par un anglais, sir Moses Montefiore.

Qu'était Nazareth, au moment où Joseph et Marie le quittèrent pour se rendre à Bethléem ?

C'était une petite ville de sept à huit-mille âmes au plus située sur le territoire de l'ancienne tribu de Zébulon.

Nazareth est bâtie sur le revers d'un plateau qui fait partie de la chaine de montagnes qui sépare la région maritime de la vallée du Jourdain ; cette chaine domine de 125 à 160 mètres environ la plaine d'Esdrelou.

Encore aujourd'hui, on peut voir taillée dans le roc la pièce ou chambre dans laquelle, d'après la légende, l'ange annonça à Marie sa conception.

On a construit une église au-dessus de cette chambre :

À quelque cent mètres, à l'est de celle-ci, on voyait, il y a environ 25 à 30 ans, la *Fontaine de Nazareth,* à laquelle tous les étrangers ne manquaient pas de se rendre pour y voir les Nazaréennes, célèbres par leur beauté, qui allaient à cette fontaine pour y puiser de l'eau ou y laver leur linge.

Un peu avant d'arriver à Bethléem, on passe au-dessus d'un aqueduc-canal de l'époque salomonienne, qui avait été construit pour amener de l'eau au Temple qui en consommait une assez grande quantité pour son service, car les nombreux sacrifices d'animaux qui s'y faisaient à l'époque des grandes solennités exigeaient de l'eau courante en assez forte proportion afin de balayer avec le sang des victimes les immondices intestinales, qui étaient ainsi entrainées dans des égouts, dont les eaux allaient se perdre dans la vallée du Cédron.

Il est bien évident que la naissance de Jésus à Bethléem n'est qu'une légende nécessitée par ceci : que le Messie était descendant de David et que comme lui, il naitrait à Bethléem. Il est d'abord fort douteux que le décret préfectoral obligeât les gens à des déplacements considérables, surtout dans un pays montagneux où les déplacements ne devaient pas être à la portée de tout le monde. Ensuite Jésus est toujours dit de *Nazareth, le Nazaréen* et non de Bethléem ; ensuite Marie était dans un état de grossesse assez avancée ; puisqu'elle accoucha en arrivant à Bethléem aurait-elle été en état de voyager ? Tout cela est douteux, donc il faut absolument considérer comme une légende la naissance à Bethléem et tout ce qui l'enguirlande :

Étoile Mages, présents ; encens, myrrhe et or.

Nous allons voir cependant ce qu'un auteur arabe, Abulfarage, nous apprend sur cet épisode devenu en quelque sorte *historique,* tant il a été reproduit à satiété dans les ouvrages catholiques et orthodoxes.

Et d'abord qu'était notre arabe Abulfarage, c'était un médecin qui se fit chrétien et fut même plus tard évêque de Gouba en Arménie. On voit donc qu'il était par ses idées disposé à poétiser la naissance du Sauveur. Ajoutons que ce médecin était estimé des Arabes qui appréciaient fort sa science. C'est lui qui a sauvé de l'oubli la lettre du philosophe Autogénius à Auguste, lequel Autogénius devait être un agent secret de l'empereur, en Asie, or Abulfarage a écrit : « La quarante-deuxième année du règne d'Auguste César, la 309e de l'ère d'Alexandre, J. C, naquit de la glorieuse Vierge Marie, le mardi du 25e jour du premier *canani.* Cette année même, Auguste avait envoyé à Jérusalem Cyrinus avec des exacteurs pour faire le recensement. Ce fut le motif qui conduisit Joseph et Marie son épouse, de Nazareth à la ville de Bethléem ; Marie eut là le terme de son enfantement. Les Mages apportèrent de l'Orient des présents qu'ils offrirent au Seigneur. Ce fut de l'or, de la myrrhe et de l'encens. Ceux-ci dans leur itinéraire, passèrent chez Hérode qui les interrogea et ils lui dirent : « Un personnage d'un grand nom parmi nous a composé un livre qui nous a donné un avertissement ainsi conçu : « Il arrivera qu'il naitra en Palestine un enfant descendu du ciel ; la plus grande partie du monde lui sera soumise ; le signe de son arrivée, c'est que vous verrez une étoile voyageuse ; dès que vous l'apercevrez, prenez de l'or, de la myrrhe et de l'encens, et partez pour les lui offrir ; adorez-le et revenez pour éviter d'être compris dans une calamité. Or cette étoile vient de nous apparaitre et nous avons entrepris le voyage qui nous était prescrit. »

« Hérode leur dit, vous avez pris une excellente résolution ; allez donc et prenez des renseignements exacts sur cet enfant, et lorsque vous l'aurez trouvé, faites-le-moi connaitre, afin que je vienne à mon tour l'adorer. » Mais les Mages partirent et ne revinrent pas. Dans sa rage, Hérode donna l'ordre de faire mourir tous les enfants âgés de deux ans et au-dessous, car il ignorait au juste la naissance du Sauveur. À ce moment Marie avait treize ans à peine.

Par Abulfarage, nous venons de le dire, nous avons eu aussi connaissance de la lettre que le philosophe Autogénius écrivit à Cœsar au sujet des Mages. Voici le passage en question :

« Des Perses venus d'orient ont pénétré dans votre royaume et ils sont venus offrir des dons à un enfant qui est né dans une région de la Judée. Qui est cet enfant ? Et de qui est-il ? Nous ne saurions le dire ! »

À cette lettre Cœsar répondit :

« Hérode notre préfet dans la Judée, nous éclairera au sujet de cet enfant et surtout ce qui le concerne.

Le même jour où les Mages étaient venus à Bethléem, Joseph et Marie se mirent en route pour l'Égypte, où ils séjournèrent environ deux ans ; ils ne rentrèrent à Nazareth que le jour où ils apprirent la mort d'Hérode. C'est pendant cette fuite en Égypte que les écrivains catholiques placent l'épisode de :

La Fontaine de Marie

La Sainte Famille fuyant en Égypte arriva à Héliopolis (la ville du Soleil) qui possédait une École de prêtres et des monuments splendides. Dans le voisinage de cette ville au milieu de ruines, tout près d'un village, Matarieh, se trouve un jardin délicieux, dans lequel abondent les fleurs, les fruits et les plantes odoriférantes. Au centre d'un massif d'arbres, on voyait autrefois un vieux sycomore à l'énorme tronc, qui ne mesurait pas moins de 6 mètres de circonférence et qui se divisait, arrivé à une certaine hauteur, en trois branches principales. Cet arbre se nommait *l'Arbre de la Vierge* et presque de son pied jaillissait une source d'eau fraiche d'où le nom de *Matarieh* (Eau fraiche) donné au village.

Voici ce que nous raconte la légende au sujet de cette source dénommée la *Fontaine de la Vierge.*

La Sainte Famille avant d'arriver à Héliopolis errait dans les environs de cette ville pour y chercher un asile. Elle traversa un jardin public, dans lequel Marie et son divin enfant se reposèrent à l'ombre d'un beau sycomore ; mais ils haletaient de fatigue et mouraient de soif par suite de la chaleur excessive qu'il faisait. Les autres étaient vides, les melons d'eau ou pastèques faisaient défaut, vu la saison ; aussi Joseph se demandait comment il pourrait étancher la soif de la mère et de son enfant, quand celui-ci commanda à une source qui serpentait souterrainement en ce lieu de jaillir au pied de l'arbre. Ce récit on le voit est purement légendaire.

L'Évangile de l'Enfance de Jésus, nous rapporte que le sycomore appelé aujourd'hui *Matarea* servit bien d'asile momentané à la Sainte Famille qui puisa de l'eau à la source pour se désaltérer et que, Marie y lava sa tunique. Une légende ajoute que plus tard, Marie lava souvent à cette fontaine son enfant, ainsi que les linges qui lui servaient de langes.

Dans le voyage, qu'il fit en 1895, le Baron d'Angelure a raconté le fait précédent qui a été corroboré par Burchard évêque de Worms, d'après un récit du p. Giry.

Le Père Jésuite Thomas Céva a chanté dans un poème : *Jésus Enfant,* la *Fontaine de Marie.*

Ceux de nos lecteurs qui désireraient de plus longs détails sur la *Fuite en Égypte* les trouveront dans le *Proto-Évangile de saint Jacques* dans *l'Évangile de l'Enfance* dans *l'Évangile de saint Thomas,* dans le *Traité de l'Enfance de Jésus de saint Thomas,* tous ces ouvrages contemporains des premiers temps du christianisme donnent d'abondants renseignements sur la fuite et le séjour de la Sainte Famille en Égypte ; mais nous ajouterons qu'il faut naturellement en prendre et surtout en laisser, car beaucoup de ces relations sont même plus poétiques qu'historiques.

C'est même pour cela que dans notre œuvre nous n'avons presque rien puisé dans les livres dont nous venons de mentionner les titres.

Nous devons également considérer comme légende cette fuite en Égypte et par suite ce qui concerne la *Fontaine de Marie.*

Jésus est allé en Égypte, c'est un fait certain, mais pas si jeune que le rapportent les Évangiles. Il a dû y aller après ses premières discussions (nous ne pouvons dire prédications encore) au Temple. Il dut s'y rendre à la suite de la condamnation à mort de certains docteurs, comme le rapporte le Talmud.

Ce livre sacré pour les israélites a été écrit par des rabbins juifs dix-sept siècles avant le Nouveau Testament ; bien qu'il ne soit qu'une compilation, il a cependant beaucoup d'autorité auprès des Exégètes ; or on y lit ceci : « Le roi Janneus ayant fait mettre à mort des docteurs, Josuah et Jeshu (Joseph et Jésus) se retirèrent à Alexandrie, ville d'Égypte.

« Quand il n'y eut plus rien à craindre, le fils de Stada (de Marie ou de Pandara), trois noms qui paraissent des synonymes dans le Talmud, revint (en Judée) rapportant d'Égypte des secrets magiques, dans une incision qu'il s'était faite sur le corps...

« ... La veille de Pâques, on pendit Jésus à un gibet. »

L'enfance de Jésus

Sur la première enfance de Jésus, nous ne savons presque rien ; nous rapporterons cependant un peu plus loin une tradition assez répandue, qui parait, sinon vraie, au moins très vraisemblable.

Mais auparavant, nous dirons que Jésus passa les premières années de son enfance dans l'atelier de charpentier de son père, nous allons voir ce qu'il faut entendre par ce mot.

Jésus ne dut pas y travailler longtemps, si toutefois il y travailla, car nous savons, par la lettre de l'Ancien des Esséniens, que dès l'enfance Jésus avait été voué par Joseph et Marie à la secte essénienne.

Il est donc probable que de l'âge de cinq à six ans jusqu'à douze, où nous le voyons pour la première fois sous les parvis du Temple, il passa les premières années de son enfance au milieu des Esséniens dans leurs réunions. C'est là où il apprit à lire et à écrire qu'il s'instruisit des choses de la religion et qu'il apprit à connaitre les faits et gestes des pharisiens et des lévites juifs, ainsi que tous les complots de la synagogue, en vue d'exploiter le plus possible le peuple. De là, le premier écœurement de Jésus et la pitié qui s'empara de son cœur si ardent pour la défense et la salvation du peuple.

C'est de là aussi, qu'il conçut pour la première fois le projet de consacrer son existence tout entière à propager les idées de charité et de fraternité qui auraient dû régénérer le monde.

Si depuis bientôt deux-mille ans la charité, l'altruisme et la solidarité, la véritable fraternité avaient été compris par l'humanité, dans le sens que l'avait formulé Jésus, c'est-à-dire dans l'esprit de l'Essénianisme, il y a longtemps qu'il n'y aurait plus sur la terre des pauvres et des malheureux.

Nous venons de dire que Jésus avait, dans son enfance, travaillé chez le charpentier Joseph. Nous devons rapporter à ce sujet une tradition : c'est que le jeune enfant modelait sur de l'argile, de la terre glaise, dans l'atelier de son père nourricier, des oiseaux ou des fleurs qu'il sculptait sur les panneaux des meubles que fabriquait Joseph, car, à cette époque reculée, un charpentier était un homme exécutant tous les travaux en bois ; il était non seulement fabricant de charpentes, mais encore menuisier, ébéniste, et probablement mosaïste en bois. De plus, comme à cette époque il n'y avait pas de marchands de bois, les charpentiers comme Joseph allaient dans les forêts pour y abattre les arbres nécessaires à l'exploitation de leur industrie comme nous l'avons vu.

C'est même dans un de ses voyages en forêt, où il resta près d'un an, qu'en revenant à Nazareth il trouva Marie dans un état de grossesse très avancée d'après les uns, ayant déjà accouché d'après les autres, ce qui est plus probable, puisqu'il était absent depuis plus d'un an.

Il aurait même chassé de sa maison sa femme, si un Frère essénien n'était pas venu lui apprendre comment Marie avait pu, en son absence, devenir enceinte et le caractère de sa mission sacrée.

Le même Essénien lui dit qu'il devait aimer et chérir cet enfant plus que s'il était le fruit de ses œuvres ; ce que Joseph, dans la suite, exécuta à la lettre ; il ne cessa jamais d'aimer Jésus ; il eut au contraire une préférence marquée pour lui ; de là, la jalousie de ses frères à son égard.

Cette jalousie des frères de Jésus à son égard revient trop souvent dans tous les récits, pour qu'il n'y ait pas quelque chose de vrai. — Ainsi ceux qui admettent que Jésus était un enfant naturel expliquent cette jalousie en disant que la Loi n'admettait pas le bâtard comme national ; c'était un *étranger* privé, comme tel, de tous les droits civiques.

Quoi qu'il en soit, nous allons encore faire connaitre un autre motif de la jalousie des frères de Jésus. Quelques écrivains dépassant toute mesure ont voulu voir dans les Esséniens des sortes de collectivistes et même d'anarchistes. L'analogie est des plus fausses ; c'est surtout par l'exemple que Jésus, comme les Esséniens ses frères, enseignait à la foule, au peuple le collectivisme, c'est-à-dire un communisme tout familial, que lui-même ne put pratiquer, hélas ! puisqu'une légende orientale nous apprend et nous explique comment Jésus dut fuir non seulement sa famille, mais encore quitter son pays à cause de la jalousie que ses frères lui témoignaient.

Peu de temps après qu'il eut discuté à la Synagogue avec les docteurs, il dut commencer ses voyages, afin de ne pas se heurter à cette jalousie fraternelle. — C'est à ce moment que Yousef, son père adoptif, tomba malade et sentant sa fin prochaine (suivant la formule) appela auprès de lui ce fils bienaimé et le serrant dans ses bras avec effusion, il lui dit : « Mon fils chéri, je sens que je vais mourir ; si tu restes en Galilée quand j'aurai succombé, tes frères te persécuteront ; ta mère elle-même souffrira beaucoup à cause de toi, aussi dès qu'on aura mis ma dépouille dans le sépulcre, fuis, va au pays des Mages de Chaldée et plus loin encore, dans les pays des Indes au-delà des hauts fleuves et là, tu seras heureux. »

Ceci parait très certain, puisque c'est rapporté par un grand nombre d'historiens de la Vie de Jésus.

Ce récit a une grande importance (ultérieurement nous aurons l'occasion de le rappeler) ; il peut en effet démontrer jusqu'à un certain point que puisque Jésus a pu aller dans l'Inde sur le conseil même de son père nourricier Yousef, il peut avoir acquis là l'Initiation intégrale, puisqu'il y resta plus de vingt-et-un ans, temps nécessaire pour acquérir l'initiation aux grands mystères, la *grande Initiation.*

Ce qui précède explique, d'une façon logique pourquoi nous ignorons et l'Enfance de Jésus et ce qu'il fit pendant son adolescence.

Arrivés à ce point de notre récit, nous demandons au lecteur la permission d'ouvrir une parenthèse pour dire qu'un fait est digne de remarque, c'est l'obscurité dans laquelle s'est passée l'enfance et parfois l'adolescence des fondateurs de religion.

L'exode ne nous parle guère de Moïse qu'un peu avant sa sortie d'Égypte et il avait alors près de 75 à 78 ans. Même silence pour Zoroastre (Zarathoustra). En ce qui concerne le Bouddha, nous apprenons qu'il commença ses prédications vers l'âge de 40 ans. Les Évangiles ne nous apprennent rien sur l'enfance de J.-C. ; nous le voyons bien à l'âge de douze ans discutant avec les docteurs, puis nous le perdons de vue jusqu'à ses premières prédications, c'est-à-dire vers l'âge de 32 ans ; quant à Mahomet, sa mission prophétique ne commence guère aussi qu'à 40 ans.

Un autre motif de cette obscurité sur la date certaine de la naissance de Jésus et des premiers actes de sa vie, c'est que quand Jésus vint au monde personne ne pouvait supposer l'importance de sa venue, encore moins de la place que la doctrine de cet enfant allait occuper dans l'Histoire des nations. C'est pour cela que la date de sa naissance passa inaperçue aussi bien chez les juifs que chez les autres nations, et cela à un tel point que pendant plusieurs siècles, l'ère nouvelle ne prit place dans aucun calendrier. Ce ne fut guère qu'en l'an 532, c'est-à-dire au VIe siècle après l'avènement de J.-C., qu'un moine de l'Église romaine, nous le verrons bientôt du nom de Denys-le-Petit, originaire de la Scythie, proposa de constituer l'ère nouvelle, mais Denys supposa bien à tort que J.-C. était né le 25 décembre 753 de la fondation de Rome, il fit donc dater l'ère chrétienne de l'année suivante, 754, qui, même aux yeux de ce moine, n'était pas l'année de la naissance de J.-C., puisque celle-ci était antérieure de sept jours.

Nous terminons ce chapitre en étudiant la chronologie de la naissance de Jésus, après avoir toutefois donné une mention à une légende tirée de *l'Évangile apocryphe de l'Enfance de Jésus*[1], lequel évangile a été écrit en grec vers le IIIe siècle et dont on a fait une traduction arabe d'après laquelle Henry Syke a établi sa traduction latine en l'accompagnant de quelques fragments conservés de l'original grec. — Il est dit dans ces fragments que Jésus âgé de cinq ans s'amusait à faire des figures d'argile, auxquelles il donnait la vie. Nous n'avons vu ce fait mentionné dans aucun évangile et si nous le rapportons ici c'est qu'une tradition orientale attribue à *Saliva-hana* le fils de *Tachana,* c'est-à-dire du charpentier le pouvoir de donner la vie « à d'innombrables figures de soldats, de chevaux et d'éléphants de guerre. »

Chronologie de là naissance et des principaux actes de Jésus

De ce que nous avons dit précédemment, il résulterait que Jésus serait né non à Bethléem, mais à Nazareth[2], sous le règne d'Auguste, vers l'an 750 de la fondation de Rome, or nous pensons qu'il faut remonter cette date à trois ans plus haut, comme nous allons le démontrer.

Dans son « Discours sur l'Histoire universelle » (Dixième époque ; naissance de Jésus) Bossuet reconnait lui-même que la date de la Naissance de Jésus est assez obscure.

Si nous voulons résumer les opinions à ce sujet, nous verrons que quelques écrivains la fixent au 6 janvier, d'autres au 6 avril.

C'est Denys-le-Petit qui indique le 25 décembre, date qui avait été adoptée en l'an 137, alors qu'on substitua la Noël au*paganali*a de Servius Tullius[3].

1. Chap. III. IV, 24. Ed. Pauthier, p., 556.

2. Nazareth se nomme aujourd'hui *In-Naria.*

3. *Paganalia, Paganalès, arch, rom.* — Fêtes champêtres qui revenaient chaque année, vers

Mais ce n'est pas seulement la date du mois qui est incertaine, car on ignore encore la date exacte de l'année, sous lequel des consulats de Pisón il faut la placer. — Ce qu'on sait bien, c'est que Jésus est né sous Auguste et qu'il est mort sous Tibère. Quant à Hérode, il mourut l'an 4 de l'ère vulgaire, nous l'avons vu et les calculs de la critique s'accordent pour admettre cette date pour la naissance ; nous allons voir si c'est exact. En ce qui concerne la date exacte de la mort de J.-C., si celle-ci était survenue sur la croix (ce que nous étudierons plus loin chapitre XVII), Jésus aurait vécu sur la terre 34 ans, 3 mois 21 jours, non compris, bien entendu, les quarante jours qu'il aurait passés avec ses apôtres, depuis sa résurrection jusqu'à son Ascension au ciel dans son vêtement de lumière (de flamme, de *Fohat*) ascension qui serait survenue au dire des croyants le 26 mai 782 de la fondation de Rome.

Or si nous acceptons comme vraie cette date de 782, nous voyons qu'en déduisant 34 ans plus 3 mois 21 jours composant la durée de la Vie de Jésus, auxquels chiffres, si nous ajoutons les 40 jours depuis sa résurrection jusqu'à son Ascension, nous voyons, disons-nous, que ce n'est pas à l'an 750 de Rome que Jésus serait né, mais en l'an 747, car si nous retranchons de 782, 34 ans 5 mois que nous fournit le précédent calcul, nous obtenons bien la date de 747. D'après ces chiffres, Jésus aurait donc vécu sur la terre 35 ans et comme sa mission publique a duré environ 12 ou 14 mois seulement, il serait mort sur la croix à 34 ans 8 mois au lieu de 33 ans.

Or ce chiffre s'adapte parfaitement au calcul suivant — Jésus commence à discuter avec les docteurs (Rabbi) à lige de 12 ans et demi environ, ensuite son initiation en Égypte ou dans l'Inde (?) lui demande 21 ans, enfin sa mission publique dure environ 12 ou 14 mois (pas plus, nous le verrons plus tard) ce qui fournit bien 35 ans.

Donnons ici un Résumé chronologique des principaux évènements de la Vie de Jésus, d'après Proudhon.

Jésus est né l'an 2 de l'ère vulgaire (nous venons de voir que cette date est fausse ; en l'an 15 de Tibère — 28 de l'ère vulgaire). Prédication de Jean. — Jésus est baptisé à Béthabara ou Béthanie de l'autre côté du Jourdain, vis-à-vis de Jéricho.

Voyage de Jésus en compagnie de Pierre, André, Jean, Nathanaël et autres ; ils se font tous baptiser auprès de Jésus, et avant la pâque ; le baptême même

la fin de janvier ou au commencement de février, sept jours après les *Sémentines.* — C'était la fête des villageois (Pagani) d'où son nom, etc., etc. — E. Bosc, *Dictionnaire général de l'archéologie et des Antiquités chez les divers peuples*, in-12, Paris, 1887.

était considéré comme une préparation à cet acte de Foi.

Immédiatement après son baptême. Jésus se met à baptiser ; ses disciples baptisent également.

Jésus passe plusieurs jours avec son ami le Baptiste.

Plainte des disciples de Jésus ; nouveau témoignage (Jean, III, 22, 23).

L'arrestation de Jean sur l'ordre d'Hérode dut avoir lieu avant la pâque, le Tétrarque devait craindre l'agitation. — Tout le monde se disperse, Jésus retourne en Galilée.

Chemin faisant survient l'aventure de la Samaritaine (Jean, II.)

Trois jours après le retour de Jésus, où après la pâque, qu'il dut célébrer en Galilée, noces de Cana.

3e Pâque de Jean.

De la pâque, à la fête des Tabernacles, Jésus prêche tour à tour à Nazareth, Capharnaüm, Chorazin, Beth-Sayda ; il se dirige vers la Décapole, etc. C'est pendant ce temps qu'il reçoit une députation de Jean le Baptiste.

Puis, suivant Jean, il repart pour la Galilée vers la fête des Tabernacles ; octobre an 48.

Deuxième pâque de Jean. — Aventure du temple, du Paralytique, de Lazare. An 29, entrée triomphale à Jérusalem. Catastrophe, mort de Jésus le 23 mars avant la pâque à l'âge de 31 ans (ce chiffre est faux).

Les disciples retournent en Galilée où ils revoient leur Maitre.

Les chapitres v, vi, vu de Matthieu sont le résumé des idées propres de Jésus. Les quatre Pâques mentionnées par Jean ne se peuvent soutenir en présence du témoignage unanime des autres évangélistes et des contradictions qu'elles entrainent.

Tous les faits racontés par Jean sont interpolés, en effet, suivant cet Évangile : — La première Pâque que Jésus aurait faite à Jérusalem pendant sa mission est celle où il chassa les Vendeurs du temple. Or ce fait se serait passé peu de temps avant la mort de Jésus.

La deuxième pâque, indiquée seulement par les mots *dies festus,* est celle caractérisée par la guérison du Paralytique ou le miracle des Pharisiens.

D'après les témoignages de Jean, et des trois autres évangélistes, Jésus serait redevable du crédit dont il jouissait, au témoignage de Jean ; c'est même à la suite de ce témoignage qui est de la même époque que la guérison du

Paralytique qu'André et Pierre vinrent à Jésus.

La troisième pâque, dont il est fait mention aurait été fort proche du miracle des cinq pains et des deux poissons. Or cette affaire se passe en Galilée, loin de Jérusalem ; cette troisième pâque est donc la même que celle qui suivit le retour de Jésus.

Enfin, la quatrième pâque est celle qui précéda de 24 heures environ le supplice de Jésus, sur la croix infamante.

« Pour moi, dit Proudhon, je ne vois que deux Pâques : 1° celle qu'il se proposait de célébrer à Jérusalem après son baptême et qu'il dut passer en Galilée, après l'arrestation de Jean ; 2° celle qui suivit sa crucifixion.

En résumé, nous pouvons dire qu'après avoir bien étudié les travaux sérieux relatifs à la date exacte de la naissance de Jésus, nous trouvons que cette date doit être avancée de quatre à cinq ans sur la date actuelle, c'est-à-dire qu'au lieu d'être aujourd'hui en 1902, nous devrions être en 1907 ou au moins en 1906. Voici, en effet, les nouveaux arguments que nous pouvons invoquer pour prouver le bien fondé de notre allégation, nous les puisons dans l'ouvrage du Dr Sepp.[1] : « la quinzième année de l'empire de Tibère, Jean baptisa Jésus alors âgé de 30 ans environ, c'est-à-dire au moment où il commença sa vie publique[2]. Or cette quinzième année coïncide à l'an 782 de la fondation de Rome et si nous retranchons de cette date les 30 ans qu'avait J.-C. au moment de son baptême, il nous restera pour l'époque de la naissance 782-30-75=752 ; de sorte que l'ère vulgaire devrait commencer dans le courant de l'an 753, qui serait la première année après la naissance de J.-C.

Nous savons de plus qu'Hérode nommé roi de Judée par un sénatus-consulte au moment de l'an de Rome 714, mourut en 750 (le 25 mars) dans les calendes d'avril, après un règne de 37 ans. Il suit de ce que nous venons d'exposer que Jésus étant âgé de plus de deux ans à la mort d'Hérode n'a pu naitre après l'an 749 de la chronologie de Baronius ou après 745 de celle usitée avant Denys[3].

D'un autre côté, nous savons que la conversion de Paul sur le chemin de Damas eut lieu trois ans après la mort supposée de J.-C., comme en témoigne Chrysostome dans son homélie sur le prince des apôtres, quand il nous informe que Paul a servi J.-C. pendant 35 ans depuis sa conversion ;

1. Tornei, p.39.

2. Luc, ni, 23.

3. Dr Sepp. Tome 1, p. 4.

or Pierre et Paul auraient souffert le martyr 31 ans après la mort supposée du Sauveur, c'est-à-dire la quatorzième année du règne de Néron (820 de Rome, soit 67 ans de l'E. V.) c'est Jérôme qui, dans son catalogue tiré d'Eusèbe, nous informe du fait qui précède. Or, puisque Néron est monté sur le trône le 13 octobre 807, soit 54 ans après J.-C., c'est le 29 juin que Pierre et Paul auraient souffert le martyr. Si notre chronologie était bien établie et si le Christ était mort l'an 35 de l'ère vulgaire, Paul aurait commencé à persécuter les chrétiens avant même la mort de son Maitre, ce qui nous parait inadmissible, donc il y a lieu de faire remonter à 7 ans plus haut la naissance de J.-C.

En résumé, nous pouvons affirmer que de l'ensemble de nos recherches contrôlées et confirmées par les travaux d'un grand nombre d'auteurs et plus particulièrement de ceux de Sepp, il résulte :

1° que Jésus est né le 25 cisleu (25 décembre) de l'an de Rome 747 au lieu de 750 ;

2° qu'il a été emporté en Égypte à l'âge de deux mois et demi (au lieu de deux ans et demi) ;

3° qu'il a été ramené en Galilée à deux ans et trois mois ;

4° qu'il est venu célébrer à Jérusalem la première fête de Pâques à 12 ans quatre mois et 20 jours ;

5° enfin qu'il a été crucifié la veille de Pâques le 15 avril 782 (U. R.) de la fondation de Rome.

Telle est la vraie chronologie de la Vie de J.-C. qui démontre que depuis sa naissance jusqu'à sa mort il s'est écoulé un espace de 6 ans.

Nous avons peut-être étudié un peu longuement, au gré des lecteurs, cette chronologie de la Vie de Jésus, mais comme c'était un point important de l'histoire à élucider, nous espérons que le lecteur ne sera peint fâché que nous y ayons consacré un certain temps.

DEUXIÈME PARTIE

VOYAGES, MISSION ET PASSION DE JÉSUS

CHAPITRE VII

Les voyages de Jésus

Dans la première partie de notre œuvre, nous avons étudié la grande personnalité de Jésus, nous avons passé en revue les mythes et légendes relatifs à sa naissance que tous ses historiens se sont efforcés de rendre mystérieuse ; nous avons discuté la question importante de savoir si Jésus était Sémite ou Aryen, nous avons fait une longue étude sur l'Essénianisme, enfin nous avons parlé de la naissance, de l'enfance et de l'éducation du divin Maitre.

Dans cette seconde partie, nous allons voir les voyages de Jésus, l'état de la Judée un peu avant lui et de son vivant, enfin sa mission publique.

Nous étudierons aussi ses miracles, au point de vue scientifique, nous passerons en revue ses aphorismes, sentences et paraboles. Puis par une fiction, par un récit tout d'imagination, nous rétablirons la vie domestique juive dans ses détails, mœurs et coutumes ; dans une visite de Jésus chez Lazare, qu'on nomme ordinairement visite de Jésus à Marthe et à Marie, le récit que nous donnons est une aquarelle véritable, si l'on peut dire, de la vie juive ; enfin, nous amènerons le divin Maitre jusqu'au Golgotha, c'est-à-dire que nous ferons une revue rapide de son arrestation, de son jugement et de sa condamnation, en un mot de sa Passion.

Nous étudierons enfin, avec la plus scrupuleuse attention, le grand problème si contesté de sa résurrection.

Nous pensons avoir apporté dans la résolution de cet important problème de nouvelles clartés qui l'éclaireront certainement d'un jour nouveau, car nous y donnons toutes les explications et toutes les solutions possibles et imaginables.

En mettant sous les yeux de nos lecteurs un fait d'intuition d'un des biographes de Jésus, de M. Schuré, nous avons vu précédemment comment le doux Nazaréen parvint à la connaissance de sa Mission messianique. Nous avons dû aussi faire de grands efforts de pensée et de recherches pour reconstituer avec une sorte d'intuition, sinon de révélation, une très grande partie de la Vie de Jésus, que les Évangiles et autres livres sacrés ou profanes laissent dans les ténèbres, dans l'ombre la plus obscure, la plus noire, pouvons-nous dire, cette partie de la Vie de J.-C. Qu'a pu faire en effet le Seigneur dans son adolescence et dans la force de l'âge ? C'est-à-dire depuis l'âge de douze ans, où nous le voyons discuter dans la synagogue au milieu des docteurs (Rabbi) jusqu'à l'âge de 31 ou 32 ans et même de 33, où nous le voyons alors commencer sa mission publique, qui n'a pas duré trois ou quatre ans, comme l'ont dit de trop nombreux historiens, mais seulement quatorze à quinze mois tout au plus.

Dans le présent chapitre, nous voyons le doux Essénien, le bon Nazaréen quitter la Galilée, la Judée pour se rendre en Égypte à Alexandrie sur le conseil qu'il reçut de son père nourricier, de Joseph. De l'Égypte, J.-C. dut probablement passer dans l'Inde où il a certainement résidé de longues années, une vingtaine d'années, au moins, pour parfaire son instruction et y recevoir les grandes initiatiques de l'Ordre Essénien ou de toute autre Fraternité. Après avoir terminé son instruction et avoir reçu le plus haut grade de l'Initiation, J.-C. retourna dans son pays d'origine, dans son pays natal.

La Pistis Sophia[1] nous dit : « Il arriva, lorsque Jésus fut ressuscité d'entre les morts, qu'il passa onze ans à parler à ses disciples et à les instruire (de ce qui se trouvait) jusqu'aux lieux des premiers Ordres seulement et jusqu'aux lieux du premier mystère qui est à l'intérieur du voile qui est dans le premier Ordre, lequel est le vingt-quatrième mystère, et en dessous de ceux qui sont dans le second Emplacement du premier mystère qui est avant tout mystère : le Père à la ressemblance de Colombe. »

Nous venons de signaler ce passage de l'érudit E. Amelineau pour témoigner de deux faits qui ont une grande importance ; premièrement, que Jésus après sa résurrection avait parlé pendant onze ans à ses disciples, ensuite qu'il était réellement *Initié.* Que le lecteur prenne bien acte de ces faits, d'autant que nous pensons, nous, que Jésus-Christ après sa passion a passé encore sur la terre environ quarante ans en *humain,* dans son corps physique. Nous aurons occasion de revenir sur ce sujet, quand dans le chapitre XVII, nous étudierons la question de la Résurrection de J.-C.

1. E. Amelineau, ΠΙΣΤΣ ΣΟΦΙΑ, ouvrage gnostique de Valentin, 1 vol, in-8°, Paris. 1895. — page 1.

Je sais bien qu'on pourra objecter que le manuscrit de la *Pistis Sophia* est un ouvrage gnostique du IXe ou même du Xe siècle et peut avoir été fait par un Père de l'Église et qu'il ne prouve rien au sujet des propos que l'on prête à Jésus, etc. — Avec de pareils raisonnements, on peut tout nier, on ne pourrait employer aucun document comme étant en partie du moins historique, nous ferons cependant observer que le texte des manuscrits tels que celui de *Pistis Sophia* repose en partie sur la Tradition, or pour nous, nous ajoutons autant de foi à la Tradition qu'à un écrit quelconque; nous ne connaissons que par la Tradition l'Histoire des religions, tous les mythes, tous les symboles, toutes les légendes qui tous renferment une partie de vérité, et c'est à l'écrivain, au philosophe, au penseur à avoir le flair, l'intuition de démêler le vrai du faux et savoir extraire du milieu de l'ivraie, le bon grain. Que certains auteurs possèdent plus ou moins le génie intuitif nécessaire pour écrire l'Histoire, c'est là un fait incontestable et ce qui le démontre, c'est qu'il y a fort peu de véritables historiens un peu ésotéristes, car tout lecteur complètement ignorant de l'ésotérisme, ne pourra comprendre bien des passages de notre œuvre.

Est-ce à dire que l'exposé qui précède signifie que seul, nous avons écrit une véritable *Histoire de la vie de Jésus,* nous n'avons pas une telle prétention, ce serait de l'outrecuidance et nous n'avons jamais été outrecuidant.

Que nous nous soyons montré dans nos écrits un pionnier d'avant-garde, soit: cette qualité nous a même fait traiter de fou par bien des lecteurs, mais peu nous importe, cela n'a jamais pu empêcher notre plume d'écrire. Et pour le présent ouvrage, nous dirons que nous ne le considérons que comme un pont, une simple passerelle même si l'on vent, jeté entre le Christ fabuleux et le Christ historique.

De ce qui précède et de ce que nous allons ajouter, il est certain que J.-C. a été en Égypte autrement qu'en fuyant la persécution d'Hérode et qu'il y a vécu, puisque son existence a donné lieu à une sorte d'Évangile, à la *Pistis Sophia.* Ce fait est corroboré par quantité de détails qu'on peut trouver dans l'ouvrage de M. G. Lejeal, nous nous bornerons à signaler ici un seul passage, mais qui nous parait typique, car on y verra que Jésus cherche à fonder sur les bords du lac de Génézareth un établissement à l'instar dirait-on aujourd'hui « de l'Institut d'Égypte des Thérapeutes, par sa situation sur les bords du lac Mariout ».

Jésus, nous dit M. Lejeal[1], fit en ce sens trois tentatives différentes à

1. Page 91, de *Jésus d'Alexandrin.*

Corazaïm, à Bethsaïda ensuite, puis en dernier lieu à Capernaüm où il demeura le plus longtemps[1]. C'est là qu'il habite avec ses disciples[2] ; c'est là qu'il rencontre ses disciples les plus fidèles[3], c'est de là que sa prédication rayonne dans les villes et villages d'alentour, c'est de là qu'il envoie ses disciples en mission[4], c'est là qu'ils viennent lui en rendre compte.

À en croire le texte actuel de Flavius Josèphe, poursuit l'auteur, il était resté à Capernaüm de singuliers souvenirs de l'Égypte. « On y voit, dit-il, une source très abondante que quelques-uns croient une petite branche du Nil, parce que l'on y trouve des poissons semblables au Caracin d'Alexandrie, qui ne se voit nulle part que là et dans ce grand fleuve[5] ».

Or le poisson ιχι, est on le sait, le symbole de Jésus-Christ.

Nous croyons ne pas devoir insister davantage pour démontrer que Jésus a été et a séjourné en Égypte.

Voyons si maintenant Jésus a été dans l'Inde et y a séjourné. — Pour nous, ceci ne fait pas l'ombre d'un doute, mais la proposition demanderait d'assez longues explications et ferait du reste double emploi avec tout ce que nous rapporterons plus loin au chapitre XX, *Origines orientales du christianisme* ; nous prions donc ceux de nos lecteurs qui auraient hâte d'étudier le sujet de se porter au chapitre que nous venons de leur signaler et nous terminerons celui-ci, en disant que sans s'en douter Renan constate un fait qui a une certaine importance, c'est que Jésus aurait créé un genre d'entretien, de causerie bien à lui, la parabole, usitée seulement dans l'Inde.

Voici ce passage, auquel nous attachons un grand prix[6] :

« C'est surtout dans la parabole que le Maitre excellait. Rien dans le Judaïsme ne lui avait donné le modèle de ce genre délicieux[7]. C'est lui qui l'a créé. Il est vrai qu'on trouve dans les livres bouddhiques des paraboles exactement du même ton et de la même facture que les paraboles évangéliques[8].

1. Math., XI, 21 et suiv.

2. III, 13.

3. Math. III. 18, et suiv. ; VIII, 3.

4. *Ibid.* chap, X, XI 2.

5. Bel. R., ch. XXXV, *infine.*

6. *Vie de Jésus* page, 167.

7. L'apologue, tel que nous le trouvons (*Juges,* IV, 8 et suiv., 11, *Sam.* VII, et suiv.) n'a qu'une ressemblance de forme avec la parabole évangélique. La profonde originalité de celle-ci est dans le sentiment qui la remplit.

8. Voir surtout le *Lotus de la bonne loi*, ch. III et IV.

Mais il est difficile d'admettre qu'une influence bouddhique se soit exercée en ceci. L'esprit de mansuétude et la profondeur de sentiment qui animèrent également le christianisme naissant et le bouddhisme suffisent peut-être pour expliquer ces analogies.

Nous ne le pensons pas, nous savons au contrai j re que Jésus, après avoir séjourné en Égypte, a été également dans l'Inde pour y achever son *Initiation* et c'est là, où il a puisé le système parabolique signalé par Renan ; c'est donc encore une preuve en faveur de notre thèse.

Nous avons exprimé à diverses reprises l'idée qui précède ; ceci n'est pas par négligence, c'est bien voulu. — Les répétitions que renferme notre œuvre sont nécessaires, car celle-ci n'est pas simplement une *Vie ésotérique de Jésus* ; c'est encore et surtout un livre d'enseignement et c'est pour cela que nous n'avons pas craint de dire et de répéter certains principes, afin de les inculquer dans l'esprit de l'étudiant sérieux, de l'homme qui veut apprendre et arriver à embrasser la religion Sagesse, *l'antique Théosophie,* qui représente merveilleusement la doctrine admirable enseignée par J.-C.

CHAPITRE VIII

État de Judée avant Jésus

Étudions l'époque et le milieu dans lesquels se trouvait Jésus, au moment où il vint accomplir sa mission. Il y avait en ce moment plusieurs partis. L'un maintenait envers et contre tous, et cela d'une façon stricte, la Loi de Moïse, la loi judaïque ; ce parti espérait qu'un jour le peuple hébreu serait sauvé par un prince, par un Prophète issu de la famille de David. Ce dernier parti se rangeait du côté des Scribes et des Savants de leur École.

Un autre parti était constamment en guerre avec l'élément étranger au Judaïsme, élément assez nombreux en Judée, principalement en Galilée ; enfin, un troisième parti annonçait à tous que le royaume de Dieu était beaucoup plus proche qu'on ne pouvait le supposer. On pouvait même hâter son avènement en se repentant de ses fautes et en faisant pénitence.

Écoles juives

Parmi les Écoles juives, qui chacune prétendait posséder le monopole de la vérité à l'époque de Jésus, il y a lieu de distinguer les trois suivantes : l'École des Pharisiens, celle des Sadducéens et celle des Samaritains.

Les Pharisiens qui observaient la loi au sens strict de la lettre faisaient consister la piété dans la pratique extérieure (exotérique) du culte et des cérémonies. Ils affectaient une grande rigidité de principes, mais n'avaient que les vains dehors de la vertu et leur charité était pure ostentation ; leur religion n'était pas l'objet d'une foi sincère, mais purement et simplement un mode de parvenir, un moyen de puissance ; or, les Pharisiens étaient très puissants dans Jérusalem. En somme, les Pharisiens étaient des hypocrites ils disaient que leur École était la plus ancienne de toutes, leur nom serait dérivé de l'hébreu *Parush,* qui signifie tempérant, abstinent, pieux et austère.

Les Pharisiens étaient des gens fort scrupuleux, si nous nous en rapportons à une note que l'abbé Fouard a insérée dans son œuvre[1] : « Les Pharisiens, nous dit-il, en étaient venus à dresser jusqu'à 270 règles qu'il fallait observer, pour sanctifier comme il convenait, le jour du Sabbat. Voici quelques-unes des défenses portées par eux : « Défense à l'aveugle de se servir de son bâton, le jour du Sabbat ; à tout enfant d'Israël de porter le plus léger fardeau, fût-ce un éventail, une fausse dent, un ruban non cousu à une robe ou à un vêtement quelconque. Défense d'écrire de suite deux lettres de l'alphabet ; de tuer l'insecte dont la piqure vous incommode ; de frictionner un rhumatisme ; de baigner une dent malade avec un odontalgique quelconque, à moins d'avaler le liquide. Défense de jeter dans un poulailler plus de grain que n'en pouvait consommer la volaille, dans la crainte que l'excédent ne germât, et ne parût avoir été ensemencé le jour du Sabbat. — Le voyageur que la nuit surprenait le soir du vendredi, ne devait pas poursuivre sa route, fût-il dans les bois ou dans les champs, exposé même aux vents et à l'orage ou bien aux attaques des brigands...

Nous pensons qu'il n'est pas utile de poursuivre plus loin cette citation, qui doit suffire au lecteur pour montrer combien scrupuleux étaient nos Pharisiens, pour la stricte observance de la Loi !...

Les Sadducéens, ainsi dénommés de Saddoc leur fondateur, faisaient remonter leur origine à l'an 196 avant l'ère vulgaire. Cette École représentait ce que nous désignons aujourd'hui sous le Parti conservateur, le parti sacerdotal et aristocratique, et tandis que les Pharisiens admettaient la tradition orale et la tradition écrite, les Sadducéens rejetaient complètement la première.

Les Sadducéens étaient des gens généralement fort riches, ils ne croyaient pas à l'immortalité de l'âme, c'étaient des matérialistes, des *jouisseurs,* qui enseignaient qu'on doit servir Dieu, comme on sert les princes pour l'honneur, mais non par intérêts. Ils comptaient dans leur sein des personnages importants, aussi formaient-ils un parti politique peu nombreux, mais puissant, toujours en lutte avec les Pharisiens, mais ils vivaient en fort bonne intelligence avec tous ceux qui admettaient l'oppression populaire, comme système de gouvernement.

Les Samaritains étaient les schismatiques du Judaïsme ; ils furent presque toujours en guerre avec les rois de Juda.

Après le schisme des dix tribus, Samarie devint la capitale du royaume

1. *Vie de N.-S. Jésus-Christ,* par l'abbé C. Fouard, a vol. in 8°, 6e Ed., Paris, Lecoffre ; vol. I, p. 275.

dissident d'Israël, elle fut donc le chef-lieu de la Samarie, l'une des quatre divisions de la Palestine. Hérode fit construire dans cette capitale des monuments superbes, entre autres le fameux temple élevé sur la montagne de Garizim, dans lequel les Samaritains célébraient leurs fêtes religieuses. Aux yeux des juifs orthodoxes, les Samaritains étaient des schismatiques comme nous l'avons déjà dit, cependant leurs livres sacrés étaient écrits en caractères hébraïques de la plus haute antiquité et ils n'admettaient que le Pentateuque et rejetaient tous les livres annexés à celui-ci seul qui contenait la *Loi de Moïse,* qu'ils suivaient strictement ; enfin, ils ne contractaient d'alliances qu'entre eux.

Les Écoles juives avaient à leur tête un ou plusieurs Rabbins. C'est vers l'an 170 avant l'ère vulgaire que ce titre fut donné à ceux des savants qui étudiaient *les livres sacrés* et qui en expliquaient et en commentaient les textes.

Sous le règne d'Hérode, deux Rabbins se distinguèrent à Jérusalem par-dessus tous les autres : Hillel de Babylonie, très célèbre à cause de la douceur des opinions qu'il professait, fort connu aussi pour sa patience, sa méditation et sa pondération en toutes choses, Hillel passe pour avoir été le maitre de Jésus et celui-ci lui aurait emprunté un grand nombre de ses aphorismes ; ce qui est vrai ; mais il en avait que Jésus ne lui a jamais emprunté. Hillel avait bien coutume de dire à ses prosélytes ou à ses disciples : « Aime ton prochain comme toi-même, mais il disait aussi : Plus il y a de chair, plus il y a de vers ; plus on a de femmes, plus d'empoisonnement ; plus on a de servantes, plus il y a d'impudicité ; plus on a de serviteurs, plus on a à craindre de vols ; plus on a de la fortune, plus on a de soucis. »

Nous ne poursuivrons pas les aphorismes d'Hillel, mais nous dirons qu'il n'était pas aussi brutal dans quantité de ceux-ci, et que Jésus n'a emprunté à son Maitre supposé que des aphorismes empreints de douceur, de charité et d'altruisme.

L'autre Rabbin se nommait Schammaï, c'était un homme violent, emporté, audacieux, mais grave ; voici quelques-unes des sentences qu'il avait coutume de proférer : « Que l'étude de la loi soit l'étude de ta vie ; parle peu et agis beaucoup ; sois affable envers tous. »

Ces deux hommes qui, l'un et l'autre jouissaient d'une grande influence sur leurs compatriotes, donnèrent au Rabbinisme, ainsi qu'aux docteurs de la Loi, une prépondérance telle quelle étouffa le Sadducéisme.

Après Esdras, Hillel est considéré comme le restaurateur de la Loi. C'est lui qui passe pour avoir divisé celle-ci en six parties : 1° des semailles ; 2°

des femmes; 3° des fêtes; 4° des droits de propriété; 5° des choses saintes; 6° du pur et de l'impur. — On trouve sous ces divers titres tout ce qui se rapporte aux lois judaïques et l'ensemble porte depuis la *Mischsnah.*

Comme encore à l'époque d'Hérode, l'enseignement était oral, s'il y avait beaucoup de juifs connaissant la Loi, un nombre très restreint savait l'enseigner.

C'est fort probablement vers la même époque que fut introduite la Consécration (*Semicha*) du docteur par l'imposition des mains, laquelle était administrée par trois docteurs émérites.

À cette même époque, le peuple juif était fortement opprimé par les Romains, aussi les patriotes juifs s'efforçaient-ils de faire renaitre, dans l'esprit du peuple, le souvenir d'un prophète de l'ancien temps.

«Le sceptre, disaient-ils[1], ne se départira point de Juda, ni le législateur d'entre ses pieds jusqu'à ce que le héros vienne, et à lui appartient l'Assemblée des peuples.»

Cette manière de faire était bien propre à enthousiasmer un peuple aussi turbulent que celui de Jérusalem, en faveur du premier venu, auquel il pourrait appliquer le sens de ce verset. — Les juifs plongés dans la douleur, dans les souffrances et dans les persécutions qu'ils enduraient depuis si longtemps croyaient au Messie et désiraient ardemment sa venue; ils supposaient qu'il établirait son siège sur Sion et fonderait son empire à Jérusalem, plaçant à sa droite les Beni-Israël et les Gentils convertis à sa gauche.

Est-ce que Moïse ne leur avait pas, du reste, annoncé ce libérateur, en permettant à leurs ancêtres de maintenir aussi longtemps la Loi, ou de la suivre à la lettre jusqu'au jour où la Parole de Dieu aurait été accomplie en ces termes[2]: «L'Éternel, ton Dieu te suscitera un prophète comme moi, d'entre ses frères; tu l'écouteras, selon tout ce que tu as demandé à l'Éternel ton Dieu, à Horeb au jour de l'Assemblée en disant: «Que je n'entende plus la vofx de l'Éternel mon Dieu et que je ne voie plus ce grand feu, de peur que je meure.»

Donc, à l'époque d'Hérode, pour des motifs divers, tous les juifs en général attendaient le Prophète promis, ainsi qu'un Messie, mais chaque secte escomptait sa venue à son point de vue — Ainsi pour les Pharisiens, le Messie ne pouvait être qu'un Roi, du type conforme aux prescriptions de

1. *Genèse*, chap, XLIX, V. 10.

2. *Deutéronome*, chap. XVIII, V. 15 et 16.

la loi et des rites mosaïques ; il devait rassembler autour de son trône tous ceux qui auraient strictement observé cette loi ; le roi devait les enrichir, leur accorder des honneurs et des postes qui feraient d'eux des Ministres et des Princes.

Pour les Sadducéens, les esprits forts ou athées, la religion mosaïque n'était qu'un pur déisme, en ce qui concernait l'âme et sa salvation, ils regardaient cette idée comme une simple illusion, une pure chimère, ils considéraient de même une vie future.

Du reste, Moïse et les Prophètes étaient muets sur ces questions, aussi les Sadducéens interprétaient-ils les Enfers, les lieux Inférieurs, le Schéol, ou Chéol, autrement qu'on le faisait depuis le retour de Babylone.

Pour les juifs en général, le Schéol était un lieu obscur et souterrain où, suivant la croyance hébraïque, se rendaient les morts. Dans le *Chéol,* on distinguait les bons, qui jouissaient du repos, de la paix et les mauvais ou méchants, qui subissaient des tourments.

Cette croyance n'était partagée chez les Hébreux que par les Pharisiens et les Esséniens ; car les Sadducéens niaient l'immortalité de l'âme. — De même que les Pharisiens et les Esséniens, les Chrétiens distinguèrent dans le Chéol deux lieux distincts : le *sein d'Abraham* ou les *Limbes* et l'*Hadès* ou l'*Enfer.* Dans le premier, les bons attendaient le jour de la résurrection et dans le second étaient précipités les méchants.

La récompense définitive des bons ne devait avoir lien qu'après la résurrection du Christ et depuis cette époque, le Chéol ou cœur (centre) de notre planète n'est occupé que par les mauvais esprits et par des monstres à figures épouvantables, qui ne cherchent à se rapprocher des humains que pour leur faire du mal. Voilà pourquoi il est si dangereux de faire des évocations spirites et surtout d'essayer, par des rites magiques, d'évoquer ces entités de l'intérieur de la terre. Tous ceux qui se livrent à ces pratiques véritablement démoniaques courent les plus grands dangers : la folie et la mort. Ceux qui invoquent les invisibles du *Cône d'ombre* de notre planète courent les mêmes dangers, sinon de pires.

Après cette courte digression dans l'Enfer, revenons à notre sujet. — Les Sadducéens rapportaient comme les Pharisiens toutes les prophéties à la pompe du Royaume temporel de leurs ancêtres. Ils fondaient leur espoir sur ce que Dieu, par l'entremise de Moïse, avait promis à ses adorateurs, à ceux qui suivraient strictement ses commandements, non un bonheur extraterrestre, mais une longue et bonne existence dans le pays que le Seigneur devait leur donner.

Les Sadducéens espéraient peu à un Messie libérateur; ils ménageaient bien les préjugés populaires, mais au fond de leur cœur, ils se moquaient de ce populaire, qui supposait qu'un Messie, un Prince, un Conquérant pût sortir du sein de la vile multitude. Ajoutons que la secte sadducéenne comptait parmi ses membres beaucoup de gens de la classe supérieure, des *Aristoi* ou grands; nous savons que la Cour des derniers Asmonéens lui avait appartenu et quantité de Juifs attribuaient la fin de cette noble race « à la déviation des principes sévères des premiers sujets de la famille ».

Enfin, les Esséniens, que beaucoup considéraient comme une simple secte religieuse, avaient non seulement de la moralité; mais la tradition de la prophétie ne s'était pas perdue, nous savons qu'un membre de cette fraternité, Manahem avait prédit à Hérode enfant sa future royauté. Tel était le milieu dans lequel Jésus allait s'incarner pour accomplir sa généreuse mission, une mission vraiment divine tant elle devait influer sur le bonheur de l'Humanité.

CHAPITRE IX

Mission, baptême et prédications de Jésus

« Je ne suis pas venu détruire la loi et les prophètes, mais les accomplir1 ! » Telle était bien la mission que Jésus s'était donnée ; il ne s'attribuait donc qu'un rôle de Réformateur. En effet, accomplir c'est exécuter, faire, améliorer, perfectionner un état de choses, c'est donc le contraire de détruire, ce n'est pas de l'anarchie, mais de la synarchie.

Ce que voulait Jésus, c'était une religion sans prêtres et sans pratiques rituelles extérieures ; il voulait par sa doctrine faire revivre l'esprit de Sagesse des anciens (théosophie, dans toute sa pureté et son intégrité primitive). Ce qu'il a voulu aussi, c'est détruire l'esprit de superstition, qui dominait dans les religions, lors de sa venue sur la terre, enfin il a voulu fonder le Royaume de Dieu.

« À qui s'adresser, sur qui compter pour fonder le Règne de Dieu ? » La pensée de Jésus en ceci n'hésita jamais. Ce qui est haut pour les hommes est une abomination aux yeux de Dieu[2]. Les fondateurs du royaume de Dieu seront simples. Pas de riches, pas de docteurs, pas de prêtres ; des femmes, des hommes du peuple, des humbles, des petits[3]. Le grand signe du Messie, c'est « la bonne nouvelle annoncée aux pauvres[4] ». La nature idyllique et douce de Jésus reprenait ici le dessus. Une immense révolution sociale, où les rangs seront intervertis, où tout ce qui est officiel en ce monde sera humilié, voilà son rêve. Le monde ne le croira pas ; le monde le tuera. Mais ses disciples ne seront pas du monde[5]. Ils seront un petit troupeau d'humbles et de simples, qui vaincra par son humilité même. « Le sentiment qui a

1. Évangiles, *passion.*

2. Luc, XVI, 15. —

3. Mathieu, V, 3,10 ; XVIII, 3 ; XXI, 14, 23-24.

4. Math., XI, 5. —

5. Jean, VI, 19 ; XVIII, 16.

fait de “mondain” l’antithèse de “chrétien” a, dans la pensée du Maitre, sa pleine justification » nous dit M. Renan[1].

Baptême de Jésus

Bien que l’endroit précis où fut baptisé Jésus ait été fort controversé, on admet généralement qu’il a été baptisé au milieu du Jourdain, dans une localité dénommée à tort Béthania, nous le démontrons un peu plus loin, par suite d’une erreur de copiste qui aurait dû lire Bethabara, qui signifie *lieu de passage.* — En effet, le Christ fut baptisé dans un gué du Jourdain, le seul qui existe sur ce fleuve, ce qui confirme bien que c’est là et non ailleurs que J.-C. a été baptisé. Il est même probable que c’est par ce même gué situé à deux lieues et demie à l’est de Jéricho, que les Hébreux pénétrèrent dans la Terre Promise.

Marc et Mathieu nous informent que Jésus après son baptême se retira dans le désert, où il fit une retraite de quarante jours. La tradition prétend que ce lieu est une montagne qui s’élève au-dessus de l’emplacement de l’ancienne Jéricho (la primitive), celle qui fut détruite par Josué. Cette montagne d’une ascension très difficile porte du reste de nos jours le nom caractéristique de *Djebel-Koroutol* ou Montagne de la quarantaine, mais il y a lieu d’ajouter que ce sont peut-être les Pères de l’Église qui l’ont dénommée ainsi, longtemps après la mort de J.-C.

Après sa retraite au sommet du Djebel-Koroutol, Jésus rentra à Capharnaüm. Nous savons, en effet, qu’il avait quitté Nazareth pour se fixer dans cette localité et c’est de là qu’il partit en effet très souvent pour annoncer la parole de Dieu à travers la Galilée.

Capharnaüm était sur la rive occidentale d’un lac en face de Gadara, aujourd’hui *Omm-Keis.* Nous devons dire que son emplacement a été fort contesté ; mais les Évangiles nous apprennent que cette ville était située au bord de la mer de Galilée (lac de Génézareth) ce qui est exact. Aujourd’hui pour passer d’une rive à l’autre de ce beau lac, il faut descendre le cours rapide du Jourdain et le passer sur les ruines du pont antique dénommé *Djers-omm-el-Kenatyr.*

C’est le seul passage possible.

Jamais avant Jean, on avait donné au baptême par Immersion l’importance

1. *Vie de Jésus,* ch. VII, page,128.

qu'il lui donna, c'était une sorte d'initiation.

Jean baptisait à certaines époques de l'année aux bords du Jourdain[1], soit à Béthanie ou Béthabara[2], sur la rive orientale vis-à-vis de Jéricho au lieu dit Anon ou les Fontaines[3].

Généralement les manuscrits portent le nom de Béthanie ; or comme dans ce parage il m'y a point de localités de ce nom, Origène[4] propose de remplacer Béthanie par Bethabara, du reste les deux termes sont pour ainsi dire synonymes, puisque l'un et l'autre désignent un lieu où se trouvait un bac pour passer la rivière ; aussi cette version d'Origène est généralement acceptée.

Bien qu'opérant seulement en Judée, sa renommée arriva vite en Galilée et parvint à Jésus, qui avait déjà une École à lui avec laquelle il se rendit auprès de Jean. — Quand Jésus et sa petite École eurent été baptisés, comme le baptême avait été mis par Jean en grande faveur, Jésus et ses disciples baptisèrent également [5] et l'on vit bientôt les deux rives du Jourdain se couvrir de baptistes, qui faisaient aussi des prédications fort suivies et qui étaient écoutées avec avidité par la foule ; c'est Jean qui avait inauguré cette manière d'opérer.

Quelque temps après son baptême, c'est-à-dire huit ou dix mois plus tard, Jésus vit grossir son petit groupe d'une partie de celui de Jean et des prosélytes que s'était fait le divin Maitre sur les bords du Jourdain ; avec ses nouveaux disciples, Jésus retourne en Galilée pour prêcher la bonne nouvelle du Royaume de Dieu.

Les prédications de Jésus

Les Juifs n'ont jamais eu d'état politique à proprement parler, ils n'en ont eu qu'un simulacre. Quand le patriarche Abraham émigra environ 2.000 ans avant l'ère vulgaire, de Haram, localité située au nord-ouest de la Mésopotamie, pour aller en Égypte à la suite des Hycsos ou Hyksos, les Arabes n'avaient aucune espèce d'organisation politique, Abraham qui était leur Cheik (chef) emmenait avec lui sa tribu 318 esclaves et non 318 ser-

1. Luc, III, 3.
2. Jean, I, 28 ; III, 26.
3. Ce terme Anon est le pluriel Kaldéen d'Anavan (Fontaine). (Renan).
4. *Comment, in Joann.*, VI, 24.
5. Jean, 11, 22, 26.

viteurs, comme l'ont traduit un grand nombre d'auteurs. À ce moment, le Dieu d'Abraham qui n'était pas encore Jéhovah ou Iévé était une sorte de Démiurge, d'Égrégore peut-être, une Entité sombre et vindicative ; ce n'est qu'à leur sortie d'Égypte à la suite de leur captivité que les Béni-Israël arrivèrent à concevoir une définition d'un Dieu suprême (et encore) ?

En fait de constitution politique, on ne retrouve chez les Juifs que celle de la famille nomade qui faisait corps avec le pouvoir sacerdotal du chef ou père de famille qu'il exerçait sur ses membres, ainsi que sur ceux d'autres familles qui lui étaient soumises (hordes de pasteurs).

Quant au pouvoir exécutif, il était totalement inconnu chez les juifs, toutes choses dépendaient de l'absolutisme du sacerdoce ; ses décisions infaillibles, portant sans appel, étaient rendues au nom de Iévé même !

Après les Patriarches, les Rois et les Juges modifièrent fort peu l'état des choses que nous venons de voir.

Les Arabes, de même que les Juifs qui les suivirent ne sont pas de race progressive, ces nomades habituées à vivre dans le désert n'ont pas et ne pouvaient avoir l'activité de la race aryenne qui a les tendances et les aptitudes propres à sa destinée, qui est de peupler et civiliser la terre ; et quand nous disons race aryenne, il faut entendre race celtique, ce qui est tout un comme nous le démontrons dans un de nos ouvrages : *Bélisama ou l'Occultisme celtique dans les Gaules*, un volume que nous avons sous presse.

Donc, quand Jésus parlait aux habitants de la Judée, il ne pouvait parler politique, comme on l'a prétendu ; il savait lui assez de politique pour ne pas froisser dans ses discours et dans ses prédications le pouvoir de Rome ; c'est pour cela que Jésus ne prêchait à Jérusalem qu'en utilisant des aphorismes des paraboles et des sentences morales, n'ayant entre elles aucune liaison, il pensait au moyen de ces sentences pouvoir remédier aux désordres de toutes sortes qui régnaient chez ses compatriotes. Dans ces aphorismes, puisées en partie chez Hillel son maitre, comme nous l'avons dit, il n'est question que des lieux, des hommes et de l'époque où il enseignait, il a puisé également des éléments de ses sentences ou aphorismes dans les Écoles rabbiniques dont nous avons parlé plus haut au chapitre VIII.

Dans les conceptions de Jésus, toutes basées sur le sentiment, sur le cœur, sur l'amour, l'homme doit être bon, charitable et ne doit adorer son Père qu'en esprit et en vérité. On voit que tout ceci se rapportait au culte et seulement au culte de l'homme envers Dieu. — En prêchant l'amour et la charité, comme l'avait fait avant lui Bouddha (dont il n'est pour certains

Esoréristes qu'une incarnation) Jésus attire tout d'abord l'attention de toutes les classes de la Société, y compris la classe dirigeante, mais bientôt celle-ci s'effarouchât de ses discours, elle dut les trouver ce que nous nommons aujourd'hui incendiaires, et cette classe abandonna Jésus ; à part quelques personnages foncièrement bons qui lui restèrent fidèles, mais non d'une façon ostensible, ils ne lui continuèrent qu'une fidélité secrète. — La masse populaire, au contraire, gouta fort les discours de Jésus, mais elle l'abandonna bientôt, craignant les juges et la prison. C'est ainsi que Jésus perdit un moment de sa force ; qu'il ne put ou ne voulut pas révolutionner son pays, redoutant de faire couler le sang ; aussi dut-il succomber et se voir condamner au supplice infamant.

Mais sa cause ne périt point pour cela, car si elle ne se manifestait plus aux yeux de tous, elle possédait une force latente, et comme le dit fort bien Louis Ménard[1] : « Une force peut devenir latente, mais elle ne peut mourir. »

C'est ce qui arriva pour la doctrine de Jésus, il l'avait lancée dans le monde, elle avait reçu une vigoureuse impulsion qui lui assurait une puissante vitalité, aussi vécut-elle et vivra-t-elle probablement autant que notre monde terrestre.

Ce furent les disciples du Maitre qui s'en firent les propagateurs, d'abord dans la Judée, puis dans les pays circonvoisins, enfin plus loin, toujours plus loin, jusqu'à nos jours, où elle occupe, presque en partie, toutes les contrées du monde.

Ce n'est guère que 50 à 55 ans après son Maitre, que l'un de ses apôtres, Paul, commença à prêcher dans les villes de l'Asie Mineure et en Grèce les sentences de Jésus.

Paul, Israélite de naissance, était natif de Tarse en Cilicie, il était citoyen romain (civis Romanus) et assez instruit. On prétend qu'il avait eu pour maitre Gamaliel, petit-fils d'Hillel. Quant à son caractère, on le dépeint comme un homme violent et emporté ; aussi Paul, véritable fondateur du *Droit divin,* fut-il l'apôtre du despotisme[2]. Arrivé en Grèce en l'an 50 ou 51, il débuta par ses prédications à Athènes, il eut à soutenir de rudes assauts, car à ce moment, il se trouvait en Grèce nombre de rhéteurs, parmi lesquels nous mentionnerons un de ses compatriotes, Arthénadore de Tarse, philosophe stoïcien et ami d'Auguste, conservateur de la Bibliothèque

1. *Du Polythéisme Hellénique,* p. 26. Un volume in-18, Paris, 1863.

2. Pour s'en convaincre, on n'a qu'à lire : *Épitre aux Ephésiens,* IV et V ; *Épitre aux Romains,* chap. XIII.

de Pergame, également ami de Caton d'Utique et précepteur de Claude. Mentionnons aussi Philodème de Gadara, l'orateur Gorgias d'Athènes et d'autres rhéteurs, dont les noms ne sont pas parvenus jusqu'à nous. On peut voir dans les Actes des apôtres[1] tout ce qui se passa à Athènes et à Corinthe[2] au sujet des prédications de Paul et de Silas. Paul trouva à Athènes un autel dédié au dieu inconnu ; s'emparant de ce fait, Paul dit aux Athéniens que ce Dieu était celui dont il entretenait l'Assemblée. Or, en Grèce, dès l'époque pélagique, chacun connaissait ce Dieu « qui n'habite pas de temple bâti par la main des hommes, comme avait dit Paul ». Il n'avait pas de forme, ce *Dieu inconnu,* on ne pouvait en approcher, il habitait le Firmament lumineux, en Arcadie, au-dessus des cimes de Lykaïon et personne n'aurait osé franchir l'enceinte qui lui était consacrée et dont on reconnaissait les limites « parce qu'aucun objet n'y projetait d'ombre ».

Il est probable que les Grecs durent dire ce qui précède à Paul, bien que les Actes des apôtres n'en fassent pas mention !...

Après Paul, Jean fut le plus grand propagateur de la doctrine de Jésus.

En résumé, par le zèle des apôtres et de leurs disciples, enthousiastes de la *Nouvelle Croyance,* celle-ci se propagea, avant même la destruction de Jérusalem par Titus, dans les Gaules cisalpines et transalpines, en Espagne, en Grèce et dans l'Asie Mineure, comme nous l'avons vu et jusqu'aux frontières de l'Inde.

La destruction de Jérusalem acheva sa propagation dans les pays les plus lointains, nous l'avons vu dans le chapitre m, que Paul, secondé par quelques disciples, alla enseigner le christianisme à Perga, à Antioche, à Iconium, à Lystres et dans d'autres villes encore.

Perga était une ville de Pamphylie, située dans l'intérieur des terres entre les rivières Catharrhactès et Cestrus ; elle était surtout fameuse par le culte qu'elle professait pour Artémis Diane. Ce fut la première ville d'Asie visitée par Paul.

Antioche était la capitale du royaume grec de Syrie et pendant longtemps la principale ville d'Asie ; elle fut le boulevard de la foi chrétienne et le siège d'un des principaux évêques désignés sous le nom de *Patriarches.*

Iconium, aujourd'hui Koniey, capitale de la Lycaonie était très florissante à l'époque des prédications de Paul.

1. Chap. XVII.
2. Chap, XVIII.

Enfin Lystres, l'ancienne Lystra était aussi en Lycaonie, sur les confins de l'Isaurie et a été le lieu principal des prédications de Paul et de son fidèle disciple Barnabé.

CHAPITRE X

Méthode d'enseignement de Jésus

L'enseignement de Jésus comprend deux parties, l'une permanente, philosophique et morale faisait la base même de sa doctrine ; l'autre partie, pour ainsi dire accidentelle, servant de démonstration à la première, était inspirée par les passions et les besoins de l'actualité. C'est par sentences, avons-nous vu, par aphorismes et par paraboles que Jésus enseignait la foule. Les sentences et les aphorismes sont des formes facilement saisissables quant à la parabole, elle pouvait donner lieu à un plus grand effort d'intelligence pour la majeure partie des auditeurs de Jésus.

En effet, la Parabole est un langage figuré, une allégorie qui emprunte souvent des images simples et des plus connues pour suggérer à l'esprit de l'auditeur des vérités éloignées et peu à la portée ordinaire du commun des hommes.

La parabole est donc en définitive une façon d'instruire qui porte l'esprit à réfléchir, non seulement sur ce qu'on lui expose, mais encore sur ce qu'un lui laisse sous-entendre.

Nous préférons notre définition de la parabole à celle que voici de Littré, qui nous dit que « c'est une allégorie qui renferme quelque vérité importante ; qu'elle a deux parties, le corps et l'âme ; le corps est le récit de l'histoire qu'on a imaginé et l'âme le sens moral ou mystique, caché sous les paroles ou récits.

Le Sermon de la Montagne qui est, nous le savons, une collection, une synthèse, d'un grand nombre de discours de Jésus, renferme des images, des sentences et des aphorismes, aujourd'hui gravés dans le cœur et l'esprit de tous les penseurs et de tous les chrétiens du monde. Quant aux paraboles du Maitre, chacun connait au moins les principales : la parabole du Semeur, celle de l'Enfant prodigue ; du bon grain et de l'ivraie, celle du Bon

Samaritain, celle du Maitre miséricordieux et de l'Esclave impitoyable ; la parabole du Mauvais riche, celle des Vignerons infidèles, du figuier stérile, la parabole des Vierges sages et des Vierges folles, du festin nuptial, etc.

C'est surtout dans la parabole, que le Maitre excellait nous dit Renan ; c'est lui qui avait créé ce genre d'entretien.

« L'apologue n'a qu'une ressemblance de forme avec la parabole évangélique ; la profonde originalité de celle-ci est dans le sentiment qui la remplit. »

Pour bien comprendre et saisir la méthode d'enseignement de Jésus, il faut bien connaitre son caractère et comment s'est faite son éducation première, il faut aussi se rendre compte de son milieu et de son entourage.

Or nous pouvons être renseigné à ce sujet par la lettre de l'Ancien des Esséniens ; cette lettre nous dit que Joseph était un homme franc qui avait des connaissances étendues sur les besoins de la vie et qui parlait très sensément à Jésus. — Il exhortait Marie à discerner le vrai, le positif, de la fiction et surtout à calmer l'exaltation de son esprit par la prière et par la méditation. Marie avait, parait-il (comme toutes les femmes enthousiastes), une âme exaltée qui lui faisait porter toutes ses pensées au-delà de ce monde, d'où un état d'esprit sans cesse hanté de mysticisme et imprégné d'une métaphysique transcendante. C'est donc elle, qui aurait exercé sur son fils une influence capable d'exalter son esprit d'une manière tout à fait extraordinaire. Et cependant, Joseph ne critiquait point Marie pour cela, mais il instruisait son fils à la manière des enfants du peuple et il contrebalançait en lui le côté dangereux du mysticisme que Marie cherchait « à semer dans les champs de son esprit pur et naïf » nous dit la lettre de l'Essénien.

Montrons maintenant l'activité que J.-C. apportait dans sa mission, dans son apostolat.

Une journée de Jésus

Voici d'après Marc, chapitre i, une journée de Jésus. — Le matin il se rendit à la Synagogue ; après les prières d'usage, il donna son enseignement ; il remarqua alors parmi les assistants un homme qui était possédé du démon ; Jésus se mit à fixer ses regards sur cet homme et dit mentalement à l'esprit obsesseur : « Sors de cet homme ! »

« Laisse-nous, dit le démon par la bouche de l'individu ; que veux-tu de moi, Jésus de Nazareth ? Es-tu venu pour me perdre ? Je sais bien que tu es le Fils de Dieu!...

« Tais-toi, dit alors Jésus à haute voix, et sors de cet homme, je te le dis encore!... »

Et le démon sortit, mais le possédé fut jeté par terre, eut quelques convulsions, puis se releva, débarrassé de sa possession, mais n'ayant éprouvé aucun mal dans sa chute.

Beaucoup de témoins de ce prodige furent frappés d'étonnement, eurent foi en la puissance de Jésus et répandirent au loin sa renommée.

Par la méthode d'enseignement de Jésus que nous venons d'exposer, on voit que le divin Maitre se tenait très éloigné du terrain politique.

Si nous insistons encore ici sur ce point c'est qu'on a toujours montré J.-C. comme un révolutionnaire, voulant tout détruire, pour reconstruire à nouveau, sur un plan original, l'ancien ordre des choses[1].

Or c'est là une erreur, et elle se montre parfaitement démontrée par la sentence suivante.

Rendez à César. Que faut-il entendre par ces paroles: « Rendez à César, ce qui est à César et à Dieu ce qui est à Dieu. »

Ces paroles peuvent être interprétées de deux façons différentes.

L'une dit: « peu importe le Maitre, pourvu que l'homme soit heureux, bon et charitable envers ses frères. »

L'autre sens admis péniblement par l'Église sépare nettement le pouvoir temporel du pouvoir spirituel.

Mais ces paroles signifient encore: cédez à la nécessité, à quoi bon lutter contre le plus fort, quand votre perte est assurée, ne vaut-il pas mieux subir le droit de la force, quand on ne peut faire autrement, et cela pour sauvegarder même sa dignité.

Voici comment M. Renan interprète ces mêmes Paroles: ... Le chrétien véritable est ici-bas un exilé; que lui importe le Maitre passager de cette terre, qui n'est pas sa patrie? La liberté pour lui, c'est la vérité. — Jésus ne savait pas assez l'histoire pour comprendre combien une telle doctrine venait juste à son point, au moment où finissait la liberté républicaine et où les petites constitutions municipales de l'Antiquité expiraient dans l'unité de l'Empire romain. Mais son bon sens admirable et l'instinct vraiment prophétique qu'il avait de sa mission le guidèrent ici avec une merveilleuse sureté.

1. *Vie de Jésus*, page, 166-167.

Par ce mot : « Rendez à César ce qui est à César et à Dieu, ce qui est à Dieu » il a créé quelque chose d'étranger à la politique, un refuge pour les âmes au milieu de l'empire de la force brutale. Assurément une telle doctrine avait ses dangers. [1]

Établir en principe que le signe pour reconnaitre le pouvoir légitime est de regarder la monnaie, proclamer que l'homme parfait paye l'impôt par dédain et sans discuter, c'est détruire la république à la façon ancienne et favoriser toutes les tyrannies. Le christianisme, en ce sens, a beaucoup contribué à affaiblir le sentiment des devoirs du citoyen et à livrer le monde au pouvoir absolu des faits accomplis...[2] ».

Dans un autre passage[3], Renan explique le même : rendez à César, de la façon suivante : « mot profond qui a décidé de l'avenir du christianisme ! le mot d'un spiritualisme accompli et d'une justesse merveilleuse, qui a fondé la séparation du spirituel et du temporel et a posé la base du vrai libéralisme et de la vraie civilisation. »

Alors comment ce mot profond qui a posé, etc., peut-il affaiblir le sentiment des devoirs du citoyen et livrer le monde au pouvoir absolu des faits accomplis.

Nous avouons ne pas comprendre !...

1. M. le Comte de Renesse a publié, dans cet ordre d'idées, un opuscule intéressant, qui a pour titre : *Jésus-Christ, ses apôtres et ses Disciples au XXe siècle.* — in-12 de 115 pages. — Nice, imprimerie des Alpes-Maritimes, 1900.

2. *Vie de Jésus* ch. VII. p. 121, 122.

3. *Ibid.,* ch. XXI. p. 348.

CHAPITRE XI

• Autour du lac de Tibériade
• Localités préférées de Jésus
• Sermon sur la montagne

Jésus n'aimait pas prêcher dans les villes, dans les agglomérations, il se plaisait au contraire à parcourir les bourgs et les villages, à se mêler à ses compatriotes, à passer et à traverser au milieu de leurs cabanes et de leurs huttes, de leurs petites maisons cubiques. Il se plaisait surtout autour du lac de Tibériade, au milieu d'une population de pêcheurs.

Il se trouvait là dans un milieu sympathique. Au fur et à mesure qu'augmentait le nombre de ses partisans, le divin Maitre sentait s'accroitre sa foi dans sa mission; aussi multipliait-il ses conférences, ses entretiens et ses colloques. Son action fut longtemps bornée autour du charmant petit lac et de ses environs, qu'il aimait beaucoup non seulement parce ce que ses auditeurs, la plupart pêcheurs ou jardiniers, lui étaient sympathiques, mais aussi parce que cette localité avait été le théâtre de ses premiers succès, de plus heureux temps de sa vie.

Le divin Maitre sentait parfaitement, quand il parlait dans cette localité, qu'une chaine d'aimantation existait entre lui et ses auditeurs, c'est pourquoi il aimait s'isoler de l'Assemblée et il prêchait, le plus souvent, sur une barque, au milieu de l'eau.

Au temps de J.-C., il y avait quantité de bateaux, qui faisaient le service du lac; aussi le voit-on fréquemment sur le rivage de la Pérée rentrer directement par eau, à Capharnaüm.

Pérée était donc sur la rive orientale en face de Tibériade; c'était le pays des Galdariens, dans lequel Jésus exorcisa des possédés, en faisant passer, dans un troupeau de pourceaux, les mauvais Esprits qui tourmentaient un homme. Il accomplit ce phénomène, cette guérison, lors de sa première prédication dans ce pays.

Nous n'insisterons pas ici davantage sur Capharnaüm, nous aurons l'occasion de déterminer plus loin son véritable emplacement, quand nous décrirons la rive occidentale du lac de Génésareth ou de Tibériade, et nous entretiendrons nos lecteurs des localités préférées de Jésus.

Au point où le Jourdain sort du lac de Génézareth, le rivage était autrefois dominé par une digue assez considérable qui montre encore aujourd'hui des ruines à fleur de terre ; on les dénomme *El-Karak.* On a de fortes présomptions de croire que sur cette digue et sur cette plage qui la suit au nord s'élevait l'ancienne *Taricheœ* ; ce qui ajoute encore à ses présomptions, c'est qu'à un lieu environ plus au nord de la position en question, on retrouve des restes du camp occupé par Vespasien, quand son fils Titus s'empara de *Taricheœ.*

Puis poursuivant notre route toujours au nord, nous rencontrons *Thabarieh* (Tibériade) qui ne renferme guère, comme souvenir historique, que des restes de fortifications élevées par Tancrède et les Musulmans au XIe siècle.

En remontant toujours au nord, dans la même direction à la sortie de *Thabarieh,* l'on voit une falaise haute d'environ vingt mètres qui s'abaisse assez brusquement en s'avançant du côté de *El-Medjel,* l'ancienne Magdala.

Ici l'on voit un des rares paysages rares de la Judée. Magdala est située dans une contrée ravissante, couverte d'une riche et vigoureuse végétation ; on y rencontre deux cours d'eau *El-Nahr-el-Aamoud* (la rivière de la colonne) ainsi dénommée parce qu'on y voit uniquement un fut de colonne sur ses bords, et une petite rivière, *Ouad-el-Amman,* qui sort de la vallée dite *des Pigeons.*

Dans les flancs des rochers de cette vallée, on voit de nombreuses grottes qui, au dire de l'historien Josèphe, servaient au temps d'Hérode de refuges à des brigands. Ces grottes ne sont habitées aujourd'hui, que par une quantité considérable de pigeons, ce qui a fait donner ce nom à la vallée et à la rivière qui l'arrose.

Tout près des deux cours d'eau dont nous venons de parler, il existe une sorte de grand bassin circulaire qui a environ vingt mètres de diamètre, il est construit au moyen de grands blocs de pierre. Ce bassin aujourd'hui dénommé *Ayn-el-Medaourah* (la fontaine ronde) a été décrit par l'historien Josèphe qui l'appelle Capharnaüm ce qui veut dire *village de Nahoum.* Ce qui prouverait que l'assertion de Josèphe est bien fondée, c'est qu'autour de la Fontaine ronde, on retrouve, en effet, quantité de ruines qui attestent qu'en ce lieu, il y eut autrefois de nombreuses habitations.

C'est à l'extrémité nord de la campagne où sont amoncelées ces ruines qu'on en trouve d'autres en très grand nombre également ; ce dernier amas serait les restes de la localité dénommée dans la Bible Ginousar, Kenreth et parfois Kinroth qui a donné son nom et à la plaine et au lac de Génésareth. Non loin de ce lieu biblique, l'on voit des ruines qui portent le nom d'*Ayn-el-tîneh,* c'est-à-dire Fontaine du figuier ; les archéologues s'accordent pour voir en ce lieu l'emplacement de Chorazin, c'est-à-dire *Contrée du palmier nain.*

Au-delà de Chorazin, on trouve des ruines assez importantes, mais on ignore le nom de la localité d'où elles proviennent. Divers archéologues s'étayant sur les travaux du révérend Robinson ont voulu voir sur l'emplacement de ces ruines celui de Capharnaüm et afin de soutenir leur thèse avec quelque apparence de vraisemblance, ils ont dû rejeter à 5 ou 6 kilomètres plus avant dans les terres en face de Chorazin, Bethsaïda-Julias, ce qui parait presque une impossibilité puisque Bethsaïda signifie *Maison de la pêche* et devrait être placée, dès lors, fort près de la mer, si ce n'est même devant celle-ci. Mais on pourra faire l'objection sérieuse que voici : la mer peut s'être retirée de son ancien rivage et alors Bethsaïda peut aujourd'hui se trouver à l'intérieur des terres. Ce ne serait pas là un exemple unique ; ainsi pour n'en mentionner qu'un seul, nous dirons qu'Aigues-Mortes, port où s'embarqua Saint-Louis pour la Terre Sainte, se trouve aujourd'hui à 5 ou 6 kilomètres du Grau-du-roi, le point le plus proche de la mer.

Sous réserve des observations qui précèdent, nous pouvons dire qu'on est à peu près certain cependant, que le véritable emplacement de Bethsaïda est à Tell-Houm, qui possède des ruines de monuments assez importants pour pouvoir faire supposer que là a pu se trouver réellement la riche Beth-Sayda qui devint ultérieurement la *Julias* du Tétrarque Philippe.

Le lac de Tibériade

Le lac de Génézareth ou mer de Tibériade affecte la forme d'une ellipse qui mesurerait 20 kilomètres dans son grand diamètre et 8 seulement dans son petit axe. Ce lac est formé par le Jourdain et occupe le cratère d'un volcan éteint en contrebas de 180 mètres de la Méditerranée. La barque du Christ a traversé des milliers de fois ce lac, sur lequel, par sa parole seule, il apaisait la tempête et sur les eaux duquel il a marché et où, par deux fois, il a fait faire des pêches surprenantes dites *miraculeuses.*

La fertilité de ses rives fleuries a fait dénommer toute cette contrée : « Le

Paradis terrestre. »

Les belles villes de ses rives ont aujourd'hui disparu et à peine si quelques barques de pêcheurs sillonnent la surface de ses eaux tranquilles, la désolation prédite par J.-C. s'est accomplie[1].

Au début de sa mission, comme nous l'avons dit au commencement de ce chapitre, Jésus s'écartait peu de ces rives favorites, allant de Magdala à Beth-Sayda ou à Capharnaüm ; ou bien encore retraversant le lac pour aller à Gérasa. D'autrefois, il remontait vers le nord, il se rendait à Banias ou à Césarée de Philippe, située au pied du Grand Hermont, la montagne qui se trouve en face du mont Liban.

C'est sur la pente d'une colline qui descend vers le lac que Jésus prononça le célèbre *Sermon* dit *de la Montagne,* mais hâtons-nous d'ajouter que Mathieu place dans un seul sermon ce que Jésus a dû dire certainement dans plusieurs et dans des circonstances diverses.

Voici en grande partie ce sermon.

Le Sermon de la Montagne

Or Jésus, voyant la multitude, monta sur une montagne et lorsqu'il fut assis, ses disciples s'approchèrent de lui, et ouvrant la bouche, il les enseignait en disant :

« Heureux les pauvres d'esprit, car le royaume des deux est à eux.

« Heureux ceux qui sont dans l'affliction, car ils seront consolés.

« Heureux les débonnaires, car ils hériteront de la terre.

« Heureux ceux qui ont faim et soif de la justice, car ils seront rassasiés.

« Heureux les miséricordieux, car ils obtiendront miséricorde.

« Heureux ceux qui ont le cœur pur, car ils verront Dieu.

« Heureux les pacifiques, car ils seront appelés enfants de Dieu.

« Heureux ceux qui sont persécutés pour la justice, car le royaume des deux est à eux.

« Vous serez heureux, lorsqu'à cause de moi, on vous dira des injures, qu'on *vous* persécutera et qu'on dira faussement contre vous, toute sorte de mal.

« Réjouissez-vous et tressaillez de joie, parce que votre récompense sera

1. Mathieu, XI, 21—23.

grande dans les deux; car on a ainsi persécuté les prophètes qui *ont été* avant vous.

« Vous êtes le sel de la terre, mais si le sel perd sa saveur, avec quoi la salera-t-on ? Il ne vaut plus rien qu'à être jeté dehors et à être foulé par les hommes.

« Vous êtes la lumière du monde ; une ville située sur une montagne ne peut être cachée.

« Et on n'allume point une lampe pour la mettre sous le boisseau, mais sur un chandelier et elle éclaire tous ceux qui sont dans la maison.

« Que votre lumière luise ainsi devant les hommes afin qu'ils voient vos bonnes œuvres, et qu'ils glorifient votre père, qui est dans les deux.

« Ne pensez pas que je sois venu abolir la loi et les Prophètes ; je ne suis pas venu abolir, mais accomplir.

« Car je vous le dis en vérité, jusqu'à ce que la terre et le ciel aient passé, il ne passera pas de la loi un seul iota ou un seul trait de lettre, que tout ne soit accompli.

« Celui donc qui aura violé l'un de ces plus petits commandements, et qui aura ainsi enseigné les hommes, sera estimé le plus petit dans le royaume des deux ; mais celui qui les aura observés et enseignés, celui-là sera estimé grand dans le Royaume des deux.

« Car je vous le dis, que si votre justice ne surpasse celle des Scribes et des Pharisiens, vous n'entrerez point dans le Royaume des deux.

« Vous avez entendu qu'il a été dit aux Anciens : tu ne tueras point, et celui qui tuera sera punissable par les juges.

« Mais moi je vous dis que quiconque se met en colère contre son frère, sans cause, sera punissable par le tribunal ; et celui qui dira à son frère : *Raca* (homme de rien) sera punissable par le Conseil et celui qui lui dira fou, sera punissable par la Géhenne du feu.

« Si donc tu apportes ton offrande à l'autel, et que tu te souviens que ton frère a quelque chose contre toi :

« Laisse là ton offrande devant l'autel, et va-t'en premièrement te réconcilier avec ton frère, et après cela, viens et présente ton offrande.

« Accorde-toi au plus tôt avec la partie adverse, pendant que tu es en chemin avec elle, de peur que ta partie adverse ne te livre au juge, et que le juge ne se livre au sergent et que tu ne sois mis en prison.

« Je te le dis en vérité, tu ne sortiras pas de là, que tu n'aies payé le dernier quadrin.

« Vous avez entendu qu'il a été dit aux Anciens : tu ne commettras point d'adultère.

« Mais moi je vous dis que quiconque regarde une femme pour la convoiter a déjà commis un adultère avec elle dans son cœur.

« Que si ton œil droit te fait tomber dans le péché, arrache-le et jette-le loin de toi ; car il vaut mieux pour toi qu'un de tes membres périsse, que si tout ton corps était jeté dans la Géhenne.

« Et si la main droite te fait tomber dans le péché, coupe-la et jette la loin de toi, car il vaut mieux pour toi qu'un de tes membres périsse, que si tout ton corps était jeté dans la Géhenne,

« Il a été dit aussi : Si quelqu'un répudie sa femme, qu'il lui donne une lettre de divorce.

« Mais moi, je vous dis que quiconque répudiera sa femme, si ce n'est pour cause d'adultère, la fait devenir adultère, et que quiconque se mariera à la femme répudiée commettra un adultère.

« Vous avez encore entendu qu'il a été dit aux Anciens : tu ne te parjureras point, mais tu garderas tes serments envers le Seigneur.

« Mais moi je vous dis : ne jurez point du tout ni par le ciel, car c'est le trône de Dieu.

« Ni par la terre, car c'est le marchepied de ses pieds ; ni par Jérusalem, car c'est la ville du grand Roi.

« Ne jure pas non plus par ta tête, car tu ne peux faire venir un seul cheveu blanc ou noir.

« Mais que votre parole soit : oui, non ; ce qu'*on dit* de plus vient du malin.

« Vous avez entendu qu'il a été dit : œil pour œil, dent pour dent.

« Mais moi je vous dis de ne pas résister au méchant ; mais si quelqu'un te frappe à la joue droite, présente aussi l'autre.

« Et si quelqu'un veut plaider contre toi et t'ôter ta robe, laisse-lui encore le manteau.

« Et si quelqu'un te contraint d'aller une lieue avec lui, fais-en deux.

« Donne à celui qui te demande et ne te détourne point de celui qui veut emprunter de toi.

« Vous avez entendu qu'il a été dit : tu aimeras ton prochain et tu haïras ton ennemi.

« Mais moi je vous dis : aimez vos ennemis, bénissez ceux qui vous maudissent ; faites du bien à ceux qui vous haïssent, et priez pour ceux qui vous outragent et qui vous persécutent.

« Afin que vous soyez des enfants de votre Père qui *est* dans les deux, car il fait lever son soleil sur les méchants et *sur* les bons, et il fait pleuvoir sur les justes et *sur* les injustes.

« Car si vous n'aimez *que* ceux qui vous aiment, quelle récompense *en* aurez-vous ? Les Péagers même n'en font-ils pas autant ?

« Et si vous ne faites accueil qu'à vos frères, que faites-vous d'extraordinaire, les Péagers même n'en font-ils pas autant ?

« Soyez donc parfaits comme votre Père qui est dans les deux *est* parfait.

« Prenez garde de ne pas faire votre aumône devant les hommes, afin d'en être vus, autrement vous n'en aurez point de récompense, de votre Père qui est aux cieux.

« Quand donc tu feras l'aumône, ne fais pas sonner la trompette devant toi, comme font les hypocrites dans les synagogues et dans les rues, afin qu'ils en soient honorés des hommes. Je vous dis en vérité qu'ils reçoivent leur récompense.

« Mais quand tu fais l'aumône, que ta main gauche ne sache pas ce que fait ta droite.

« Afin que ton aumône se fasse en secret ; et ton père qui voit dans le secret te le rendra publiquement.

« Et quand tu prieras, ne fais pas comme les hypocrites, car ils aiment à prier en se tenant debout dans les synagogues et au coin des rues, afin d'être vus des hommes, je vous dis en vérité qu'ils reçoivent leur récompense.

« Mais toi quand tu pries, entre dans ton cabinet, et ayant fermé ta porte, prie ton père qui est dans ce lieu secret, et ton père qui voit dans le secret te le rendra publiquement.

« Or, quand vous priez, n'usez pas de vaines redites, comme les païens, car ils croient qu'ils seront exaucés en parlant beaucoup.

« Ne leur ressemblez donc pas, car votre père sait de quoi vous avez besoin, avant que vous le lui demandiez.

« Vous donc priez ainsi :

PATER

« NOTRE-PÈRE qui est aux deux, ton nom soit sanctifié

« Ton règne vienne ta volonté soit faite sur la terre comme au ciel

« Donne-no us aujourd'hui notre pain quotidien

« Pardonne-nous nos péchés, comme aussi nous pardonnons à ceux qui nous ont offensés ;

« Et ne nous induis pas en tentation, mais délivre-nous de l'hostile (malin, démon, diable), car à toi appartiennent le règne, la puissance et la gloire à jamais.

« *Ainsi soit.* »

Comme on le voit par cette première partie du *Sermon sur la Montagne,* la doctrine de Jésus fut le pur Ébionisme[1], c'est-à-dire la doctrine des pauvres ; eux seuls devaient être sauvés, le règne des pauvres allait enfin arriver. « Malheur à vous, riches, avait-il coutume de dire, car vous avez votre consolation (sous-entendu des malheurs de ce monde.) Malheur à vous qui êtes maintenant rassasiés, car vous aurez faim à votre tour. Malheur à vous qui riez maintenant, car vous gémirez et vous pleurerez[2]. »

« Quand vous faites un festin, disait-il encore, n'invitez ni vos amis ni vos parents, ni vos voisins riches, ils vous inviteraient à leur tour, et vous auriez votre récompense. Mais quand vous faites un repas, invitez les pauvres, les infirmes, les boiteux et les aveugles, ceux-là ne vous rendront rien, ce qui sera mieux pour vous, car le tout vous sera rendu dans la résurrection des justes[3].

Nous voudrions pouvoir ici faire quelques commentaires sur le *Pater,* mais cela nous entrainerait trop loin, aussi nous bornerons-nous à donner ici les versets qui, en partie, le commentent, puis nous poursuivrons la fin du sermon lui-même. Les versets 14 et suivants du chapitre vi de l'Évangile de Mathieu disent : « Car si vous pardonnez aux hommes leurs offenses, votre Père céleste vous pardonnera aussi ; mais si vous ne pardonnez pas aux hommes leurs offenses, votre Père ne pardonnera pas non plus les vôtres.

« Et quand vous jeunez, ne prenez pas un air triste, comme les hypocrites,

1. *Ebiouim,* signifie pauvre.
2. Luc, VI, 24-25.
3. Luc, XIV, 2-114.

car ils se rendent le visage tout défait, afin de bien montrer aux hommes qu'ils jeunent. Je vous dis en vérité qu'ils reçoivent leur récompense.

« Mais toi quand tu jeûnes, oins ta tête et lave ton visage.

« Afin qu'il ne paraisse pas aux hommes que tu jeûnes, mais *seulement* à ton père qui *est présent* en secret et ton père qui voit dans le secret, te récompensera publiquement.

« Ne vous amassez pas des trésors sur la terre où les vers et la rouille gâtent tout, et où les larrons percent et dérobent.

« Mais amassez-vous des trésors dans le ciel où les vers ni la rouille ne gâtent rien, et où les larrons ne percent, ni ne dérobent.

« Car où est votre trésor, là aussi est votre cœur.

« L'œil est la lumière du corps. Si donc ton œil est sain, tout ton corps sera éclairé.

« Mais si ton œil est mauvais, tout ton corps sera ténébreux. Si donc la lumière qui est en toi est ténèbres, combien seront grandes ces ténèbres !

Nul ne peut servir deux maitres à la fois ; ou il haïra l'un et aimera l'autre, ou il s'attachera à l'un et méprisera l'autre. Vous ne sauriez servir Dieu et Mammon[1]. C'est pourquoi je vous le dis : Ne soyez pas inquiets de l'aliment que vous aurez pour soutenir votre vie ni des vêtements que vous aurez pour vous vêtir. La vie n'est-elle pas plus noble que l'aliment et le corps plus noble que le vêtement ? Regardez les oiseaux du ciel : ils ne sèment ni ne moissonnent ; ils n'ont ni grenier ni cellier, car votre Père céleste les nourrit. À plus forte raison pour vous, qui êtes fort au-dessus d'eux. Quel est celui d'entre vous qui, force de soucis, peut ajouter une coudée à sa taille ? Et quant aux habits, pourquoi vous en préoccuper ? Considérez les lis des champs, ils ne filent ni ne travaillent ; et cependant, je vous le dis, Salomon dans toute sa gloire n'était pas vêtu comme l'un d'eux. Si Dieu prend soin de vêtir de la sorte une petite plante des champs qui existe aujourd'hui et qui demain sera jetée au feu, que ne fera-t-il point pour vous, gens de peu de foi ? Ne vous demandez donc pas avec anxiété : que mangerons-nous ? Que boirons-nous ? De quoi serons-nous vêtus ? Ce sont les païens qui se préoccupent de pareilles choses. Votre Père céleste sait que vous en avez le soin. Mais cherchez avant tout le Royaume de Dieu, et tout le reste vous sera donné par surcroit. Ne vous souciez pas de demain, demain se souciera

1. Dieu des richesses adoré en Syrie, le Plutus de la mythologie syro-phénicienne.

de lui-même à chaque jour suffit sa peine[1]. »

Nous voici au chapitre VI.

« Ne jugez point, afin que vous ne soyez pas jugés ;

« Car on vous jugera du même jugement dont vous jugez ; et on vous mesurera de la même mesure, dont vous mesurez.

« Et pourquoi regardes-tu la paille dans l'œil de ton frère.

« Ne donnez point les choses saintes aux chiens et ne jetez pas vos perles aux pourceaux, de peur qu'ils ne les foulent à leurs pieds, et que se tournant ils ne vous déchirent.

« Demandez et on vous donnera ; cherchez et vous trouverez ; heurtez et on vous ouvrira.

« Car quiconque demande reçoit ; et qui cherche trouve ; et l'on ouvre à celui qui heurte.

Or quand Jésus eut achevé ces discours, le peuple fut étonné de sa doctrine ; il y avait de quoi, car c'était bien la première fois qu'un orateur lui disait ce que beaucoup ressentaient dans leur cœur or c'était le résumé de l'enseignement moral et philosophique du Maitre, de son admirable doctrine impérissable dont Bossuet a pu dire avec raison : « Elle est si belle et si solide (la doctrine de J.-C.) quelle cause de l'admiration à tout le peuple. Car qui n'en admirerait pas la pureté, la sublimité, l'efficacité ?

« Elle a couvert le monde ; elle a peuplé les déserts ; elle a fait prodiguer à des millions de martyrs de toute condition et de tout âge jusqu'à leur sang. Elle a rendu les richesses et les plaisirs méprisables ; les honneurs du monde ont perdu tout leur éclat. »

Bossuet a été peut-être un peu loin en disant que J.-C. a rendu méprisables et les richesses et les plaisirs...

Le divin Maitre n'a pu que faire voir combien ces biens de peu de durée devraient être méprisables pour l'homme et tant pis pour lui s'il ne les méprise pas !...

Nous avons donné presque en son entier le *Sermon sur la Montagne* parce qu'il résume, avons-nous déjà dit, la doctrine de Jésus et qu'il montre tout l'Essénianisme de cette doctrine.

Nous avons donné le célèbre Sermon d'après l'Évangile de Mathieu, nous

1. Cf. Mathieu, VI, 19-21, 24-34. — Luc, XII, 22-31, 33-34, XVI, 13.

nous sommes bornés à supprimer les chiffres des versets et des chapitres ; ces derniers sont le Ve, le VIe et le VIIe chapitres.

CHAPITRE XII

Les miracles de Jésus, leur explication logique et scientifique, sa thaumaturgie, sa psychurgie

C'est bien à tort qu'on croit savoir à notre époque, ce que l'on doit entendre par miracle, il n'est donc pas hors de propos d'expliquer ici ce terme. « Les miracles, lisons-nous dans un Dictionnaire technique[1], sont des faits exceptionnels, merveilleux, qui se produisent en dehors des lois de la nature. Nous devons ajouter que ces faits n'existent pas, car tout ce qui arrive est le résultat de la Loi, qui est éternelle et immuable. Donc tout ce qui s'accomplit, tout ce qui se passe sous nos yeux et qui peut paraitre miraculeux, ne parait tel que parce que nous ne connaissons pas encore toutes les lois de nature. »

Donc, le terme de *miracle* n'a pas la signification qu'on lui attribue, de même par exemple que le terme bâtard employé pour désigner un enfant *naturel*, ce qui tendrait à faire supposer que les enfants *légitimes* ne sont pas des enfants naturels et sont engendrés d'une manière différente que les autres enfants.

Il existe ainsi dans les langues des anomalies de termes, qui finissent, bien qu'absurdes, par acquérir leurs droits d'usage, comme si ces mots avaient la signification réelle qu'on leur prête à tort. Donc le fait miraculeux, le miracle dans le sens qu'on lui attribue généralement n'existe pas, ne peut pas exister !

Il n'y a de surnaturel pour l'homme, que des lois inconnues et des causes encore ignorées d'effets ou de phénomènes. Ceci est connu depuis longtemps, puisqu'au sujet du voyage qu'il fit de Rome à Brindes en l'an 37 de J.-C., l'ami d'Auguste, le poète Horace, nous dit[2] : on voulait nous persua-

1. *Dictionnaire d'orientalisme, d'occultisme, et de Psychologie,* par Ernest Bosc, 2 vol. in-12 avec figures. Paris, Dorbon Aîné.

2. *Satires ;* liv. 1, II at. V.

der qu'à Gnatie l'encens brulait sur l'autel sans feu. Qu'on le fasse croire au Juif Apella ; pour moi, je ne le crois point. Je sais que les dieux vivent en repos, et que si la nature fait quelques merveilles, ils ne se donnent point la peine d'y mettre la main du haut du ciel.

Ceci bien entendu, passons à ce qu'on dénomme les *Miracles* de J.-C.

Combien d'historiens de la Vie de Jésus se sont heurtés à une véritable impossibilité, quand ils ont tenté d'expliquer les faits que l'Église considère comme des miracles et que Renan considère lui, comme des tours de prestidigitation, de jonglerie.

Aujourd'hui la science psychique non encore officiellement reconnue, explique en grande partie, tout à fait même pourrions-nous dire, comme des faits naturels et non comme miraculeux la majorité des actes de Jésus. Grâce aux travaux modernes sur la psychométrie, sur la télépathie, sur la bilocation, sur la polarisation, sur l'étude des fluides, on commence à pouvoir débrouiller ce qui auparavant n'était qu'obscurité et chaos. Aussi pourrons-nous expliquer les pouvoirs thaumaturgiques du divin Maitre, pouvoirs que les israélites attribuaient uniquement à la magie. Ils prétendaient « que J.-C. ne se servait que de noms et de formules magiques, de mantras » pour accomplir ses miracles ; c'est là même, un des arguments qu'ils employèrent pour faire condamner à mort le Sauveur.

Or, si Jésus possédait des formules magiques, des incantations et des mantras, il était surtout et avant tout thaumaturge, un puissant thaumaturge.

Dans sa jeunesse, le martyr Pionius témoignait que de son temps (il y avait alors 1650 ans), les Juifs avaient affirmé que par la magie seule, Jésus avait eu le pouvoir de ressusciter les morts[1].

Encore du temps de Chrysostome[2] les Juifs à cette demande qu'on leur adressait : « Pourquoi l'avez-vous crucifié ? » répondaient :

« Parce qu'il était un séducteur et un magicien ».

Deux-cents ans après la mort de Jésus, Origène[3] ne disait-il pas : « Les Juifs d'aujourd'hui approuvent comme ce que ceux d'autrefois osèrent contre Jésus. Ils le maudissent comme ayant, au moyen d'une certaine magie, feint d'être le personnage annoncé par les prophètes et nommé Christ par

1. *Acta primorum martyrum,* Passio S. Pionus, n° 14 Ruinard.

2. *Expositio in Psalm.* 8.

3. *Contra Celsum*, 1, 3.

la tradition juive.

Deux évangélistes, Mathieu et Marc, nous apprennent que les Pharisiens prétendaient que « Jésus ne chassait les démons que grâce à la puissance qu'il tenait du chef des démons ».

Ainsi voilà un fait bien constaté, Jésus passait pour magicien, mais c'était un Mage blanc n'ayant fait aucun pacte avec le chef des dénions ; ceci revient trop souvent dans la Tradition, on peut donc considérer ce fait comme *fait historique.* Il était surtout et avant tout thaumaturge, donc thérapeute.

Le *Toldos Jeschu,* l'un des trois ouvrages écrits en hébreu plusieurs siècles probablement après l'ère chrétienne, rapporte des faits merveilleux, fantastiques même de rabbins, qui concordent parfaitement avec des faits énoncés dans les Évangiles reconnus et acceptés. Or nous pouvons dire que ces écrits du *Toldos Jeschu* sont l'expression pleine et entière de la Tradition admise par la Synagogue.

Voici un passage de l'un des trois volumes ci-dessus mentionnés :

« Marie restait à Bethléem, dans la tribu de Juda. Elle mit au monde un fils qu'elle appela Jésus. Il passa plusieurs années dans la Galilée. Le nom ineffable de Dieu était alors gravé dans le temple de Jérusalem sur une pierre (de schiste). Jésus étant venu à Jérusalem entra secrètement dans le temple (c'est-à-dire dans le Saint des Saints), y apprit les lettres sacrées, écrivit sur un parchemin le nom ineffable, s'ouvrit la chair et y cacha le parchemin. Puis, étant sorti de la ville, il retira de sa chair le parchemin et l'ayant relu, il connut le nom ineffable ! Il se rendit ensuite à Bethléem, le lieu de sa naissance, et se mit à dire à haute voix : « Quels sont ceux qui affirment que j'ai une origine impure, ma mère ne m'a-t-elle pas mise au monde étant vierge ? »

Chacun lui dit alors : « montre-nous que tu es Dieu ou fils de Dieu par quelques signes (miracles). Il leur dit : « Apportez-moi un mort je lui rendrai la vie. » Le peuple fouilla un tombeau, y trouva des ossements desséchés, qu'il voulut qu'on lui apportât et arrangeant ces os, il les couvrit de peau, de chair et de nerfs et le cadavre se leva, bien vivant.

La foule admirait Jésus ! Il demanda alors un lépreux, et l'ayant, il le guérit à l'aide du nom ineffable. Et le peuple se prosternait devant lui en disant : « Tu es vraiment fils de Dieu. »

Cinq jours après ces prodiges, la nouvelle était parvenue à Jérusalem et les gens d'un mauvais esprit s'en réjouirent, mais les hommes pieux et sages (les vieillards) pleurèrent avec amertume. Le grand Sanhédrin était dans l'affliction et ses membres résolurent d'envoyer quelqu'un à Jésus, afin de le faire parler et se servir de ses paroles, afin de le faire passer en jugement et le condamner.

Jésus, nous l'avons dit, était très grand Thérapeute; C'est là un fait de toute évidence; pour la guérison des malades et des possédés, il utilisait le magnétisme, la suggestion, l'autosuggestion ainsi que les divers états de l'hypnose ou hypnotisme.

Voici quelques exemples qui témoignent de l'emploi du magnétisme: « Et il imposa les mains sur chacun d'eux (des malades) et il les guérit. »

« Jésus prit la main du malade et la fièvre le quitta[1]. »

« Quelques-uns ayant présenté à Jésus un homme sourd et muet le suppliaient de lui imposer les mains. Alors Jésus, le tirant de la foule et le prenant à part, lui mit ses doigts dans les oreilles et de sa salive sur la langue, puis levant les yeux au ciel, il poussa un soupir; il lui dit « Ouvrez-vous, ouvrez-vous. Et aussitôt le sourd-muet put entendre et parler[2]. »

Jésus guérissait aussi par des objets, simplement magnétisés, comme on peut le voir à l'égard de Paul, dans les *Actes des apôtres*[3] : « lorsque les linges qui avaient touché le corps de Paul étaient appliqués sur les malades, ceux-ci étaient guéris des maladies qui les tourmentaient et les esprits malins sortaient du corps des possédés. »

Voici un exemple de la force de la volonté (Hypnotisme en tant que force médiatrice: « Jésus étendant la main le toucha (un lépreux) et à l'instant sa lèpre fut guérie[4]. »

Voici un exemple de guérison par autosuggestion: « Alors une femme qui, depuis douze ans, était affligée d'une perte de sang, s'approcha de lui par-derrière et toucha la frange du bas de son manteau, car elle se disait intérieurement: « Si je pouvais seulement toucher sa robe, je serais guérie »

Jésus se retournant alors, et la voyant lui dit: « Ma fille, vous avez eu confiance, votre foi vous a sauvée[5]. »

« Et à la même heure, cette femme fut guérie dès cette heure-là. »

1. Mathieu, ch. VIII, V. 15.
2. Marc, VII, V. 32 et suiv.
3. Ch. XIX. V. 12.
4. Mathieu; ch. VIII, V. 3.
5. Mathieu, IX, V, 20, 21, et 22.

Jésus aussi était devin, il pouvait lire le passé, voici en effet, ce que nous lisons dans l'Évangile de Jean.

Jésus connaissait par lui-même ce qu'il y avait dans l'homme[1].

Jésus dit à la Samaritaine des choses secrètes et intimes, quelle seule par conséquent savait, aussi s'enfuit-elle en s'écriant :

« Venez voir un homme qui m'a dit ce que j'ai fait[2]. » Jésus aussi pouvait opérer par transmutation ; le miracle des *Noces de Cana* peut en témoigner : Jésus dit à ceux qui servaient : « Emplissez d'eau les urnes » et ils les remplirent jusqu'au bord. — Alors, il leur dit : « Puisez maintenant et portez-en au Maitre d'Hôtel, et ils lui en portèrent. — Le Maitre d'Hôtel ayant gouté de cette eau, changée en vin, et ne sachant d'où provenait ce vin, quoique les serviteurs qui avaient puisé l'eau le sussent bien, il appela l'époux et lui dit : « Vous avez réservé le bon vin pour la fin[3]. »

D'après Luc, le miracle des *Noces de Cana* aurait été le premier accompli par J.-C. ; mais en quel lieu précis, car nous nous trouvons en présence de trois Cana ; l'un près de Tyr qui ne saurait être celui où eut lieu le miracle ; le second Cana est en Galilée à trois lieues de Sephoris, aujourd'hui Saffourieh ; enfin le troisième Cana, situé sur la route de Nazareth à Tibériade où la plus ancienne tradition place le lieu du miracle ; l'eau changée en vin.

Il y a quelque 25 ans, on montrait encore dans cette localité, dans une pauvre église grecque, dont la construction était assez ancienne (antérieure aux Croisades, croyons-nous) deux grosses hydries en pierre, hydries fort pansues qui auraient été d'après la Tradition, de celles mêmes, qui auraient contenu l'eau transmutée en vin. — Qui le sait ?

Dans le pays des Gadaréniens Jésus exorcisa des possédés, il y prêchait pour la première fois.

Ce pays se trouvait dans la Pérée qui elle-même était en face de Tibériade et de la côte occidentale du lac.

Pour débarrasser les possédés, Jésus fit passer les esprits tourmenteurs dans un troupeau de pourceaux. Après cette prédication, Jésus revint directement à Capharnaüm qui se trouvait de l'autre côté du lac et en face de Gadara[4].

C'est en Pérée que s'accomplit le miracle de la multiplication des pains et

1. Jean 11, V. 25.
2. Jean, IV, 29.
3. Jean, 11, V. 7 à 9.
4. Aujourd'hui *Omm-Keis.*

non à Capharnaüm, comme le dit Mathieu.

C'est auprès de cette dernière ville sur une montagne que J.-C. prononça le *sermon des Béatitudes* qui fait partie du *Sermon de la montagne* que nous avons donné au chapitre précédent. À propos des miracles de Jésus, M. Strada[1] nous dit que le Maitre donna le pouvoir à ses disciples de chasser les esprits immondes des corps qu'ils pouvaient occuper, c'est-à-dire qu'il leur donna le pouvoir d'exorciser et qu'un jour les disciples n'ayant pu chasser un démon qui possédait un enfant, Jésus demande qu'on lui amène le possédé. On le lui amena et il chassa l'esprit et celui-ci dit Marc[2] sortit en poussant un grand cri.

Et nous ajoutons *ce qui est élémentaire.*

Or Strada demande:

« Qui poussa le cri? L'enfant sans doute! »

Tout le monde sait fort bien que l'esprit se servant des organes du possédé utilise donc aussi la voix de celui-ci. Les disciples, poursuit M. Strada, lui dirent alors: « Pourquoi n'avons-nous pu chasser le démon? »

Et le divin Maître de répondre simplement: « Cette espèce ne se chasse que par le jeûne et la prière. »

M. Strada trouve cette réponse évasive, —tel n'est pas notre humble avis, elle est incomprise de notre auteur, qui témoigne ainsi de son peu de connaissance des choses occultes. S'il en connaissait le premier mot, il saurait que parmi les démons, il existe une hiérarchie et que certains ont un tel pouvoir qu'il faut une très grande puissance pour agir sur eux ;or ce que ses disciples ne peuvent faire Jésus pouvait l'accomplir, parce que la prière et le jeûne poussés à un haut degré lui donnaient précisément le pouvoir et la puissance qui manquaient aux disciples hommes beaucoup plus matériels que leur Maitre et ne pouvaient dès lors posséder d'aussi grands pouvoirs.

Ce sont là des données élémentaires que les plus simples élèves en occultisme connaissent parfaitement.

Dans le même chapitre m, de son livre, M. Strada condamne Jésus à propos d'une Chananéenne ou d'une Grecque qui lui dit: « Ma fille est possédée par un esprit immonde. »

Parce que J.-C. lui répond: « Je ne donne pas le pain de mes enfants aux

1. Jésus et l'Ère de la science.
2. IX, 26.

chiens. »

Or cette réponse n'était qu'un moyen d'éprouver l'honnêteté de la femme, sa bonté et sa douceur.

Aussi quand la femme au lieu de se fâcher se retire sans mot dire et remercie même le Maitre avec humilité, celui-ci consent alors à guérir sa fille.

De divers auteurs, qui ont parlé des miracles de Jésus, un seul parait avoir compris et saisi une partie de la vérité ; c'est M. Ewald. Voici comment ce savant auteur parle de la puissance de guérison de Jésus[1] : « Dans tous ces faits de guérison, il opérait par son esprit ; tout était pénétré de ce sublime esprit qui le conduisait en toute chose, qui jaillissait de lui comme une eau vive, par tous ses actes, toutes ses paroles, tous ses enseignements.

« L'esprit du Christ, alors, entrait en acte tout entier ; puis de toute sa puissance, il agissait sur l'esprit des hommes qui venaient pour être guéris. Lui-même, toujours pleinement conscient de sa force vivificatrice, et en même temps tout rempli de la foi la plus pure et la plus aimante pour le Suprême et le céleste Père de tout salut ; lui-même, avant chaque œuvre levait au ciel son lumineux regard pour y puiser la force. Puis lui aussi demandait avant tout à ceux qu'il allait secourir la foi dans la présence réelle du royaume de Dieu. Il ne voulait et ne pouvait guérir que lorsqu'il trouvait une telle foi.

« Voilà ce qu'il faut admettre pour comprendre les effets si extraordinaires de son action. Et quels effets ne devenaient possibles lorsque sa haute et puissante foi rencontrait celle des âmes qui voyaient en lui le messie ?... Son action était créatrice, radicale, prodigieuse d'efficacité, comme d'ailleurs sa vie de chaque jour, vie qu'avant lui aucun homme n'avait jamais su vivre... Nous ne pouvons avoir de toute cette partie de son œuvre une assez haute idée, et nous devons tenir toute la race humaine comme relevée par lui, depuis qu'il a voulu descendre dans le profond abime de ses souffrances.

« Mais outre ces guérisons qui, d'après tous les documents étaient son œuvre de tous les jours et dont le nombre immense n'est qu'indiqué dans l'Évangile, il faut particulièrement distinguer d'autres faits plus éclatants encore, comme les résurrections des morts, les milliers d'hommes nourris de quelques pains et de quelques poissons, le changement de l'eau en vin, l'apaisement de la tempête, la marche sur les eaux, et les guérisons à distance et par le simple rayonnement de son esprit. Tous ces faits appartiennent certainement aux primitives données évangéliques... Ce sont là les plus hauts moments de sa puissance sur le monde extérieur... En Jésus-Christ,

1. *In* Gratry. — *Vrai tableau de la vie de Jésus,* p. 124.

l'œuvre de tous les jours, n'était qu'une série d'actes de sublime puissance. Dès lors, que devaient être en certains moments les élans de cette force déjà si haute dans son repos ? Nous n'avons aucune raison de poser la moindre limite aux pouvoirs de l'Esprit ni de déterminer arbitrairement jusqu'où pouvait aller sa force en Jésus-Christ. » Voilà bien le raisonnement d'un homme qui sait et ne dit que ce qu'il sait et comme nous sommes loin du *savant* Renan qui émet avec une ignorance inqualifiable des idées comme celles-ci : « Jésus était persuadé qu'avec la foi et la prière, l'homme a tout pouvoir sur la Nature[1]. »

Ceci est très vrai et très juste, mais un allié, comme Renan, ne saurait l'admettre pas plus que ce qui suit et qu'ajoute le même auteur : « la faculté de faire des miracles passait pour une licence régulièrement départie par Dieu aux hommes[2] et n'avait rien qui surprit. »

(Les personnes au courant de l'ésotérisme et des facultés divines qui résident dans l'homme, pouvons-nous ajouter).

Mais là où M. Renan est aussi en pleine erreur, c'est dans les lignes suivantes, qui montrent qu'il ne souriait pas le premier mot de la Thaumaturgie, de la science occulte.

« On dirait que, par moments, le rôle de thaumaturge lui est désagréable, et qu'il cherche à donner aussi peu de publicité que possible aux merveilles qui naissent en quelque sorte sous ses pas. Quand ses ennemis lui demandent un miracle, surtout un miracle céleste, un météore, il refuse obstinément[3]. Il est donc permis de croire qu'on lui imposa sa réputation de thaumaturge, qu'il n'y résista pas beaucoup, mais qu'il ne fit rien non plus pour y aider, et qu'en tout cas, il sentait la vanité de l'opinion à cet égard[4].

Ces lignes démontrent bien la profonde ignorance de notre auteur, qui ignore complètement le grand quaternaire occulte : SAVOIR, VOULOIR, OSER, SE TAIRE.

Donc, le Mage ne doit pas laisser répandre le bruit de ses faits et gestes !

Après ce qui précède, il semblerait inutile d'essayer de prouver que les miracles de Jésus soient réels, cependant nous devons parler en faveur de ceux-ci d'un document des plus curieux et dont l'authenticité a été longuement discutée, c'est une lettre du roi d'Édesse, Abgare à Jésus au sujet

1. Mathieu, XVII, 19 XXI, 21, 22. —Marc XI, 23-24.—
2. Mathieu, IX, 8.
3. Mathieu, XII, 31 et suiv., VIX et suiv., Marc, VIII, 13. —
4. *Vie de Jésus,* chap, XVI, p. 265.

de ses miracles. Nous donnerons le document dans son entier, puis nous le discuterons à notre tour. Nous dirons que Assémani parmi un grand nombre d'auteurs soutient, dans sa *Bibliotheca Orientalis,* l'authenticité de ladite lettre que voici et qui aurait été portée à Jérusalem à Jésus par Ananias :

« J'ai appris les guérisons que vous avez faites sans le secours des herbes ni de remèdes ; que vous avez rendu la vue aux aveugles, que vous faites marcher les boiteux, que vous guérissez la lèpre, que vous chassez les démons et les esprits impurs, que vous délivrez des maladies les plus invétérées, et que vous ressuscitez les morts. — Ayant appris toutes ces choses, je me suis persuadé que vous étiez Dieu ou que vous étiez fils de Dieu. — Que vous étiez descendu du Ciel sur la terre pour y opérer ces merveilles. C'est pourquoi je vous écris pour vous supplier de me faire l'honneur de venir chez moi, et de me guérir de la maladie dont je suis tourmenté. J'ai ouï dire que les juifs murmurent contre vous et qu'ils vous tendent des pièges. J'ai une ville qui, quoique petite, ne laisse pas que d'être fort agréable et qui suffira pour nous deux. »

Voici quelle aurait été la réponse du Seigneur :

« Vous êtes heureux, Abgare, d'avoir cru en moi sans m'avoir vu, car il est écrit de moi, que ceux qui m'auront vu ne croiront pas, afin que ceux qui ne m'auront pas vu croient et soient sauvés. — Quant à la prière que vous me faites d'aller vous trouver, il faut que j'accomplisse l'objet de ma mission, et qu'ensuite je retourne vers Celui qui m'a envoyé ; lorsque j'y serai retourné, j'enverrai un de mes disciples, qui vous guérira et vous donnera la vie à vous et à tous les vôtres. »

Voici d'après Eusèbe ce qui est écrit en syriaque après ces deux lettres qui sont également dans le même dialecte.

« Après que Jésus fut monté au ciel, Judas qui s'appelait aussi Thomas, et qui était l'un des apôtres, envoya Thadée, l'un des soixante et dix disciples, qui vint à Édesse, où il logea chez Tobie fils de Tobie. Le bruit de son arrivée et des miracles qu'il avait faits s'étant répandu, on dit à Abgare qu'il était arrivé un apôtre, selon ce que Jésus lui avait promis.

Thadée commença donc à guérir, par la puissance qu'il avait reçue de Dieu, toutes sortes de maladies et de langueurs et cela au grand étonnement de tout le monde. Abgare, ayant appris les miracles surprenants qu'il faisait au nom et par la puissance de J.-C., comprit que c'était celui dont Jésus lui avait parlé en ces termes :

« Lorsque je serai retourné au Ciel, j'enverrai un de mes disciples qui vous guérira. »

Ayant donc envoyé chercher Tobie, chez qui Thadée demeurait, il lui dit :

« J'ai appris qu'un homme puissant, qui a fait plusieurs guérisons par le nom de Jésus, est venu de Jérusalem et qu'il loge dans votre maison. »

« Tobie lui répondit :

« Seigneur, il est venu chez moi un étranger qui opère plusieurs miracles. »

« Amenez-le-moi, dit Abgare. »

Tobie étant allé trouver Thadée lui dit :

« Le roi Abgare m'a commandé de vous mener à lui afin que vous le guérissiez. »

« Je suis prêt à y aller, reprit Thadée, parce que j'ai été envoyé ici pour cela.

« Dès la pointe du jour suivant, Tobie mena Thadée à Abgare. Lorsqu'il entra ce prince vit quelque chose d'extraordinaire et d'éclatant sur le visage de cet apôtre, ce qui l'obligea à se prosterner pour le saluer. Les grands de sa Cour qui étaient présents et qui n'avaient rien observé de semblable furent frappés d'étonnement. »

« Abgare dit à Thadée : êtes-vous le disciple de Jésus Fils de Dieu, qui m'a écrit : je vous enverrai un de mes disciples qui vous guérira et qui donnera la vie à vous et à tous ceux qui sont auprès de vous ?

« Thadée lui répondit : j'ai été envoyé vers vous par le Seigneur Jésus, parce que vous avez cru en lui et si vous croyez en lui de plus en plus, vous verrez tous les désirs de votre cœur accomplis.

« J'ai tellement cru en lui, dit Abgare, que j'avais le projet d'attaquer à main armée les Juifs qui l'ont crucifié, si je n'avais été retenu par la crainte de la puissance romaine.

Thadée lui dit : Jésus Notre Seigneur et notre Dieu a accompli la volonté de son Père et après l'avoir accomplie, il est monté au ciel auprès de lui.

« Je crois en lui et en son Père, répartit Abgare.

« Pour ce motif, reprit Thadée, je mets la main sur vous au nom de J. N. S.

« Et pendant qu'il la mettait, Abgare fut guéri de sa maladie. Abgare fut ravi de voir ainsi s'accomplir en sa personne, ce qu'il avait entendu dire de J.-C., qu'il guérissait les malades sans secours d'herbes ni de remèdes par le ministère de son disciple.

Les récits de ce qui précède remontent à l'année 340 de l'ère des Séleucides des Grecs, qui correspond à l'an 29 de notre ère ; c'est l'époque où J.-C. avait reçu le baptême de Jean et où sa prédication et ses miracles avaient commencé sa réputation. C'est en l'an 29 qu'Abgare aurait écrit à J.-C. et ce n'est qu'en l'an 33 que Thadée vint à Édesse. Ajoutons que ce nom d'Abgare était le nom des princes héréditaires d'Édesse et le prince en question était Abgare III.

Après avoir lu et vérifié quantité de documents, nous pouvons affirmer que tout ce que rapporte Eusèbe[1] au sujet de la lettre d'Abgare est absolument faux ; la réponse même de J.-C. le prouve, car il n'aurait pas écrit à un prince qui désirait sa guérison « attendez que je sois remonté au Ciel auprès de mon Père ».

S'il n'avait pu se rendre lui-même à Édesse, il y aurait envoyé son disciple trois ou quatre ans plutôt, c'était là une simple question d'humanité. — Puis les deux lettres auraient été écrites en grec et non en syriaque, car à Césarée et en Mésopotamie, on parlait grec ; aussi nous pensons qu'Eusèbe fit traduire les deux documents ci-dessus d'un original grec.

La psychopathologie de J.-C.

Des docteurs, psychologues : des psychiatres plutôt ont étudié la personnalité de Jésus au point de vue psychopathologique ; on voit que rien n'est sacré pour les psychiatres !!! ce sont de vrais démolisseurs.

Voici comment s'exprime M. Attilio Schettini dans la *coopération des idées,* dirigée par M. Deherne. — L'étude en question est fort longue, nous n'en donnerons qu'une analyse des plus succinctes, tout juste pour montrer combien est fausse d'un bout à l'autre la thèse soutenue — M.Schettini nous dit : « L'idée d'ébaucher ces quelques pensées sur la personnalité de Jésus au point de vue psychopathologique me vint ainsi. Je venais de lire, pour la deuxième fois, la fameuse *Vie* de Renan, lorsque, en froissant les pages de l'édition française du magnifique chef-d'œuvre de Lombroso intitulé *L'homme de Génie,* la figure de Jésus se présentait sans cesse à mon esprit, vrai phénomène de phosphorescence cérébrale, selon l'heureuse expression de Luys. Ainsi, les idées de Lombroso s'associaient au souvenir de Jésus. Dès lors, cette question se posait :

— Est-ce que Jésus de Nazareth peut lui-même être considéré comme un

1. *Eusèbe,* Hist, eccl. Livre 1., chap, XIII et suiv.

fou de génie ? »

Alors, l'auteur de l'étude se livre à une dissertation sur les Évangiles, qui sont « un empâtement chaotique de divin et d'humain sur divers ouvrages d'auteurs plus ou moins célèbres de la *Vie de Jésus,* et il arrive à présenter sa thèse en ces termes : « Si l'on ôte à Jésus la qualité divine, et si les faits de sa vie sont tels que la critique de certains auteurs[1] les présente, » on doit conclure que « Jésus de Nazareth fut un fou de génie ».

Disons tout de suite que dans l'esprit de l'écrivain, ce terme de fou n'a rien d'injurieux, au contraire, un fou de génie n'est qu'un grand homme. L'auteur de l'étude nous dit que le génie est une déviation du type normal humain, « le vrai génie différemment de l'intelligence la plus développée et la plus robuste n'est pas une formation normalement progressive, mais il dépend d'une hypertrophie originaire et primitive d'une certaine partie de l'organe cérébral par un processus de différente nature : de là, la précocité qui constitue déjà une anomalie. Jésus de Nazareth, à l'âge de douze ans, prit part dans la Synagogue des débats avec les Anciens. Pareillement, Mozart, âgé de six ans, composait des symphonies ; Comte, âgé de treize ans, s'annonça comme un grand penseur et Raphaël, âgé de quatorze ans, eut la renommée de peintre divin.

« Mais pour la loi de compensation, un développement exagéré d'une partie d'un organisme s'accompagne d'un défaut et quelquefois d'un arrêt de développement dans d'autres parties : de là, des manifestations pathologiques du « Génie ». Puisque celles-ci constituent la seconde et la vraie partie dégénérative du « Génie », il importe de donner quelques détails sur le caractère de ces manifestations psychiques morbides.

Ici nous ne suivrons plus notre auteur qui se lance dans de longues tirades sur la doctrine de l'évolution, sur l'École anthropologique, sur l'anesthésie morale, etc. L'écrivain a l'audace d'écrire des insanités et des calomnies blasphématoires ; ainsi, il dit : « La forme d'épilepsie psychique, dont le Nazaréen aurait été affecté, est attestée par des hallucinations, qui, selon les expériences cliniques, acquièrent ici un caractère religieux. »

Et plus loin, l'écrivain ajoute : « Parmi les symptômes d'aliénation mentale les plus indéniables et les plus importants chez Jésus de Nazareth, il faut compter le délire des grandeurs, accompagné d'un délire de persécution simplement vague et sporadique. Peu de données suffisent pour le faire reconnaitre. »

1. Les auteurs étudiés sans Béville, Strauss, Renan et Ferrière.

Nous ne poursuivrons pas plus loin cette écœurante étude, qui est certainement l'œuvre la plus malsaine qu'on ait écrite sur le divin Maitre, si incompris et si martyrisé après le Golgotha, son crucifiement se poursuit encore à travers les siècles...

Comme conclusion à cette étude prétendue psychopathologique, nous dirons que pour certaines personnalités assoiffées de bruit et de renommée, rien n'est respectable, pas même le *grand martyr du Golgotha,* cette grande et noble figure qui devrait être si respectée par tous, surtout par des gens sans croyance et sans loi, par des Lombroso, des Sergi et autres matérialistes de leur École, qui ne connaissent pas un mot d'ésotérisme et de spiritualisme.

CHAPITRE XIII

Les principaux miracles de Jésus

Ayant vu dans le précédent chapitre comment Jésus pouvait accomplir les merveilleuses guérisons qu'il opérait, les modes, moyens et agents qu'il employait dans ce but, ayant en un mot expliqué scientifiquement tout ce qu'on nomme vulgairement miracles, nous allons donner ici quelques-uns des principaux, ceux qui sont les plus généralement connus. Nous les rapporterons le plus brièvement possible, afin de retenir fort peu de temps sur ce sujet l'attention du lecteur. — C'est d'abord la guérison d'un lépreux.

Guérison d'un lépreux

Jésus en parcourant la Galilée en prêchant sa doctrine dans les synagogues, vit un jour un lépreux se jeter à ses pieds en s'écriant et en embrassant ses genoux : « Seigneur, si tu le veux, tu peux me guérir ! »

Jésus le toucha et dit « Je le veux, sois guéri ! »

Le lépreux fut guéri, mais le divin Maitre lui enjoignit d'accomplir les prescriptions relatives à la purification, et lui recommanda d'observer le silence au sujet de sa guérison ; mais le pauvre lépreux ne pouvait contenir l'expression de sa reconnaissance.

Disons, à propos du silence, que Jésus imposait au sujet des phénomènes qu'il accomplissait, qu'il ne faisait en ceci que suivre une des prescriptions de l'occultisme, qui recommande le silence à tous ses adeptes ; or un grand nombre de personnes ne sachant rien de l'occulte sont surprises de voir J.-C. imposant et demandant à tous le silence au sujet de ses actes.

Nous avons eu l'occasion au sujet de Renan de constater le fait.

Guérison d'un enfant

Jésus se rendant à Cana rencontra un officier romain du tétrarque Hérode, qui venait au-devant de lui pour le supplier de venir guérir son fils qui se mourait[1].

Jésus lui dit: « Si vous ne voyiez point de signes et de miracles, vous ne croiriez point; l'officier répondit: « Seigneur, descends, avant que mon fils meure. »

Jésus-Christ lui dit: « Va, ton fils vit! »

Cet homme crut ce que lui avait dit le divin Maitre et s'en alla. — Il rencontra bientôt sur sa route ses serviteurs, qui venaient lui annoncer la bonne nouvelle de la guérison de son fils.

Ceci fiat le second miracle qu'accomplit Jésus à son retour de Judée en Galilée.

Le Centurion du Càphàrnàüm

Un jour J.-C. descendait de la montagne où il avait coutume de prêcher et suivi d'une grande foule, il retournait à Capharnaüm.

Le Centurion, chef du poste de Capharnaüm, avait un esclave très malade, à l'agonie et il tenait beaucoup à cet esclave. Il pria donc les Anciens de la ville d'intercéder pour lui auprès de Jésus afin d'obtenir la guérison de cet esclave. C'est ce que firent les Anciens, auxquels Jésus dit: « C'est entendu, j'irai et je le guérirai. »

Et comme le divin Maitre s'approchait de la maison du Centurion celui-ci se posta sur le seuil et dit: « Seigneur, je ne suis pas digne que vous rentriez chez moi, mais dites simplement un *mot* et il suffira: mon serviteur sera guéri. »

Puis il parla encore en termes chaleureux qui témoignaient de sa foi profonde; à tel point que Jésus ne put s'empêcher de dire: « En vérité, je n'ai pas trouvé une si grande foi en Israël. »

Et comme quelques juifs murmuraient et se scandalisaient de l'opinion professée par Jésus; il leur fit entendre clairement que le moment était venu où les païens se convertissant prendraient la place des Enfants d'Abraham,

1. Jean, IV, 46-54. — Jean dit *un Seigneur de la Cour.*

d'Isaac et de Jacob, et que ceux-ci seraient exclus du festin lumineux et rejetés dans les ténèbres extérieures. — Puis se tournant vers le Centurion, il lui dit « qu'il soit fait suivant votre croyance, suivant votre foi. »

Et l'esclave fut guéri sur l'heure !...

Sous ces termes de « festin lumineux et rejetés dans les ténèbres extérieures » il faut entendre que l'homme initié (et ici l'Essénien) qui assiste aux *Agapes fraternelles,* qui se donnaient dans une salle brillamment éclairée, c'est-à-dire qui s'élève et s'instruit dans *l'Initiation,* cet homme tant qu'il en sera digne sera de plus en plus instruit dans l'ésotérisme ; mais si par sa mauvaise conduite envers lui ou envers ses frères, il mérite d'être exclu du festin, il sera chassé de la salle et retombera dans l'exotérisme c'est-à-dire dans l'ignorance et 1'*Agnoscence.*

Le fils de la veuve de Naïm

Le lendemain du jour où J.-C. avait guéri l'esclave du Centurion romain, Jésus se rendit à Nairn, petite ville située à 28 ou 30 kilomètres de Capharnaüm ; et comme de coutume, il était suivi de ses disciples et d'une foule nombreuse de néophytes. Comme il montait un raidillon qui conduisait à la petite ville, il rencontra près de la porte de la ville un convoi funèbre ; c'était celui du fils unique de la veuve de Nairn, qu'on allait ensevelir. La pauvre mère marchait en avant, en tête d'un nombreux cortège et le noble et compatissant Jésus à la vue de cette douleur maternelle, dit à cette femme : « Ne pleurez pas. » Et s'avançant un peu, il toucha le brancard sur lequel se trouvait le cadavre, qui avait le visage découvert. Les porteurs et le cortège s'arrêtèrent et Jésus dit : « Jeune homme lève-toi. »

Aussitôt le mort s'assit sur son séant et se mit à parler. — Et le fils fut rendu à sa mère.

Guérison d'un paralytique à Capharnaüm

« Or, un jour qu'il enseignait, nous dit Luc, et que des Pharisiens et des Docteurs de la loi, qui étaient venus de tous les bourgs de la Galilée, de la Judée et de Jérusalem, étaient *là* assis, la puissance du Seigneur agissait pour guérir *les malades.* — Alors il survint des gens qui portaient sur un lit, un homme perclus, et ils cherchaient à le faire entrer dans la maison (où se trouvait Jésus) et à le mettre devant lui. — Et ne sachant par où le faire entrer à cause de la foule, ils montèrent sur la maison et le descendirent par le toit avec son lit au milieu de la foule, devant Jésus, qui lui dit : « Lève-toi, je te le dis, emporte ton lit et va-t'en dans ta maison. »

Ce que le paralytique accomplit à l'instant ; ajoutons que le lit du malade n'était qu'une simple natte de jonc, car en Orient les lits des pauvres gens sont très rudimentaires.

La piscine de Béthesda

Il y avait à l'est de Jérusalem, dans le voisinage du Temple une Porte dénommée « Porte des Brebis » et près de cette porte une piscine appelée Béthesda, c'est-à-dire de la miséricorde.

Cette piscine, nous dit Jean (v. 2) avait cinq portiques, sous lesquels étaient couchés un grand nombre de malades, d'aveugles, de boiteux et de paralytiques qui attendaient le mouvement de l'eau, car un Ange descendait, à un certain moment, dans le réservoir, troublait l'eau ; et le premier qui entrait dans l'eau, après que celle-ci avait été troublée, était guéri de quelque maladie qu'il fût atteint. Or, il y avait là un homme malade depuis plus de trente-huit ans.

Jésus le voyant étendu sur son lit (sur sa natte de jonc) et le sachant malade depuis tant d'années, lui dit : « Veux-tu être guéri ? »

Le malade répondit : « Je n'ai personne pour me jeter dans le réservoir, quand l'eau est troublée, et pendant que j'y vais un autre y descend, avant moi. »

Jésus lui dit : « Lève-toi, emporte ton lit et marche. »

Et aussitôt l'homme fut guéri, et il prit son lit et se mit à marcher.

Or ce jour-là était un jour de Sabbat ; aussi les Juifs dirent à celui qui avait été guéri : « c'est le Sabbat, il ne t'est pas permis d'emporter ton lit. »

« Celui qui m'a guéri m'a dit : "Emporte ton lit et marche"... je l'ai fait. »

Commentaires. — Les malades attendaient le mouvement de l'eau, qui était provoqué « par un Ange, qui descendait dans la piscine ». Il ne faut pas interpréter ainsi ce passage, mais voir dans le mouvement de l'eau une forte magnétisation provoquée par des Entités astrales ; la science a reconnu comme un fait exact, qu'un puissant magnétiseur en plaçant ses mains sur la surface d'un vase contenant de l'eau fait bouillonner celle-ci ; quand ce bouillonnement a eu lieu, l'eau est magnétisée, elle peut donc procurer la guérison du malade, qui est plongé le premier dans la piscine ; quant aux autres, ils doivent attendre un autre jour ; en effet, premièrement, pour que l'eau se purge des effets pathogènes de la maladie, quelle a guérie ; secondement, pour permettre à l'eau de condenser une nouvelle quantité de magnétisme. — Pour ceux de nos lecteurs, qui connaissent les propriétés de l'eau magnétisée, le mode opératoire que nous venons d'exposer ne saurait faire l'objet du moindre doute, quant à ceux qui ne sont pas au courant de la magnétothérapie, nous leur dirons de lire des ouvrages techniques spéciaux, notamment *le magnétisme curatif du* regretté A. Bué, ainsi que les œuvres des médecins modernes qui ont plus spécialement étudié ces questions.

Passons à une guérison de fièvre maligne que le divin Maitre guérit en la soutirant au malade et en la rendant à la terre, J.-C. faisant l'effet d'un perd-fluide fiévreux.

Guérison d'une forte fièvre

En sortant de la Synagogue ce même jour, Jésus s'arrêta chez Simon-Pierre son disciple et voyant la belle-mère de celui-ci atteinte d'une forte fièvre, il lui prit simplement la main et la serrant fortement, il lui soutira la fièvre qui quitta immédiatement cette femme, qui se mit à le servir.

Bientôt après, le soleil vint à se coucher, le repos légal était donc terminé ; aussi les habitants de Caplsarnaüm amenèrent à Jésus quantité de malades que Jésus guérissait en leur imposant les mains.

Aussi par son simple verbe, il guérit un grand nombre de possédés. — La nuit entière se passa à accomplir ces guérisons et quand l'aube fit son apparition, Jésus se retira dans un lieu solitaire et tranquille pour aller méditer.

Ses disciples vinrent le trouver et lui dire : « Maitre tout le monde vous cherche pour vous témoigner sa reconnaissance et vous remercier de vos guérisons. »

Partons donc et allons dans les bourgades voisines afin d'y poursuivre mes prédications, car c'est pour cela que je suis venu et non pour recevoir l'expression de la reconnaissance des malades guéris. »

Passons au miracle de l'homme atteint d'une nécrose des os de la main.

L'homme à là main desséchée

Un jour de Sabbat, Jésus entre dans une Synagogue et il trouve au milieu des assistants un homme dont la main droite est desséchée[1]. Il y avait aussi des Pharisiens et des Scribes dans la même assistance, lesquels se demandaient si J.-C. oserait un jour de Sabbat provoquer la guérison d'un malade. Jésus lisant dans leur pensée, dit à l'homme atteint de nécrose : « Levez-vous et restez debout dans l'assemblée. »

Alors, interpelant ses ennemis : « Je vous demande, dit-il, s'il est permis le jour du Sabbat de faire du bien, ou s'il est mieux de s'abstenir ?

Peut-on sauver une créature de Dieu ou doit-on la laisser périr ? »

Et les hypocrites ne répondant pas, Jésus leur dit : « quel est l'homme d'entre vous qui possédant une seule brebis, si elle vient à tomber dans une fosse, le jour du Sabbat, ne se croit pas autorisé à l'en retirer. — Or combien un homme vaut mieux qu'une brebis II est donc permis de lui faire du bien le jour du Sabbat » ; et il ajouta : « Étends ta main, infirme ». — Et celui-ci l'ayant étendu, cette main devint aussi saine que l'autre.

Mais les Pharisiens se voyant confondus furent très irrités ; ils sortirent de la Synagogue et tenant conseil, ils cherchèrent les moyens de pouvoir perdre le divin Maitre, qu'ils détestaient de toutes les forces de leur âme.

N'était-ce pas Jésus qui les avait si vivement flagellés dans leur hypocrisie et dans tous leurs vices ?

Et quels braves gens ils étaient ces bons Publicains ; combien leur âme éprouvait de scrupules pour l'observation stricte de la loi ; nous l'avons vu dans un précédent chapitre.

Marie de Magdala

Marie de Magdala était une des trois Galiléennes qui accompagnait Jésus dans ses voyages et dans ses excursions. Toutes trois se disputaient le plaisir de l'entendre et de le servir. Marie avait eu avant de connaitre Jésus une vie des plus débauchées, et le divin Maitre avait chassé de son corps sept démons qui le hantaient chacun à leur tour.

Renan nous dit que Marie était une personne fort exaltée. « Selon le lan-

1. *Luc,* VI, 6-10.

gage du temps, elle avait été possédée par sept démons[1], c'est-à-dire qu'elle avait été affectée de maladies nerveuses et en apparence inexplicables. »

On peut voir par ce passage que Renan partage l'avis des docteurs et confond comme eux les possédés avec les hystériques.

Jésus quittant Jéricho, se dirigeait un jour du côté de Jérusalem, mais il ne poussa pas sa marche jusqu'à la capitale, il s'arrêta à Béthanie ; c'était un soir du vendredi, c'est-à-dire l'heure où allait commencer le jour du Sabbat, car il est peut-être utile de rappeler que les juifs comptaient les jours d'un coucher de soleil à l'autre. Le jour suivant (c'est-à-dire le jour correspondant à notre dimanche), Jésus devait assister à un repas que donnait en son honneur Simon le Lépreux. Parmi les convives se trouvait Lléazar plus connu sous le nom de Lazare.

Pendant le repas se présenta devant Jésus, Marie de Magdala qui rompit au-dessus de la tête du divin Maitre un petit flacon d'alabastron[2] (albâtre) cubant environ 60 millimètres, lequel flacon contenait une essence de Nard de grand prix ; Madeleine oignit avec cette essence la chevelure, puis les pieds du Sauveur, qu'elle essuya avec ses longs et beaux cheveux rouge mordoré.

Toute la maison fut embaumée par les suaves émanations de l'exquis parfum du Nard[3]. — Tous les convives furent réjouis de cet acte de noble générosité, sauf Judas qui en fut indigné et s'écria : « N'aurait-on pu vendre ce parfum qui valait bien 300 deniers et donner cet argent aux pauvres[4]. »

Jésus entendant ses paroles dit aux apôtres :

« Vous rencontrerez toujours parmi vous des pauvres, vous aurez donc l'occasion de faire l'aumône, tandis que je disparaitrai bientôt de votre milieu, aussi vaut-il mieux louer Magdeleine que de la blâmer d'avoir voulu rendre à mon corps physique les derniers honneurs, avant l'heure de sa dissolution[5]. »

Malgré ces paroles, Judas n'en resta pas moins scandalisé de l'acte de Magdeleine, ce fut peut-être le premier motif qui l'excita contre son Maitre,

1. Marc, XVI, 9 ; Luc, VIII, 2. Cf. Tobie, III, 8 ; VI, 14.

2. Alabaster, *archéol. génér.* — Petit vase servant à renfermer des parfums de prix. — On le nommait ainsi parce que généralement, il était fait d'albâtre *(alabaster, alabastron).* Il affectait des formes diverses, etc — *Dictionnaire général de l'archéologie et des antiquités*, par E. Bosc., vol. in-12. Paris. Librairies-imprimeries réunies — Cf. du même, *Diet, raisonn. d'archit. verbo*-VX.

3. *Nardi pistici,* ce terme parait être dérivé du sanscrit.

4. Le denier (dénarius) avait des valeurs diverses, suivant le métal ; ici il est question du denier d'argent qui valait environ ofr. 78,300 = 234 fr. à 240 fr.

5. Cf. dans *La Vie de Jésus* de Renan, page 373, ce même épisode.

car son avarice avait été fort éprouvée, il partit pour Jérusalem, afin de s'entendre avec le grand Prêtre pour lui livrer son Maitre.

Simon ayant vu ce que nous venons de raconter se disait en lui-même : « Si cet homme était vraiment Prophète, il saurait bien quelle est celle qui l'a touché et lui a lavé les pieds, et qu'elle est de mauvaise vie et mœurs.

Jésus lisant dans sa pensée s'adressa au Pharisien en ces termes :

« Simon, j'ai quelque chose à te dire. »

Et il lui répondit : « Maitre, dis-le !...

« Un créancier avait deux débiteurs ; l'un devait cinq cents sides d'argent et l'autre cinquante[1]. Et comme ils n'avaient pas de quoi payer, il leur remit à tous deux leur dette. Dis-moi donc, lequel des deux l'aimera le plus ? »

Simon répondit : « J'estime que c'est celui à qui il a le plus remis ».

Et Jésus lui dit : « tu as fort bien jugé. »

Alors se tournant vers la femme, il dit à Simon : « Vois-tu cette femme ? Je suis entré dans ta maison et tu ne m'as point donné d'eau pour me laver les pieds, mais elle a arrosé mes pieds de larmes et les a essuyés avec sa chevelure. — Tu ne m'as point donné de baiser[2], mais elle depuis que je suis entré, n'a cessé de me baiser les pieds. — Tu n'as pas oint ma tête d'huile, mais elle a oint mes pieds d'une essence odoriférante. C'est pourquoi, je te le dis, ses péchés qui sont en grand nombre, lui ont été pardonnés ; car elle a beaucoup aimé ; mais celui à qui on pardonne peu, aime peu. »

Puis, il dit à la femme : « Tes péchés te sont pardonnés. »

Et ceux qui étaient à table avec lui se mirent à dire en eux-mêmes : « qui est celui qui même pardonne les Péchés ? »

Mais Jésus dit à la femme : « Ta foi t'a sauvée ; va-t'en en paix. »

Cette Marie Magdeleine est la même, du corps de laquelle Jésus avait chassé sept démons ; elle était la sœur cadette de Lazare et de Marthe, elle était riche, belle et connue pour ses désordres. Elle avait pour son Sauveur, pour le divin Maitre un grand amour, et Jésus avait pour elle une affection des plus pures.

Dans le chapitre suivant, nous la retrouverons dans sa famille où Jésus vient rendre visite à Lazare, nous la verrons encore au Calvaire et au Saint-Sépulcre, où la première elle voit Jésus, lui apparaitre après son crucifiement.

1. Le side d'argent vaut environ 3 fr. 75 de notre monnaie.
2. L'usage était que l'amphitrion donnât un baiser sur la figure de son hôte.

Après le repas, Jésus revint à la maison de Lazare, tandis qu'une partie des apôtres se dirigea vers l'auberge, qui était située en avant de Béthanie.

Dans la nuit, Nicodème vint aussi chez Lazare, il s'y entretint longuement avec le Sauveur, puis il rentra à Jérusalem avant le jour ; Lazare l'avait accompagné un bout de chemin.

Nous terminerons ce chapitre en rapportant la manière dont Jésus s'attacha comme disciple l'évangéliste Mathieu et qui prouve la force de projection fluidique et magnétique du Sauveur.

L'enrôlement d'un nouveau disciple

Jésus avait déjà six disciples, quand il rencontra sur son chemin un publicain du nom de Lévi. — Les publicains étaient des fonctionnaires juifs fort détestés parce qu'ils étaient chargés par les Romains de recueillir l'impôt, or ce tribut était contraire à la Loi et rappelait sans cesse la servitude des enfants d'Israël. C'est pourquoi on considérait les Publicains ou Péagers, comme des traitres envers la Patrie, de là, le mépris public qui les frappait. — Lévi avait son bureau de péage au bord du lac, et il y percevait l'impôt (une sorte d'impôt douanier) sur toutes les marchandises qui passaient à travers les chemins des Caravanes. — Jésus voyant Lévi, lui dit ces simples mots : « Suis-moi ! »

Et quittant tout, Lévi suivit le Seigneur, qui lui changea son nom en celui de Mathieu, et qui devint plus tard évangéliste.

La promptitude de cette soumission, de cette obéissance peut témoigner ce nous semble, en faveur de la puissante suggestion de J.-C.

CHAPITRE XIV

Visite de Jésus chez Lazare

L'aurore devançait à peine de quelques minutes le soleil qui allait se lever éblouissant à l'horizon ; tous les travailleurs de Béthanie se dirigeaient avec leurs bêtes vers les champs.

Les femmes sortaient joyeuses de leur demeure, les unes pour se rendre à la ville voisine, à Jérusalem, pour vendre leurs denrées, les autres pour acheter des provisions, des étoffes et autres objets, car c'était grand marché et alors comme aujourd'hui, plus même encore que de nos jours, les marchés étaient des rendez-vous d'affaires et de plaisirs.

Donc, dans le bourg de Béthanie, il régnait ce matin-là une grande animation, car en dehors des affaires et attractions diverses, les femmes se promettaient beaucoup de plaisir en allant à Jérusalem.

Il se trouvait, en effet, de passage dans la capitale de la Judée, un célèbre dompteur de fauves, qui, sur un grand emplacement hors les murs, devait exhiber et faire travailler ses animaux. La plupart étaient en effet assez apprivoisés pour simuler une lutte à mort avec leur dompteur.

Le crieur public était même venu, huit jours auparavant, annoncer aux Béthaniens ce rare spectacle, afin que tous ceux qui avaient des loisirs pussent se rendre, ce jour-là, à Jérusalem. — Or comme le ciel qui était pur et sans nuages, faisait présager une superbe journée, contrairement à des indices fâcheux de la veille, un grand nombre de personnes se dirigeaient vers la capitale ; tandis que celles qui étaient forcées au continuel labeur des champs regardaient, avec des yeux d'envie, la troupe joyeuse s'éloigner du bourg.

À quelques centaines de pas de la principale entrée de Béthanie, se trouvait la maison de Lazare, l'ami du jeune prophète nazaréen, qui, par sa puissance vraiment divine, l'avait rappelé d'entre les morts, bien que son âme eût depuis assez longtemps déjà rompu le lien fluidique, qui la retenait captive dans son corps de chair (*Sarcosome*).

La maison de Lazare était une des plus belles demeures du bourg ; ce qui ne veut pas dire quelle fût luxueuse et d'une grande importance, mais elle comportait une sorte de pavillon en avant-corps recouvert d'une toiture plate ; de chaque côté de l'entrée pavée, donnant accès à une cour assez vaste, se trouvaient, à droite et à gauche, des bâtiments très bas : écuries, étables, cellier, remises, hangars, etc. au-dessus des grandes pièces du rez-de-chaussée, qui flanquaient le couloir d'entrée, se trouvaient quatre petites chambres, un escalier de pierre pour les desservir, lequel escalier se trouvait en dehors, dans l'angle gauche du pavillon. — Une vigne et des plantes grimpantes soutenues par un travail en charpente formaient une sorte de pergola à la romaine, qui supportait toute cette verdure. Les pièces de charpente étaient portées par une de leurs extrémités sur de massives colonnes de pierre distantes d'environ 4 mètres en avant de la façade de la maison ; l'autre extrémité des solives était encastrée dans le mur de ladite façade, qui était ainsi ombragée par la verdure et les fleurs.

À cette heure matinale, chaque feuille humide recouverte d'une abondante rosée laissait, à la moindre brise, tomber des gouttelettes sur la table rustique, qui restait à demeure dans la salle de verdure où la famille prenait le plus souvent ses repas.

En cet instant, une femme de taille moyenne, âgée d'environ 30 ans, descendit l'escalier ; elle était brune, d'une figure agréable, ayant la tête à demi recouverte d'un voile, fait d'une fine étoffe de laine bleue, retenu par des agrafes d'argent assez semblables à nos épingles de nourrice modernes. La robe de cette femme était brune rayée de blanc ; ses pieds nus étaient chaussés de mules en paille tressée de deux couleurs.

Plusieurs des femmes qui se rendaient à la ville la saluèrent familièrement :

« — Bonjour, Marthe, disaient-elles, nous allons à Jérusalem, aurais-tu quelques commissions à nous confier, nous nous en chargerions avec le plus grand plaisir.

« — Merci, merci chères voisines, répondit la jeune femme, je n'ai besoin de rien ce matin ; j'ai envoyé hier à la ville notre vieux serviteur Benjamin, et il en est revenu ses deux paniers pleins, bien que je lui ai recommandé toujours de ménager ses vieilles jambes.

« — Nous allons voir le fameux dompteur, bonne Marthe, dirent à la fois un petit garçon de 12 ans et sa petite sœur qui se tenaient par la main : « ce sera bien beau !... »

Marthe sourit aux enfants, tout en hochant la tête et disant à leur mère : « Tu ferais sagement, Noémie, de ne point conduire tes enfants à ce genre de spectacle ; il faut réjouir le cerveau des tout petits enfants et non l'effrayer ou l'impressionner par l'aspect de luttes simulées, qui faussent leur jugement et le rendent téméraire ou craintif.

« — Je pense que tu as raison voisine, mais le père a promis aux enfants ! Alors, j'ai craint de ne pouvoir, sans avoir moi, une grande lutte à supporter, les priver du plaisir promis depuis tant de jours ! »

Marthe, la sœur athée de Lazare acheva de descendre d'un pas rapide l'escalier ; elle trouva dans l'allée pavée de la maison, dans le couloir, son vieux serviteur Benjamin.

« Comment va mon frère, ce matin, dit-elle, en rejetant son voile en arrière et en ramassant les plis quelle fixa à une grosse torsade de laine brune qui assujettissait et serrait sa robe à la taille.

« — Le Maitre s'est couché tard et s'est levé de bonne heure, le voici qui vient de donner ses ordres aux serviteurs qui s'en vont aux champs ; Lazare se dirige de ton côté, maitresse ! »

En effet, un homme de petite taille, très brun et fort maigre, aux yeux noirs et caves, aux pommettes saillantes, le front déjà chauve, bien que plus jeune que sa sœur s'avançait d'un pas lent, appuyé sur un bâton de bois noueux. C'était bien Lazare sortant du tombeau, ressuscité par le Christ. Si la vie était revenue animer ce corps, elle n'avait pu encore réparer les vestiges de la mort ; aussi Lazare était-il encore un véritable cadavre ambulant. Aussi la vie chez ce ressuscité, ce voyageur de l'au-delà, revenu de si loin se concentrait-elle toute dans ses yeux noirs abrités sous l'arcade enfoncée et proéminente de ses épais sourcils noirs. Le nez aquilin était si aminci, qu'il en était diaphane ; ses lèvres pâlies se collaient sur les gencives et les dents fortes et au complet ; enfin, sa barbe d'inégale longueur et épaisseur se tordait en une frisure naturelle.

« — Marthe, dit d'une voix presque sans sonorité, le spectre vivant, Marthe, j'ai vu en songe le Maitre divin, il m'a dit qu'il viendrait nous visiter, dès les premières heures du jour, nous sommes la sixième, il ne tardera pas à paraitre au haut de la montagne : je vais au-devant de lui !

« — Faible comme tu l'es encore ! mon frère, tu commets une imprudence, d'autant que sur le témoignage d'un songe, il n'est pas certain que le Maitre nous honore aujourd'hui de sa présence !

« — Je n'ai pas besoin d'entendre la voix matérielle du Maitre, reprit Lazare, pour connaitre sa volonté ou simplement pour être instruit à distance de sa personne sacrée, du plus bref de ses ordres ; quand je te dis, ma sœur, que j'ai vu et entendu en songe mon Sauveur, c'est une manière de parler pour te faire comprendre la façon, tout à fait miraculeuse, employée par le Maitre pour parler à son serviteur Lazare ! »

Marthe ouvrait de grands yeux étonnés en entendant les paroles de son frère ; mais elle y croyait, car jamais Lazare n'avait proféré un mensonge... Si Marthe croyait, elle cherchait vainement à se faire une idée de ce mode de conversation à distance, de cette télépathie, dirait-on de nos jours.

« — Si tu dis vrai Lazare et je le crois, je comprends ton impatience à aller au-devant du Maitre ; mais lui-même si bon sera contrarié de te voir dépenser tes faibles forces dans une marche pénible, car le chemin pour parvenir à la crête de la montagne est escarpé et rocailleux !...

Lazare soupira : « Oui, je suis bien faible de corps ; mais mon âme est vaillante ; plus que jamais, mon cœur brule d'amour pour le Messie qui daigne m'honorer, moi chétif, homme formé comme notre père commun Adam : de boue ! Cet envoyé du Père céleste, cet homme Dieu, lui émané de la pure lumière m'appelle son ami ! Pourrai-je jamais en termes humains lui en exprimer suffisamment ma reconnaissance.

« — Il m'appelle *sa sœur !* ma bonne Marthe, dit la jeune femme ! Ah oui, mon frère, fais quelques pas au-devant de ce Dieu fait homme, mais sois certain de lui plaire, en n'abusant pas des forces qu'il ta rendues avec la vie !

« — J'y consens à ta prière, sœur chérie, je vais jusqu'à la petite éminence que tu vois d'ici à droite ; là se trouve une grosse pierre au bord du chemin ; je vais m'y assoir et, de là, je verrai venir d'assez loin le Maitre.

« — Moi, dit Marthe d'un air préoccupé, j'ai tout juste le temps qu'il me faut pour préparer et faire cuire des gâteaux.

« — Benjamin, cria Marthe au vieux serviteur qui s'était respectueusement retiré à l'écart, est-ce heureux que tu sois allé hier à Jérusalem, les provisions ne nous manqueront pas pour préparer un festin digne de notre hôte auguste ; vite, va faire allumer le four et préviens notre servante qu'elle aille chercher des œufs fraichement pondus, afin que je pétrisse au plus tôt la pâte de fine fleur de farine. Apporte la crème, le Maitre y fait toujours honneur. Oh ! quand Jésus accepte deux fois d'un même mets que j'ai cuisiné, mon cœur bondit de joie dans ma poitrine !

« — Ainsi Maitresse, c'est donc bien sûr que le Sauveur va venir ? Un disciple vous en a-t-il envoyé l'heureuse nouvelle ? Je n'ai encore vu personne de la suite du Maitre, ce matin !

Marthe resta quelques instants embarrassée pour répondre à Benjamin, car elle-même ne comprenait pas le mode de message, dont venait de lui parler son frère, cependant elle dit :

« — Lazare m'ayant dit que Jésus viendrait, je crois qu'il viendra !

« — Et moi également, maitresse, car Lazare est un vrai serviteur de Dieu ! Et l'on dit que les Anges sont ses Messagers ! Or ce ne sont que ceux à qui sont adressés les messages qui, d'ordinaire, aperçoivent les blancs Messagers !

« — Tu parles sagement, vieillard, reprit Marthe et au lieu de m'étonner des paroles de mon frère, qui tout à l'heure m'annonçait à bref délai l'arrivée de Maitre, j'aurais dû comprendre ce que Lazare omettait de me dire par modestie : qu'un Ange lui en avait apporté la nouvelle !

Benjamin s'éloigna pour remplir les ordres de sa maitresse ! Sa vieille figure était radieuse, car il adorait non moins que son maitre le jeune Prophète, non qu'il le crût un Dieu, mais il pensait qu'il était rempli de l'esprit de l'Éternel, qu'en conséquence, il était un être supérieur ; de plus, Benjamin avait assisté et vu de ses yeux la résurrection de Lazare, mis en tombeau et dont le cadavre sentait déjà la putréfaction. Ce miracle remplissait l'âme du vieillard d'une foi ardente pour le jeune Novateur. Benjamin aimait la vie et il se disait tout bas que s'il devenait gravement malade, il se pourrait qu'aux prières de Lazare, le Seigneur consentît à lui rendre la santé pour de longues années encore ! Aussi Benjamin faisait-il diligence pour apporter à Marthe tout ce qui était nécessaire à la préparation d'un repas.

« — Ma sœur est-elle enfin levée ? dit d'une voix railleuse Marthe à une jeune fille, presque une enfant, qui se montra à une petite fenêtre donnant sur la cour ; c'était Jésabeth, la suivante de Magdeleine, la seconde sœur du maitre du logis. La belle Marie-Magdeleine qui, depuis quelque temps, était venue habiter la maison de son frère, d'abord à cause de sa maladie, de sa mort et de ses obsèques, mais qui, ensuite convertie absolument aux doctrines de Jésus de Nazareth, avait quitté la vie luxueuse et légère quelle menait à Jérusalem, pour l'habitation paisible de Béthanie.

« — Ma maitresse met la dernière main à sa cuisson, répondit la fillette ; elle ne me permet pas d'y toucher, mais la voici quelle s'apprête à quitter sa chambre ! Elle est plus belle que jamais !

« — À quoi bon ce soin extrême de sa personne, dit Marthe à mi-voix, puisqu'elle a enfin rompu avec sa vie dissipée d'autrefois, grâce aux paroles de son Maitre !

Magdeleine apparut en ce moment à sa fenêtre, elle sourit, envoya un gracieux baiser de la main à Marthe et lui dit : « Ne me gronde pas, sœur bienaimée ! Je sens que le Maitre viendra aujourd'hui » et Magdeleine mit sa main sur son cœur ; « alors, j'ai apporté un peu plus de soin à ma modeste parure : je descends, Marthe et veux t'aider dans tes apprêts pour recevoir Jésus ! »

« — Ainsi, tu es donc avertie également de sa venue, toi ?

« — Je pressens la visite du Maitre à une sensation toute spéciale au cœur ! Mais j'accours, Marthe, et tu me diras quelle est la personne qui, comme moi, a été mystérieusement prévenue de la visite de Jésus !

Marie-Magdeleine, d'un pas agile, descendit l'escalier et se trouva bientôt sous la pergola de verdure, sous laquelle sa sœur, un grand linge de toile blanche recouvrant presque entièrement sa tunique, relevait ses longues manches, quelle fixait bien au-dessus des coudes avec une agrafe. Marthe était ainsi prête à travailler la farine pour faire la pâte de ses gâteaux ; mais curieuse de se faire mieux expliquer par sa sœur la sensation qui l'avertissait aussi bien, quoique d'une manière différente, que Lazare, de la prochaine présence du Maitre, elle était venue au-devant de sa cadette sous la pergola de verdure, afin que la servante qui venait d'entrer dans une pièce du rez-de-chaussée à la fois cuisine et salle à manger de la famille, n'entendît pas leur conversation !

Magdeleine était un peu plus grande que sa sœur et lui ressemblait aussi peu de visage que de caractère et aussi d'intelligence ; non que Marthe fût sotte ; loin de là, car elle jouissait d'un rare bon sens, d'un cœur pur, capable de tous les dévouements. Un peu d'entêtement se mêlait à ses convictions religieuses ; le fanatisme avait prise dans l'âme ardente de Marthe, qui ne se rendait que lentement à une évidence nouvellement perçue par son intellect, mais une fois acceptée, sa conviction se cristallisait en elle ; c'était d'une difficulté extrême de lui faire modifier ses vues sur quelqu'un ou sur quelques points de doctrine. Marthe et Lazare avaient de grandes affinités entre eux. Magdeleine était pour son frère et sa sœur une *Excentrique* c'est-à-dire une âme en dehors de leur cercle spirituel ; ils l'aimaient sincèrement, mais ils s'étonnaient parfois quelle fût leur sœur, tant les divergences étaient nombreuses dans leur manière de juger les gens et les choses, ainsi que de se conduire dans la vie ordinaire.

Depuis que le jeune Prophète avait touché le cœur et subjugué l'intelligence de leur cadette, Lazare et Marthe étaient bien heureux du retour de Magdeleine à une vie plus familiale et plus conforme à leur position sociale.

Présentons à nos lecteurs le portrait de la jeune sœur de Lazare le *ressuscité,* tel que notre vision nous le montre en cet instant, où elle vient de s'approcher de Marthe.

Magdeleine présentait le type israélite dans toute sa beauté, la belle blonde à la luxuriante chevelure cendrée possédait un teint mat d'ivoire légèrement jauni ; la peau d'une extrême finesse semblait transparente, tant elle laissait voir ses fines veines bleues ; le rouge carminé des lèvres sensuelles et l'incarnat des joues donnaient un grand éclat à sa belle tête d'un parfait ovale. Ce qui rendait inoubliable la rare beauté de Marie-Magdeleine, c'étaient ses yeux châtain foncés, grands, bien fendus et légèrement relevés vers les tempes ; de longs cils recourbés en voilaient parfois l'éclat singulier et fascinateur ; le nez aquilin, sans exagération, achevait de donner à ce beau visage, une grande distinction.

La taille svelte, la démarche gracieuse de l'adoratrice de Jésus faisait de cette femme alors âgée de 27 ans une charmeresse irrésistible à première vue.

Ce jour-là, Magdeleine portait un vêtement ample en tissu de coton très en couleur de brique ; une grecque brodée de même nuance, mais plus foncée formait bordure autour de la tunique. Une sorte de péplum en laine blanche (sorte de barège), mais fort souple, une mousseline de laine, dirions-nous aujourd'hui, recouvrait son buste, laissant libre son cou rond et blanc, qu'ornait un collier de corail ; ses bras d'une admirable beauté n'étaient découverts que jusqu'aux coudes et d'un seul côté par le coquet relèvement du péplum vers les épaules. La coiffure de la jeune femme à laquelle la petite suivante Jésabeth venait de dire qu'il était interdit de toucher était une œuvre d'art véritable. Les cheveux de Magdeleine étaient si longs et si abondants qu'il n'y avait que deux manières pour la jeune femme d'en supporter le poids, les laisser tomber autour de sa personne ou les enrouler en longues nattes autour et au-dessus de sa tête. C'est de cette dernière manière qu'elle s'était coiffée, ce matin-là ; ensuite elle avait enroulé une sorte de turban au-dessus de ses nattes ; celui-ci était en gaze de soie très brillante avec de fines rayures pourpre, ce qui harmonisait la coiffure et la tunique et le corail du collier et des bracelets. Magdeleine avait chaussé ses petits pieds blancs d'une forme irréprochable, de sandales de cuir de chèvre rouge attachées au bas de ses jambes, selon la mode du temps par des rubans rouges et or.

« — Comme tu es élégante ce matin ma sœur, lui dit son ainée en l'embrassant tendrement ! Tu viens de me dire que c'est pour le Maitre que tu as soigné ta parure ; tu sais bien Magdeleine que Jésus préfère au luxe, la simplicité ! Mais quel odorant parfum exhale toute ta personne.

« — C'est pour être agréable à notre hôte divin, que je me suis ointe du parfum qu'il m'a dit un jour adorer avec plaisir et comme j'aime aussi ce doux et pénétrant parfum, cette similitude de gout avec l'ami de notre frère m'a impressionnée assez, pour que j'y aie réfléchi longtemps.

« — Perdre ton temps à réfléchir sur le gout d'un parfum particulier entre deux personnes ! Qu'y a-t-il là de si extraordinaire ? Cela vaut-il une profonde méditation ! Tiens, tu ne renonceras donc jamais à tes singularités, ma sœur.

« — Il y a un rapport plus grand que tu ne crois, Marthe entre l'appréciation, la compréhension d'un parfum et l'âme de l'homme. Or, comme Jésus préfère, comme moi, celui que je choisis de préférence à tout autre, j'en ai conclu que mon âme, bien que pècheresse et indigne de toute comparaison avec celle du Sauveur devait cependant, par une infiniment petite vibration, s'harmoniser, au moins par un fugitif contact, avec le vêtement de lumière du Messie.

« — Tu es subtile et trop savante pour moi, Magdeleine, ta conversation est pleine de mystères pour moi ; mais si ton esprit est souvent lettre close pour moi, je comprends par le cœur et je t'aime chaque jour davantage, depuis que ton orgueil superbe, ta vie folle et capricieuse ont fait place à la douceur, à l'humilité, au respect de nos lois religieuses. »

Magdeleine sourit, elle entoura câlinement le cou de sa sœur, attira sa tête brune et la baisa longuement au front : « Quel miracle est impossible au divin Jésus ! » dit-elle.

« — En effet, reprit Marthe au premier regard que le Maitre a bien voulu jeter sur toi, ta conversion a été opérée.

« — Mais à propos dit Marie, dis-moi qui a été ainsi que moi averti de la visite de Jésus ?

« — Notre frère Lazare a vu sans doute un ange, il vient de me dire tout à l'heure que certain de la venue du Sauveur, il allait au-devant de lui !... Est-ce un blanc messager du ciel qui fa également prévenue, ma sœur ? »

« — Je te l'ai déjà dit Marthe, c'est par une sensation, d'une douceur infinie au cœur, que je sais que je vais voir bientôt Jésus ! »

Marthe faisait de grands efforts pour comprendre : « *une sensation au cœur* ! » Mais explique-toi si c'est possible plus clairement pour mon cerveau peu compréhensif! ce dont je me sens bien humiliée, va !

« — Il est des choses que l'âme perçoit et pour lesquelles il n'existe pas de mots dans les langues humaines !

« ... Peut-être qu'un son musical, un parfum, pourraient, sinon les expliquer, au moins en transmettre la perception, une perception suffisante pour te faire mieux saisir ma pensée. Je matérialiserai cette perception... Je l'appellerai un contact d'âme qui se répercute dans le cœur : organe de la vie ! »

Marthe attristée secouait mélancoliquement la tête :

« — Hélas ! dit-elle, et moi qui aime tant le Maitre, qui donnerais avec joie mon sang pour confesser sa doctrine, j'ignore ces appels, ces avertissements pleins de charmes mystérieux, que toi et Lazare connaissez chacun à votre manière ! » Et ce disant, Marthe leva vers le ciel ses yeux pleins de larmes !...

« — Tu méconnais, chère sœur chérie, lui dit Marie, les dons précieux dont le ciel la comblée et que le Maitre apprécie. — Ton amour pour lui est sans mélange, ton dévouement, sans limites. Tu aimes Jésus pour lui d'abord, pour sa mission et sa doctrine ensuite. Tu songes au bienêtre, à la sureté de Jésus, lorsqu'il est sous notre toit aussi bien qu'ailleurs. Tu te prives du bonheur de l'écouter parler pour t'occuper de le recevoir de ton mieux ; ta sollicitude pour le Maitre ne se détourne jamais de lui ; tu n'as que ce but unique. Après, tu songes à Lazare et à moi !... Et à toi jamais !... Femme admirablement dévouée, Jésus ne serait pas le Messie, s'il ne rendait justice à tes vertus !... Mais, sans doute, il faut pour que tu puisses marcher vaillamment dans la voie que tu ignores encore quelque temps l'ivresse de célestes contacts, dont je te parle !... »

Les deux servantes du Christ se jetèrent dans les bras l'une de l'autre ; elles venaient, dans un éclair de supérieure compréhension, de reconnaitre leur état d'âme respectif.

Magdeleine eut un tressaillement ; elle se retourna vers la colline, mit sa petite main en abat-jour au-dessus de ses yeux qu'aveuglait un soleil radieux, et elle s'écria soudain :

« — Les voilà ! les voilà ! Lazare et Jésus ! Il y a également deux disciples ; vont-ils l'accompagner chez nous ? Tant mieux ! Mais non, voilà que le

Sauveur leur fait un signe d'adieu... Ils le quittent et Lazare reste seul avec le Maitre... Celui-ci s'arrête, il essuie son front... il doit avoir beaucoup marché... Cher Maitre, tu ne sais où reposer ta tête; ils te traquent les Prêtres, les Pharisiens jaloux dont tu viens démasquer la fourberie et les mensonges! Ah! Maitre bienaimé, toi que les Anges voudraient servir à genoux, te revêtant de la livrée humaine, tu es en butte aux loups et aux chacals de la Synagogue!»

Marie-Magdeleine parlait encore que Marthe se trouvait déjà dans la cuisine donnant des ordres à la servante Mirdac et réunissant, dans un large bassin de cuivre reluisant de propreté, divers ingrédients qui devaient entrer dans la fabrication de ses gâteaux au miel.

La belle juive, dont le sein palpitant, soulevait la souple étoffe de laine blanche, continuait à suivre des yeux Jésus et son frère qui tous deux marchaient à pas lents: le Maitre pour ménager les pas chancelants du disciple.

Le Sauveur, pour accélérer le moins possible la descente de son compagnon dans le sentier pierreux, s'arrêtait par instant pour toucher, comme pour s'y appuyer, l'épaule du ressuscité et lui infiltrer ainsi, à son insu, de la vitalité, le vitaliser, par son puissant magnétisme?

Marie ne perdait de vue aucun des gestes de Jésus et elle les comprenait tous!...

Aussi, émue et reconnaissante, s'élevait-il de son âme une admiration adoratrice pour le Dieu quelle reconnaissait bien sous son humble incognito! Et Magdeleine ne pouvait cesser de regarder toujours les deux formes, qui descendaient à petits pas le sentier blanc et qui se détachaient sur le profond azur de l'horizon sans nuages:

Une maigre plantation d'oliviers rabougris déroba un instant les deux hommes à la contemplation de Marie; aussi revint-elle à la réalité; elle se dit que le cher voyageur allait arriver harassé de fatigue sans doute, et l'heure du repas était encore éloignée, il fallait lui offrir des rafraichissements, préparer un bassin pour laver ses pieds de la poussière de la route. — Magdeleine, vive comme l'oiseau, s'élança dans la cour, prit le plus grand des bassins suspendus auprès du puits et destiné à cet usage. — Elle puisa ensuite de l'eau, remplit le bassin, y jeta une poignée de sel odorant de romarin dont l'action était des plus bienfaisantes pour adoucir aux parties sensibles des pieds, réchauffement des suites de la marche; enfin, Magdeleine porta le bassin en plein soleil, au-devant de la maison, afin que l'eau glacée du puits profond pût s'attiédir suffisamment pour ne point congestionner le voyageur.

Ensuite Marie fut au cellier, dans lequel on tenait en réserve des cruches de terre cuite très poreuse ; cette porosité donnait au liquide qu'elles contenaient une grande fraicheur. Sur la table rustique, la jeune et jolie femme disposa de larges feuilles de vigne au-dessus desquelles elle disposa des coupes en bois sculpté dont les bords étaient cerclés d'argent ; ce sertissage ayant pour but d'empêcher la rugosité du buis d'effleurer les lèvres du buveur. Marie eut soin aussi de jeter sur les cruches un linge de toile mouillé et de prendre à l'énorme figuier qui se trouvait dans l'angle même de la maison, dont il abritait une grande partie du mur latéral, de grosses figues-fleurs, à moitié entrouvertes, qui laissaient s'écouler de leur chair rouge, sucrée et parfumée, des larmes de sirop. — Ces fruits furent placés par Marie dans un petit plat d'argent, quelle était allée chercher dans sa chambre. La jeune femme tremblait légèrement en y déposant les figues, car elle savait que Jésus méprisait le luxe ; ensuite ce plat, chef-d'œuvre d'orfèvrerie, était le seul souvenir que la pècheresse eût conservé du seul amant quelle eût aimé et qui fût certainement devenu son époux, sans une mort prématurée et accidentelle !

« — Le Maitre, à qui rien n'est caché, pensait-elle, ne me blâmera-t-il pas *silencieusement* d'oser employer, pour son usage, un souvenir qui m'est encore cher, malgré mon unique amour pour lui !... Si j'allai l'offenser par cette seule pensée ? lui le Maitre adoré ! »

Et Magdeleine hésitait à déposer le plat sur la table !...

« Cependant, si le Seigneur touche de sa main ce plat d'argent, il en purifiera le souvenir ; il transposera pour moi son image à celle de Sentorius, le noble Romain, de *l'Initié* aux *Mystères* d'Apollon qui a ouvert à mon âme un horizon intellectuel moins étroit que celui de nos Docteurs de la Loi ! »

À ce moment, Magdeleine ferma ses beaux yeux, elle regarda intuitivement en elle-même sur le miroir de son mental ; puis elle attendit quelques instants, quelques secondes à peine et l'oracle intérieur répondit par une image symbolique, ainsi quelle fait d'ordinaire, pour qui comprend et sait interpréter ce langage silencieux.

Matie aperçut en miniature le plat d'argent quelle tenait dans sa main tremblante ; il était posé sur une motte de terre. Tout à coup, il s'éleva autour du plat des touffes d'une puissante végétation. Les feuilles grandirent instantanément et le souvenir de Sentorius fut complètement recouvert.

« — Ah ! voilà, se dit Marie, je puis garder le souvenir, le sanctifier sans le perdre ! Le changement survenu dans mon âme est symbolisé par cette prodigieuse végétation recouvrant tout, de son exubérante puissance ; ceci, c'est mon ardent amour pour le doux Nazaréen... » Et son cœur battit et s'emplit d'une douce chaleur qui fit briller des éclairs de flamme dans ses grands yeux passionnés !...

Le Seigneur et son compagnon avaient descendu la côte ; ils marchaient maintenant d'un pas plus rapide et bientôt ils furent rendus sous la pergola de verdure, où Marthe, qui avait rejeté le linge blanc qui entourait d'un abri protecteur ses vêtements, vint se joindre à sa sœur pour recevoir leur hôte divin !

Marthe et Magdeleine avaient mis un genou en terre et avaient croisé leurs bras sur la poitrine et incliné leur tête jusqu'à terre.

Magdeleine sentit tout son être frémir dans son acte d'adoration. Marthe sentait dans son âme un désir immense de se dévouer au Seigneur !

« — Que la paix soit avec vous, Brebis du troupeau qui resterez fidèles au Berger, après comme avant son dernier sacrifice ; relevez-vous, mes sœurs, vos sentiments d'affection, votre désir de dévouer vos âmes au service et à la propagation de la Vérité, sont une consolation pour mon cœur que l'ingratitude et la méchanceté des hommes font chaque jour saigner !

« Oh que la femme est secourable et douce, ajouta en soupirant Jésus ! »

Les deux sœurs se relevèrent ; Marthe laissa le Maitre à son frère et à Marie, et de nouveau se rendit à ses soins culinaires. N'était-ce pas encore travailler pour lui, le Maitre vénéré !...

Magdeleine fit assoir le sauveur sur un banc de bois, quelle avait recouvert d'un tapis, puis elle approcha le bassin, dont l'eau s'était légèrement tiédie ; elle dénoua les sandales du Seigneur et lui lava les pieds, les essuyant ensuite avec délicatesse à l'aide d'une fine toile, quelle réservait exclusivement pour cet usage.

Nous allons dépeindre la physionomie de Jésus. — Bien des voyants ont donné de la personnalisé sacrée du divin Maitre des portraits n'ayant aucune ressemblance entre eux. Ceci provient de plusieurs causes : d'abord le Christ un, dans sa personnalité humaine aussi bien que dans sa divinité, est *multiple dans ses manifestations pour les âmes* ; en un mot, chaque âme le perçoit selon sa réceptivité spirituelle. — Mais, objectera-t-on, il peut et doit en être ainsi en ce qui concerne sa nature spirituelle divine, mais sa corporéité humaine ne pouvait changer si complètement d'aspect physique que les uns puissent le dire de petite taille, d'autres de taille élevée. Les uns lui donnent une chevelure et une barbe noire, d'autres châtain, etc.

Ce qu'il y a de certain, c'est que suivant le milieu, le moment, le jeune Prophète était grandement modifié dans sa forme extérieure. — Le peu de consistance de son enveloppe semi-fluidique, bien que d'apparence naturelle, rendait subites ces étranges modifications. La lumière éblouissante de la nature divine, émergeant plus ou moins de l'enveloppe physique, en changeait les contours, en développait la beauté. Une seule chose était fixe et inaltérable en Jésus ; c'était sa voix d'un timbre à la fois si doux et si pénétrant, qu'aucune autre ne fût jamais semblable à cette harmonieuse voix.

Jésus pouvait élever fort haut le diapason de sa voix sans en changer la caressante et l'ineffable suavité pour ses heureux auditeurs.

D'après l'idée que nous nous formons du divin Nazaréen, nous le voyons un homme de taille moyenne (plutôt en dessous), il était mince, nerveux, sans maigreur, la tête paraissait un peu forte à cause de l'abondante chevelure d'un châtain foncé à reflets fauves qui l'entourait. Les cheveux naturellement bouclés encadraient artistement la figure pâle de Jésus. Son front est grand, d'une forme admirable, sans un seul pli de la peau, moins brune au front que le reste du visage. Le front et les yeux sont toute la physionomie de Jésus. Le nez tombe droit et fin sur une bouche vermeille, dont la barbe cache les contours, ainsi que la forme du menton. La barbe est à la fois fournie et claire, c'est-à-dire quelle laisse voir l'épiderme sur lequel elle prend racine. — Les sourcils sont presque noirs, formant une ligne finement arquée, se rapprochant de la racine du nez ; les joues sont légèrement creusées sans doute par la longue marche que vient de faire le Prophète. Quant à ses yeux, il est difficile de les décrire ; ils sont grands, bruns et tantôt bleu foncé ; l'iris, d'un point d'or, si brillant qu'on ne peut en supporter l'éclat. Le blanc de l'œil très grand, assez bombé nage dans une fluidité brillante, semblable à celle des yeux des très jeunes enfants. Les paupières alanguies et cernées de bistre, ainsi que le contour des yeux trahissent la fatigue et la douleur morale du Nazaréen ; ces cils sont remarquablement longs et fournis ; les épaules et la poitrine sont larges, mais dans une proportion parfaite avec sa stature ; le cou est plutôt maigre et nerveux ; les pieds sont petits et fortement cambrés, les mains sont fines, les veines apparentes, la peau en est très brune, les doigts ne sont pas fuselés, mais ils sont sans nœuds. Du reste, le Maitre tient ses mains presque toujours cachées sous les longues manches de sa tunique. Celle-ci est de laine blanche, mais ayant été bien des fois nettoyée par la terre à foulon, elle a pris une teinte saumonée, la tunique est longue, le bord en est usé... Un manteau bleu foncé fixé près du cou à l'aide d'une agrafe en bronze a été retirée par Lazare des épaules du Maitre, dès son arrivée sous le toit de son ami. — Les chaussures de Jésus sont grossières et de fabrication primitive ; un morceau de peau retenu par des courroies de cuir, celles-ci sont passées dans des trous faits dans le morceau de cuir même, qui est de forme oblongue.

Un grand carré d'étoffe rouge entoure la tête de Jésus, non à la manière d'un turban ni comme un fichu de femme. Il ressemblait plutôt au bourrelet que les femmes de la campagne forment par une torsade de linge pour se protéger la tête, comme amortissement du poids qu'elles transportent parfois, au moyen d'une lourde corbeille.

Quand le Maitre fut assis, il rejeta loin de lui, sur un escabeau, l'étoffe rouge qui se déplia, elle était mouillée de sueur à plusieurs endroits. Jésus passa plusieurs fois, mais très rapidement sa main sur son front en repoussant en arrière sa longue chevelure, découvrant ainsi la majestueuse beauté de ce front, que nous dénommerions aujourd'hui *Olympien.* Jésus souriait et regardait Magdeleine remplissant avec tant de zèle et d'amour les devoirs de l'hospitalité.

« — Ta sœur Marie fait des progrès dans la bonne voie, dit de sa voix harmonieuse le Maitre, en s'adressant à son hôte ; chaque jour, elle s'efforce de défricher le champ de son intelligence, de l'ivraie qui empêche de pousser le bon grain. C'est un labeur long et pénible qui rebute bien des âmes ; mais Magdeleine a dans la sienne le stimulant par excellence : l'amour !... »

Marie-Madgdeleine regarda Jésus avec une expression à la fois humble et ardemment passionnée et ce regard voulait dire : « Maitre, toi seul connais le cœur de ta servante ! J'ai été pècheresse, c'est vrai, ma nature curieuse, indépendante m'avait fait rompre avec les usages sociaux et religieux de ma nation. Mon orgueilleuse beauté m'attirait trop d'hommages ; mon âme ardente et voluptueuse n'a pu résister aux séductions, mais je n'ai jamais trafiqué de mon corps en vile courtisane, ainsi que le disent encore, plus même qu'avant ma conversion, les hommes riches et puissants de Jérusalem, dont j'ai méprisé les présents et l'amour, car nulle attraction ne pouvait me les faire accepter ! J'ai aimé Sentorius parce qu'il était noble et bon ; sa beauté physique était certes bien médiocre ; mais son esprit était aussi profond que brillant. Il avait conquis le cœur de Magdeleine avant qu'elle oubliât la pudeur de la femme dans ses bras !...

« Sentorius seul a compris mon âme aimante, si à l'étroit dans son corps de chair, si malheureuse de ne pouvoir exprimer qu'en des caresses humaines les ardeurs de sa tendresse surhumaine.

« Toi, Maitre adoré, tu as dévoilé à la pècheresse le secret de sa nature ; si je n'avais reçu ta grâce divine, j'aurais roulé de chute en chute dans de nouvelles liaisons, cherchant vainement à satisfaire la soif du pur amour ; mon besoin insatiable d'union d'âme, de fusion spirituelle avec un être de même nature que la mienne. Ce pur diamant, je l'eusse cherché jusque dans la boue des chemins ; je me serais meurtrie inutilement l'âme et le corps et je n'aurais recueilli de mes parents et des amis que le mépris !...

« Maitre, Maitre, tu es vraiment un Dieu, tu as toute puissance, car tu es l'amour même ! Un seul de tes regards plonge mon âme dans la pure béatitude du rêve !... »

Un signe de Marthe à sa sœur obligea Magdeleine à laisser Jésus avec Lazare...

Attristée, la belle Juive fut à la cuisine.

« — Il faut, dit la sœur ainée, dresser le couvert dans la salle de repos ; il fait un peu de vent, je crains que cela ne dérange le Maitre pendant le repas : je te prie Magdeleine, occupe-toi de ceci... »

Obéissante, mais bien contrariée, Magdeleine se mit en devoir de préparer la table, la recouvrant d'un linge de belle toile blanche, bordé d'un large ruban de toile pourpre.

Jésus tourna la tête vers la fenêtre que la jeune femme venait d'entrouvrir seulement.

« — Hé quoi dit le Sauveur en s'adressant à Lazare, voulez-vous me priver en prenant mon repas d'admirer la nature, de regarder ce ciel d'un bleu si lumineux et si intense ; de voir l'ombre mouvante de cette vigne projetée sur la table à manger. Cela me parait préférable à la table la plus richement décorée.

« Magdeleine, ajouta-t-il d'une voix dont les modulations seules renfermaient bien les sentiments, Magdeleine, nous prendrons ici notre repas, que les oiseaux égaieront de purs chants joyeux ; en attendant, viens près de moi, tu as beaucoup de choses à me dire, à me demander et moi, j'ai hâte de t'instruire, le temps m'est compté par mon Père !...

« Je ne sais si je pourrai revenir ici. »

Lazare effrayé tendit ses mains vers Jésus dans une attitude de cruelle anxiété !...

Jésus ajouta tristement pour calmer son ami...

« Du moins de longtemps !... »

Marie accourut à la voix du Maitre ; elle prit une escabelle très basse et s'assit en face de Jésus ; elle croisa ses pieds et pour mieux fixer son attention sur ce quelle allait entendre, Marie arrondissant ses beaux bras en entourant ses genoux en enlaçant les uns dans les autres les doigts de ses mains. Par un brusque mouvement involontaire, le léger turban de gaze, qui enserrait sa chevelure, se détacha de sa tête ; elle négligea de le ramasser, car il lui aurait fallu détacher son attention du Bienaimé.

Jésus sourit ; il lisait couramment dans cette âme enthousiaste.

« — La nature t'a donné un si beau diadème, ma sœur, que le cacher serait une faute !...

« — Et une vanité inutile, dit sévèrement Lazare ! »

Magdeleine répondit humblement :

« Mon frère, je te remercie de ton avis. »

Puis songeant aux paroles du Maitre, qui, au lieu de la blâmer comme Lazare, lui faisait comprendre que ce turban était une inutile parure pour une de ses disciples, elle fut touchée de sa bonté qui adoucissait avec tant de délicatesse une leçon sévère, mais nécessaire.

Et avec cette promptitude qu'a la pensée de se transformer, Magdeleine pensa que si Jésus trouvait sa chevelure supérieurement belle (ce quelle était en effet), elle devait sur l'heure couper ses nattes et les jeter en offrande respectueuse aux pieds du Maitre. Le sacrifice ne fit pas balancer un seul instant la volonté de Marie ; et, si elle eût eu sous la main des ciseaux, elle l'eût accompli immédiatement.

Mais Jésus lui dit : « Quand une tendre mère donne à sa fille bienaimée un bijou précieux, pour relever encore sa beauté, la fille doit-elle s'en dessaisir, le rejeter ?... Non ; sa mère en serait peinée ; aussi la fille doit le porter toujours, pour que sans cesse ayant le plaisir de jouir du bijou, elle en ait au cœur une constante reconnaissance à celle qui le lui adonné. Magdeleine baissa la tête, prit le bord de la robe de Jésus et le baisa respectueusement.

Un homme de mauvaise mine s'approcha en cet instant de la pergola, il jeta, sur Jésus et Magdeleine un regard d'envie et de curiosité et s'adressant à Lazare, il lui dit : « Ton serviteur Joseph, fils de Manassé qui est dans ton champ, en deçà du bourg, m'envoie te prévenir que l'on vienne à son aide, il s'est cruellement blessé au pied et ne peut plus conduire ses bêtes.

« —Ne pouvais-tu lui aider toi-même, répondit, contrarié d'être dérangé en ce moment, le frère de Marthe et de Marie, j'aurais payé tes services ?

« —J'ai mon travail et ne puis faire celui des autres ; mon Maitre est riche et puissant ; et pour le moindre repos que je prends dans ses vignes, il me fait battre de verges. C'est même à mes risques et périls que je suis accouru te prévenir, Lazare, par pitié pour Joseph, un travailleur des champs comme moi... Si tu voulais ordonner à ta servante, que je vois d'ici dans cette cour, de me donner à boire, j'en serais réconforté, car j'ai fait diligence pour arriver jusqu'à toi, sans être vu par le chef des cultures de mon Maitre !

Lazare fit signe à la servante, et dit à l'homme d'aller lui-même demander à se rafraichir.

« —Voilà qui me contrarie beaucoup, Seigneur, dit Lazare à Jésus. Voici un serviteur qui sera peut-être obligé à prendre un long repos et je ne pourrai pas encore de quelque temps le remplacer... Il faut que je me rende de suite auprès du blessé. Je vais être privé une heure au moins, de ta précieuse présence. Ô, Maitre si pitoyable, donne-moi le moyen de guérir mon serviteur ! »

Jésus prit l'étoffe rouge qu'il avait précédemment sur la tête « Tiens, mon ami, dit-il à Lazare, presse la plaie que ton serviteur au pied gauche, c'est une vipère qui l'a mordu, ensuite enveloppe le pied avec ce linge. Hâte-toi, le venin fait du progrès, la cheville devient noire. — Après tu reviendras de suite auprès de moi... Ton serviteur reprendra sans douleur son travail interrompu.

Lazare informa Marthe de son absence forcée et de la cause qui la motivait ; en ajoutant que certain de la promesse faite par le Maitre, il serait de retour avant une heure.

À peine Lazare s'était-il éloigné de la pergola que la sœur ainée y vint.

« — Magdeleine, dit-elle, laisse le Seigneur prendre un peu de repos et viens m'aider, je te prie.

« — N'est-ce pas, Maitre qu'il n'est pas juste que je travaille seule, tandis que Marie reste près de toi ? »

Jésus secoua doucement la tête : « Marthe, dit-il en enveloppant celle-ci d'un effluve de douce sensation, Magdeleine a choisi volontairement la meilleure place, elle ne lui sera point ôtée.

La sœur ainée ne comprit point la profondeur des paroles du Maitre qui faisait juste, ce qui paraissait à son bon sens, peu juste. Mais la sainte fille venait de se sentir entourée et pénétrée d'une telle suavité que jamais son cœur ni son esprit n'eussent pu s'en imaginer la puissance ; la vierge ne pouvait comprendre ! Mais, ravie et comme enivrée, elle revint à ses occupations, sans mot dire, cherchant à fixer en son souvenir cette sensation puissante, qui terrassait sa volonté, en enlevant son âme dans une région plus élevée.

« On doit être ravie de même dans le sein de notre Père Abraham. » pensa la pieuse Marthe.

« — Marie, dit le Maitre en fixant son regard devenu moins doux sur l'ancienne amante de Sentorius, ne te préoccupes pas du jugement des hommes sur ta conduite passée, ils te blâmeront de même bientôt quand ils te verront abandonner toutes les joies de l'existence, tous les triomphes que procure à la femme la beauté pour te consacrer au secours de ta nouvelle famille spirituelle mes disciples ; lorsqu'ils te verront, ces hommes à courte vue, sacrifier les biens terrestres qu'ils considèrent uniquement pour ne rechercher que les privations et te dévouer aux malheureux de corps et d'âme.

« Ils diront ces faux philosophes, ces hypocrites jouisseurs : la belle Marie-Magdeleine n'a fait que changer de folie ; elle eût mieux fait de rester souveraine de beauté dans Jérusalem, que de se faire servante du perturbateur du peuple ! Et l'on te maltraitera à cause de moi, Magdeleine ! Toi et tous ceux qui auront cru à ma parole, qui savent que je suis bien l'Envoyé de mon père. Tu le sauras un jour, sœur chérie, dont l'amour purifié est la seule fleur terrestre dont il m'a été possible et permis d'aspirer le délicat et délicieux parfum d'âme !... O Marie-Magdeleine, tu as tant aimé, qu'il te sera beaucoup pardonné. — Ta mémoire, Magdeleine, ne s'effacera jamais parmi les hommes ; tu resteras, dans les siècles à venir, la consolatrice de l'Envoyé du Père ! Sur le trône qui m'est réservé, tu seras toujours près de moi... »

Marie laissa échapper un petit cri de surprise ; son regard interrogeait celui de Jésus ?

« — Parle, Magdeleine, achève ta pensée.

« — Tu parles d'un trône, Maitre, où ta servante sera à tes pieds, et cependant je t'ai entendu dire à maintes reprises que ton royaume n'était pas de ce monde et que la nation juive se méprenait sur le caractère réel de ta Mission !... Certes notre nation t'adopterait avec reconnaissance pour Roi, si par ta puissance spirituelle inconnue jusqu'ici en Israël, tu consentais à te servir des légions d'esprits qui sont à ton service pour combattre avec nos guerriers contre les Romains. Je ne doute pas, Maitre, que tu n'aies le pouvoir de faire rouler des collines sur les armées ennemies et de reconstituer l'ancien royaume de nos pères dans toute sa splendeur passée ; mais si le ciel a doté ta grande âme d'une telle puissance : « celle d'un Dieu, tu as toujours dit à tes plus fidèles disciples, que telle n'était pas ta Mission ici-bas, de relever Israël de son abaissement... Alors Maitre, de quel trône parles-tu ? Daigne l'expliquer à ta servante, dont l'entendement se trouble... »

Jésus soupira, passa la main droite sur son large front, regarda le ciel ; ses yeux semblaient distinguer quelque chose dans ce profond azur qui donnait à sa belle physionomie une expression de douloureuse angoisse...

Jésus se taisait. Marie sentait des larmes lui monter aux paupières. Ah ! pourquoi ai-je dit cette question au Bienaimé, pensait-elle, puisqu'elle vient de l'attrister ! Toutefois, elle respecta la pénible méditation de Jésus.

Après un assez long silence, le Messie reprit : « Magdeleine, il y a trois sortes de trônes qui élèvent, celui qui y monte, au-dessus des autres. Il y en a un en matière précieuse or, argent, ivoire ; il y en a en bois doré, le mien sera en bois brut élevé en plein air et je souffrirai beaucoup, quand j'y serai placé, et ceux qui seront près de moi souffriront de mon élévation et de ma peine. Marie ta merveilleuse beauté se flétrira dans les larmes pour ton Roi.

« — Ah ! Maitre, j'accepte avec plaisir toute souffrance qui me permettra de partager la tienne ; mais en cet heureux instant pour elle, n'afflige pas son faible cœur !

« — Ainsi, reprit Jésus, en tout temps et même jusqu'à la consommation des siècles, ton nom, Marie-Magdeleine, sera béni et aimé des nations qui se convertiront à mes doctrines. Et ce sera justice, car ton amour ne fait aucune réserve personnelle pour l'objet de ton attachement. Ton abnégation est complète, ton dévouement sans borne, non seulement au Maitre, mais à sa doctrine. Tu seras l'image, le symbole de la régénération de l'esprit et de l'âme par l'amour dans sa vérité et dans sa force idéale !

« Marie, je lisais dans ton cœur, tout à l'heure, au sujet du plat d'argent que voici, et Jésus prit entre ses mains le Souvenir de Sentorius.

Magdeleine rougit légèrement levant avec timidité son regard humide vers le Sauveur.

« — Penses-tu que je te blâme, Marie, d'avoir conservé ceci, en souvenir et non pour la valeur intrinsèque, de l'homme dont la nature s'est le plus rapprochée comme noblesse et élévation d'intelligence de la tienne ? Ce serait injuste, et ne point apprécier ta délicatesse féminine. Tu as sanctifié, par ta pensée aimante, ce souvenir ; il t'appartiendra toujours. Rien ne le détruira, ni le feu ni tout autre élément destructeur. Tu le retrouveras dans mon Royaume, où il brillera d'un éternel éclat !... Mais bientôt toutefois celui que voici, que je tiens dans mes mains, tu le donneras pour soulager une infortune... Il sera vendu et acheté plusieurs fois ; enfin dans un temps de grande disette, son dernier possesseur le fondra pour en faire un lingot qui sera transformé en monnaie.

« — Seigneur, je crois en ta parole, mais comment retrouverai-je le souvenir du jeune Romain dans ton Royaume, où, en définitive, je ne souhaite qu'une chose te retrouver, Maitre, et t'adorer éternellement dans ta gloire !... »

Jésus sourit mélancoliquement :

« — Chère sœur, tout ce que l'homme aime et qu'il sanctifie pour l'amour de Dieu, c'est-à-dire pour le soulagement ou le bonheur de ses frères, il le retrouvera augmenté, amplifié dans le Royaume de mon Père qui est aussi le mien, puisque je fais la volonté de mon Père et que je ne fais qu'un avec lui !...

« Tu parles, Marie, de l'espérance de m'adorer éternellement dans ma gloire.

Chère fille, ta pensée est humaine encore en ceci ; l'amour est actif dans sa véritable essence ; il n'est adorateur que dans son expression. Le Royaume, dont je vous entretiens constamment, est d'une immensité dont les proportions que vous connaissez de la Terre ne peuvent donner la plus petite idée !... Il y a dans cet infini, que j'appelle Royaume du Père, des quantités de régions. Or toutes les âmes pures et aimantes y retrouveront selon leurs sacrifices au bien ici-bas et leur amour de Dieu et du prochain, la béatitude à laquelle elles auront droit. Là, elles retrouveront jusqu'aux objets auxquels elles auraient attaché un pieux ou noble souvenir !... C'est ainsi, ô douce sœur, que lorsque tu reverras Sentorius, tu pourras lui prouver en lui montrant ce plat d'argent, souvenir d'une personnalité artistique, que tu n'as jamais cessé de penser et de prier de tout cœur pour sa rédemption. »

Magdeleine se mit à genoux devant le Maitre, elle éclata en sanglots.

« — O divin Sauveur, tu ravis mon âme par tes paroles, je ne sais plus, si je suis encore Magdeleine ou une habitante de ton Royaume, tant je me sens noyée dans ta lumière !... Je suis éblouie !... C'est trop de joie !... Grâce pour ton humble servante, si la mort ne l'a pas détachée complètement de son corps mortel ! »

Jésus fit un signe de la main sur la tête de la belle Juive, dont la forme astrale supérieurement plus belle que la réalité tangible, venait dans son élan d'extase de sortir entièrement de son enveloppe terrestre, ce qui avait permis à Magdeleine de percevoir le véhicule de lumière éblouissante, qui était le corps éthérique du doux Nazaréen.

Marie se releva, elle croyait sortir d'un rêve, mais le Maitre était là. Elle ferma les yeux pour revivre quelques secondes encore l'inoubliable minute sur laquelle elle puiserait désormais la force de souffrir et de vivre... peut-être sans lui !

Un bêlement plaintif attira l'attention de Marie ; bientôt elle vit un tout petit garçon qui tirait de toutes ses faibles forces, par une corde de joncs, une chèvre blanche aux yeux bleus. — La bête semblait avoir conscience de ce qu'on allait faire d'elle.

À la vue de la belle Juive et de Jésus, qu'il connaissait de vue, l'ayant entendu blâmer maintes fois par ses voisins, l'enfant s'arrêta interdit ; il flottait encore autour du Prophète de légers flocons de fluide lumineux d'un blanc opalin, mélangé d'étincelles ou paillettes d'or. Les enfants sont parfois voyants et celui-là l'était ; ensuite son cerveau se trouvait surexcité par le chagrin qu'il ressentait à amener la dernière chèvre de son petit troupeau au Marché ; car sa mère veuve étant malade ne pouvait plus gagner le pain quotidien aussi avant de se décider à mendier épuisait-elle toutes ses ressources pour recouvrer la santé !...

« — Où vas-tu, mon enfant dit Jésus, ta bête parait te suivre avec répugnance ? »

Le petit garçon à qui on avait dit que le Nazaréen était un révolutionnaire, dont les partisans ne feraient qu'attirer sur la nation de mauvais traitements de la part de leurs vainqueurs, qu'enfin les dignitaires du Temple le méprisaient, car les prétendus miracles de ce chef des mécontents n'étaient qu'artifices démoniaques, quand les preuves de leur réalité obligeaient ces inspirés du Saint des Saints à les reconnaitre... Bref, le petit garçon regardant l'évolution de ces flocons lumineux de fluide autour de la personne de Jésus se demandait, dans l'amertume de son âme, si ce soi-disant prophète ne produisait pas, avec le secours du Prince des ténèbres, cette fantasmagorie si étrange et si belle !

« — Hé bien ! Parle ! » dit Marie, en tendant au petit garçon quelques figues qui restaient encore sur le plat. L'enfant s'en saisit avec joie, non que ces fruits fussent rares en ce pays, mais celles qu'on lui offrait étaient belles et énormes...

À la chèvre, Jésus tendit quelques feuilles de vigne qui recouvraient la table et la bête en les mangeant regardait de ses yeux bleus le Sauveur!... — C'est que la chèvre voyait également la lumière qui émanait de la chevelure ondoyante du Prophète!...

«— Sont-elles bonnes, Enfant? En veux-tu d'autres, j'irai t'en cueillir, l'arbre est proche?»

Dompté par la grâce et la bonté, l'enfant répondit: «j'en prendrai bien encore quelques-unes, si tu veux me les donner et que cela ne te dérange pas... mais il ne faut pas que je m'attarde à les manger ici à l'abri où l'on est si bien!... car je dois me rendre au Marché pour vendre notre dernière chèvre blanche la pauvre Jésara!»

Magdeleine se pencha vers Jésus: «Maitre veux-tu projeter sur ces fruits ta vertu guérissante.»

Marie venait à ce moment de détacher quelques figues de l'arbre et les avait posées dans le plat.

«— Je donnerai le tout à l'enfant, il portera ainsi la guérison, la santé à sa mère et le prix du plat d'argent donnera pour longtemps le bienêtre au logis... Et l'enfant ne sera pas obligé de se séparer de sa belle chèvre blanche.

«— Magdeleine, le souvenir de Sentorius est devenu immortel!» dit Jésus, et bénissant les figues dont le plat était plein, le Sauveur dit au petit garçon:

«— La sœur de Lazare te donne ces fruits dont la saveur *particulière* rendra la santé à ta mère; elle doit en prendre une, tous les quarts d'heure, après, elle se lèvera, ira avec toi à Jérusalem vendre ce plat précieux et vous vivrez heureux avec le prix que vous en retirerez... Va, mon enfant, remonte à ta maison... ta chèvre te suivra docilement, tu peux maintenant la laisser en liberté!...»

L'enfant baisa la main de Magdeleine, remercia Jésus et lâchant le lien, avec lequel il retenait la chèvre, prit à deux mains le plat de figues et se mit à courir vers son logis; sa bête courait après lui en bondissant!...

Bientôt, Lazare arriva; il était accompagné de son serviteur complètement guéri, qui avait voulu venir exprimer sa reconnaissance au Seigneur.

L'homme se prosterna et baisa les pieds du Sauveur, qui voulait se dérober à l'expression de sa reconnaissance.

«— Retourne aux champs, mon ami, dit Jésus au paysan reconnaissant et surtout ne parle à personne de ce qui t'est arrivé!...»

CHAPITRE XV

Dernière semaine de Jésus ; son arrestation

Quelque temps après avoir assisté au repas que lui avait offert Simon *le Lépreux,* le doux Nazaréen quitta Béthanie un dimanche, de grand matin, et prit la route de Jérusalem pour revoir une dernière fois la capitale, qui se trouvait à trois quarts d'heure de marche au-delà du mont des Oliviers. Tout l'entourage de Jésus pensait en montant à Jérusalem que le Royaume de Dieu allait enfin s'y manifester[1].

Sur le mont des Oliviers Jésus dit à deux de ses disciples : « Allez à Bethphagé[2] au bourg qui est devant vous et là, vous y trouverez une ânesse attachée et à côté d'elle un ânon qu'aucun homme n'a jamais monté, vous délierez ces animaux et me les amènerez et si quelqu'un vous adresse à ce sujet quelque observation, vous répondrez : « parce que le Maitre en a besoin. »

Et les disciples descendirent à Bethphagé et firent ce que leur avait commandé le Maitre.

Ce que Jésus avait demandé s'accomplit exactement et les disciples ayant amené l'ânon et sa mère, Jésus monta sur le premier et reprit, en compagnie de ses disciples, sa marche vers le sommet de la colline.

Nous devons dire que ce n'était pas par un sentiment d'humilité que le Seigneur montait un ânon ; cet animal doux et paisible, bon et patient symbolisait, en effet, en Palestine, les travaux de la Paix, tandis que le cheval, le noble coursier bien plus rétif et ombrageux, symbolisait la Guerre. — Le bruit de l'arrivée de Jésus se répandit bien vite ; quand les disciples le virent monté sur son ânon, ils crurent avec tout le peuple voir arriver le triomphe final, l'avènement du Royaume de Dieu, d'autant qu'une foule enthousiaste suivait le divin Maitre et l'acclamait en criant : « Hosannah au Fils

1. Luc, XIX, 38.
2. Ainsi nommée sans doute à cause des figuiers dont elle était plantée.

de David ! Gloire à celui qui vient au nom du Seigneur ! Gloire au Messie, au Fils de Dieu, au Roi d'Israël jusqu'au plus haut sommet des Cieux[1] ! » Tout le Psaume que nous relatons en note n'est, d'un bout à l'autre, qu'un chant de triomphe et d'Action de grâce.

Suivant la coutume orientale, le peuple qui descendait des hauteurs de la colline étendait ses vêtements sur la route, d'autres gens mettaient leurs plus beaux habits sur l'ânon, en guise de housse et jetaient à profusion sous les pas de la monture des branches de figuier, d'oranger et d'olivier, tandis que des bras tendus dressaient vers le ciel des frondes de palmier (des *Palmes*) en criant à pleins poumons : « Hosannah au fils de David ! Béni soit-il celui qui vient au nom du Seigneur ! Quelques-uns même décernaient à J.-C. le titre de Roi d'Israël[2].

« — Rabbi, lui dirent quelques pharisiens exaspérés de ces cris : fais-les taire. »

« — S'ils se taisent, les pierres crieront, répondit Jésus. »

Bientôt le cortège, suivi d'une foule toujours grossissante, arriva au sommet du mont des Oliviers et Jérusalem parut alors dans tout son éclat. — Il devait être environ midi. — Et en face du resplendissement des marbres du temple et de sa toiture aux lamelles métalliques dorées, les chants du peuple, chants de triomphe, ne firent que redoubler. — Alors Jésus s'arrêta obsédé par de graves et de tristes pensées. Tous ses disciples le regardaient en éprouvant un sentiment d'angoisse, mais n'osaient cependant l'interroger. Quand le cortège qui l'accompagnait fut mi-chemin de la ville, on vit s'en former un autre qui venait au-devant de Jésus, c'était une foule de Galiléens qui, arrivés à Jérusalem pour y accomplir la Pâque, campaient entre la Ville et le mont des Oliviers.

Après une courte halte, le cortège reprit sa marche triomphale, Jésus passa le Cédron et remontant la pente d'Ophel, entra dans Jérusalem par la *Porte Dorée,* précédé et suivi par une immense foule, qui ne cessait pas de l'acclamer, et qui l'accompagna à travers les rues et ne le quitta qu'à la Porte du Temple.

Les Hiérosolymites qui connaissaient fort peu le Sauveur demandaient : quel est donc cet homme ?

« C'est Jésus de Nazareth le grand Prophète, » leur répondait-on.

1. Psaume CXVII, 26.
2. Luc, XIX, 38 ; —Jean, XII, 93.

À ce moment, Jérusalem était une ville qui pouvait bien compter 60 à 80.000 âmes ; Hécatée[1] lui en attribue 120.000, mais ce chiffre nous parait fort exagéré.

Le lendemain lundi, Jésus reprit avec ses disciples le chemin de Jérusalem. Arrivé au Temple, il se mit à guérir les nombreux malades qu'on lui présenta : des aveugles, des boiteux, des estropiés de toute sorte ; puis la foule se trouvant réunie compacte autour de lui, il se mit à la haranguer et la transporta dans un tel ravissement, quelle se mit à crier comme la veille : « Hosannah au Fils de Dieu ; etc.

Le Grand-Prêtre et les Prêtres étaient fort indignés de pareilles manifestations !...

Quand la nuit fut venue, Jésus retourna au mont des Oliviers, son lieu de prédilection.

Le mardi et le mercredi, le Sauveur vint encore au Temple, il y poursuivit ses prédications ; c'est le mardi qu'il exposa la *Parabole des Vignerons* et celle du *Festin nuptial* ; le mercredi il répondit à la question insidieuse que lui posaient des Pharisiens sur le *Denier de César* « Rendez à César, ce qui est à César et à Dieu ce qui est à Dieu. »

Après les pièges des Pharisiens, survinrent les Sadducéens qui crurent l'embarrasser très fort en lui exposant le cas d'une femme qui aurait épousé successivement sept frères ; dans ce cas, lui dirent-ils, duquel des frères serait-elle la femme lors de la Résurrection.

Et Jésus de répondre : « Dans cette vie, hommes et femmes se marient, mais parmi ceux qui seront jugés dignes du siècle à venir, il n'en sera pas ainsi : tous seront immortels, semblables aux anges du Seigneur... »

C'est pendant ces deux journées qu'après avoir proclamé la résurrection, il lança des malédictions contre les Pharisiens ; qu'il exalta ensuite l'offrande de la pauvre veuve, qu'il annonça la ruine de Jérusalem, la fin du monde et le jugement dernier.

Jésus se retira bientôt sur le mont des Oliviers, et les disciples alors lui demandent où il compte célébrer la Pâque. Il fit venir devant lui Pierre, Jacques et Jean ; leur dit ce qu'ils devaient faire à Jérusalem ; il ajouta que quand ils monteraient à Sion, ils trouveraient l'homme à la cruche d'eau, qu'ils connaissaient déjà, puisqu'à la dernière Pâque à Béthanie, c'est lui qui avait préparé le repas ; ils devaient lui dire : « Le Maitre vous fait savoir

1. *In* Josephe, *Contra Apion,* 1, 22.

que son temps est proche et qu'il veut faire la Pâque chez vous. »

Ils devaient ensuite se faire montrer le Cénacle, afin d'y prendre les dispositions nécessaires pour la célébration de la Pâque.

Les apôtres montèrent donc à Jérusalem, et quand ils eurent atteint les hauteurs de la Montagne de Sion et après avoir longé un ravin creusé sur le flanc méridional de la Montagne du temple, ils rencontrèrent tout près d'un vieux bâtiment *l'homme à la cruche d'eau*; ils le suivirent et quand ils furent arrivés auprès de la maison de celui-ci, ils lui firent part de ce que Jésus avait ordonné.

« — C'est parfait, leur répondit l'homme avec un air de satisfaction marquée, puisqu'un repas a déjà été commandé chez moi, pour je ne sais qui, mais je suis enchanté que ce soit pour Jésus de Nazareth.

L'homme à la cruche se nommait Héli ; il était le beau-frère de Zacharie d'Hébron, dans la maison duquel Jésus avait appris, l'année précédente, après le sabbat, la mort de son bienaimé Jean-le-Baptiste.

Cet homme n'avait qu'un fils, qui était lévite, et cinq filles non encore mariées. — Cette année, il avait loué un cénacle, dont les propriétaires étaient Nicodème et Joseph d'Arimathie. — Il comptait bien le sous-louer, comme il le faisait chaque année pour la fête de Pâque à des personnes étrangères qui n'avaient point de relations dans la ville.

Le Cénacle

L'édifice en question était en fort mauvais état, quand il devint la propriété de Nicodème et de Joseph d'Arimathie, mais ceux-ci avaient convenablement disposé et aménagé le bâtiment principal pouvant servir de cénacle ; c'est celui-ci qu'ils louaient aux étrangers que la fête de Pâque attirait à Jérusalem. C'est ainsi que Jésus avait joui du local pour célébrer la dernière Pâque.

La maison en question, ainsi que ses dépendances servaient de magasin et d'entrepôts pour les pierres tumulaires et les pierres de construction, ainsi que d'ateliers pour les tailleurs de pierres ; Joseph d'Arimathie était en effet marchand de pierres et possédait dans son pays des carrières, d'où il faisait extraire de gros blocs, qu'il débitait ensuite en pierres tumulaires, en stèles, en colonnes, en frontons ou autres ornements d'architecture décorative, qu'il vendait aux constructeurs ou aux simples maçons.

Nicodème était l'associé de Joseph et pratiquait lui-même l'art du sculpteur, c'est même pour cela, que de simple locataire d'un sous-sol de l'immeuble, il était devenu l'associé et l'ami de Joseph, ami lui-même de Jésus.

C'était dans la cour de cette maison, à peu près dans son milieu, vers le fond, qu'était le cénacle proprement dit. C'était dans un rectangle plus long que large entouré de colonnes de peu de hauteur.

L'entrecolonnement était fermé par des panneaux de menuiserie mobiles ; on pouvait les supprimer pour agrandir à volonté la salle.

Voici quelle était la disposition des locaux formant le cénacle.

En avant un vestibule, dans lequel on pouvait arriver par trois portes, on accédait ensuite à la salle intérieure, celle-ci était éclairée pendant le jour par de grandes baies pratiquées dans le tiers supérieur des murs ; elles avaient des rideaux bleus transparents, sorte d'étoffe dénommée *voile* ou *étamine,* une mousseline de laine. La nuit, la salle était éclairée par des lampes descendant du plafond. Les jours de fête, les murs étaient ornés jusqu'à mi-hauteur de nattes de joncs ou de lataniers ou de tapis ; vers le fond de la salle, il y avait un rideau bleu épais, de sorte que le cénacle était divisé en trois parties comme le temple même : vestibule, cénacle proprement dit, et arrière cénacle, derrière le rideau ; de sorte qu'on y trouvait ainsi le parvis, le Saint et le Saint des Saints. C'est dans cette dernière partie qu'étaient déposés de chaque côté les vêtements et les objets nécessaires à la célébration de la fête ; au milieu se trouvait une sorte d'autel. Incrustée en partie dans le mur, il y avait une pierre triangulaire élevée sur trois marches, c'était sur cette sorte de foyer qu'on faisait rôtir l'agneau pascal.

À droite et à gauche du cénacle étaient des salles servant de chambres aux voyageurs venus à Jérusalem pour y célébrer la Pâque ; c'était, on le voit, une sorte de caravansérail de proportions très modestes toutefois.

Ce local était bien connu des disciples et du peuple, car Jésus y avait accompli des guérisons et y avait donné des enseignements non seulement à des disciples, mais encore à tous ceux qui désiraient entendre sa parole.

Le soir du jeudi saint, Jésus s'occupa de la Pâque. L'agneau pascal est immolé et préparé dans le cénacle. À cette occasion, Jésus fit son dernier discours. Les convives portaient des habits de voyage, ils mangeaient debout et à la hâte l'agneau et les autres mets prescrits par la Loi. On présenta deux fois à Jésus une coupe de vin, mais il n'y but que la seconde fois, puis il la passa aux apôtres, afin que chacun y mouillât ses lèvres et il leur dit :

« Je ne boirai plus désormais de ce fruit de la vigne jusqu'à ce que le Règne de Dieu soit venu[1]. »

Puis Jésus se mit à parler du traitre qui devait le livrer aux prêtres Pierre craint d'être soupçonné, mais judas reçoit du Sauveur le morceau de pain qui le désigne comme étant le traitre.

Puis, les apôtres s'apprêtent pour le *Lavement des Pieds*; ils se disputent pour une question de prééminence et Jésus leur reproche cette étroitesse d'esprit. Pierre ne veut pas que ses pieds soient lavés, tandis que Judas de Kérioth *le traitre* laisse laver les siens, comme les autres apôtres.

Jésus aurait institué ensuite l'Eucharistie ; Jean ne parle pas de cette institution, on peut donc supposer que c'est une addition faite après coup, aux Évangiles synoptiques.

C'est le jeudi 13 nisan (le 29 mars) qu'eut lieu la Pâque. Jésus était alors âgé de 33 ans et 4 mois et demi d'après la tradition, mais nous pensons qu'il avait exactement un an de plus, comme nous l'avons dit quand nous avons traité de la chronologie et de la naissance de Jésus, chapitre VI.

Au nord-est de Jérusalem, sur la rive gauche du Cédron, au pied du mont des Oliviers se trouvait le jardin d'un fabricant d'huile ; on nommait cet enclos *Gethsémani* (le pressoir).

Jésus était venu très souvent prier et méditer dans ce lieu salutaire. Ce jour-là, il laissa ses disciples à l'entrée du jardin et ne prit avec lui que Pierre, Jacques et Jean, les seuls témoins de sa Transfiguration, il se dirigea avec eux dans la partie la plus reculée de l'enclos et arrivé là, il leur dit :

« Mon âme est triste jusqu'à la mort ; aussi demeurez avec moi, veillez et priez. »

Au moment où le divin Sauveur prononça ces paroles, son visage prit une expression d'une vive douleur, d'une immense tristesse, d'une angoisse profonde, il se dirigea alors vers une grotte que divers historiens sacrés ont dénommée : *Grotte de l'Agonie* ; il y passa une longue heure en prière, pendant ce temps ses disciples s'étaient endormis. Jésus revint vers ses trois disciples et s'adressant à Pierre, il lui dit : « Simon, toi naguère si présomptueux, tu dors, tu n'as pu veiller une heure avec moi... Veillez et priez, afin que vous ne tombiez pas en tentation, car la chair est faible, et l'esprit est prompt. »

Sur cette parole, Jésus les quitta et retourna à la grotte et il répéta en y entrant : « mon père, éloignez de moi ce calice, mais si je dois le boire quand

1. Luc ch. XXII, 16.

même, que votre volonté soit faite ! » Il revint une seconde fois vers ses disciples, mais comme ils étaient appesantis par le sommeil, ils ne surent que lui dire.

Il s'éloigna donc de nouveau. C'était l'heure du combat suprême, combat si terrible en voyant l'ingratitude des hommes qui accablait si pesamment le Sauveur que Luc nous dit que Jésus étant tombé comme en agonie, il lui survint comme une sueur de sang si abondante que des gouttes ou grumeaux de sang en rougirent la terre autour de lui[1]. Et il répétait toujours : « Mon père, détournez de moi ce calice, mais si je dois le boire que votre volonté soit faite. »

La lutte terminée, le grand effort accompli, Jésus retourna une troisième fois auprès de ses disciples et leur dit : « Vous pouvez dormir maintenant, reposez en paix. »

Puis quand le moment du départ fut venu (vers minuit), Jésus réveilla ses disciples qui ne l'avaient que faiblement assisté dans sa grande épreuve et il leur dit : « C'est assez, voici l'heure où le fils de l'homme va être livré aux mains de ses ennemis, aux mains des pécheurs !...

Allons, voilà celui qui va me trahir. »

Or précisément à ce moment, apparut à l'entrée du jardin, un groupe d'hommes armés de bâtons, mais escortés de soldats romains ; quelques-uns portaient des torches. À la tête de ce groupe se trouvait Judas de Kérioth. Jésus voulant éviter au traitre le dernier acte de son crime se plaçant devant les hommes, il leur dit :

« — Qui cherchez-vous ?

« — Jésus de Nazareth !...

« — C'est moi, dit le doux Sauveur.

En entendant ce simple mot, tous reculèrent et tombèrent à ses pieds, mais ils se relevèrent bientôt et Jésus leur répéta sa même demande :

« Qui cherchez-vous ?

« C'est moi qui suis Jésus de Nazareth !...

À ce moment, Judas voyant l'hésitation des soldats à appréhender le divin Maitre s'approche de Jésus et lui donne le baiser du traitre, le *baiser de Judas* ; en lui disant : « Salut Maitre !... »

1. Luc, XXII, 44.

C'était la formule convenue avec les soldats ; ceux-ci s'emparèrent alors de J.-C. et Pierre tirant de son fourreau l'épée qu'il avait apportée en frappa Malchus, l'un des serviteurs du Grand Prêtre, et lui coupa le bout de l'oreille, mais Jésus guérit incontinent la blessure, et défendit à ses disciples d'exercer aucuns sévices envers les gens armés qui saisirent Jésus, lui lièrent les mains, et tandis que la troupe gagnait Jérusalem, les disciples s'enfuirent de leur côté, bien qu'ils eussent protesté de leur fidélité à leur Maitre qu'ils devaient défendre jusqu'à la mort.

Arrivé à ce point de notre récit, nous le poursuivrons avec le concours de *la Douloureuse passion* écrite par une extatique célèbre, Catherine Emmerich.

L'auteur du livre nous dit que Catherine Emmerich, parlait ordinairement le bas allemand. « Dans l'état d'extase, son langage s'épurait souvent ; ses récits étaient mêlés de simplicité enfantine et d'inspiration élevée. Son ami écrivait ce qu'il lui avait entendu dire, aussitôt qu'il était rentré chez lui ; car en sa présence, il était rare qu'il pût prendre quelques notes. Celui dont découlent tous les biens lui a donné la mémoire, le zèle et la force de résister à bien des peines, ce qui lui a rendu possible de mettre ce travail à fin. — L'écrivain a la conscience d'avoir fait ce qu'il a pu, et il demande au lecteur, s'il est satisfait, l'aumône de ses prières. »

De ce qui précède, nous pouvons tirer les conclusions suivantes : ce qui prouve *l'état réel d'extase,* c'est que dans cet état Catherine avait un langage plus épuré ; ensuite nous voyons avec peine que les visions n'étaient pas transcrites, au moment où elles avaient lieu, mais plus tard, quand l'ami était rentré chez lui, car en sa présence, il était rare qu'il pût prendre quelques notes : pourquoi ?

Cette manière de faire ouvre l'accès à bien des erreurs que la mémoire en défaut peut commettre ; voilà pourquoi nous ne pouvons malheureusement ajouter une foi entière, aveugle à un récit qui nous parait des plus intéressants. Enfin, nous devons dire en terminant nos observations au sujet de l'œuvre de Catherine Emmerich, que dans un but sectaire, on a pu ajouter ou retrancher bien des passages et ces remaniements ont sans aucun doute fort altéré la vraie vision de la religieuse ; mais les réflexions qui précèdent admises, nous devons ajouter que, malgré tout, nous trouvons une partie ésotérique extrêmement remarquable dans le récit de la visionnaire et c'est de celui-ci que nous avons tiré en grande partie tout ce qui suit au sujet de la Passion de J.-C.

Voici comment Catherine Emmerich narre le passage relatif à la grotte, quelle nomme Caverne ; c'est réellement une vision sur l'invisible :

« Je vis la caverne autour de lui, remplie de formes effrayantes, je vis tous les péchés, toute la méchanceté, tous les vices, tous les tourments, toutes les ingratitudes qui l'accablaient... Il tombait çà et là joignant les mains, la sueur le couvrait, il tremblait et frémissait. Il se releva ; ses genoux chancelaient et le portaient à peine ; Il était défait et méconnaissable : ses lèvres étaient pâles, ses cheveux se dressaient sur sa tête, il était environ dix heures et demie quand il se leva, et tout chancelant, tombant à chaque pas, baigné d'une sueur froide, il se traina jusqu'auprès de trois apôtres... les terribles visions l'entouraient, même pendant ce court trajet... Lorsqu'il trouva ses apôtres dormant, il joignit les mains, tomba près d'eux plein d'inquiétude et de tristesse et dit : « Simon, dors-tu ? »

Ils s'éveillèrent, le relevèrent, et il leur dit dans son délaissement :

« Ainsi vous ne pouviez même veiller une heure avec moi ? »

Lorsqu'ils le virent défait, pâle, chancelant, trempé de sueur, tremblant et frissonnant ; lorsqu'ils eurent entendu sa voix altérée et presque éteinte, ils ne surent plus ce qu'ils devaient penser, et s'il ne leur était pas apparu entouré d'une lumière bien connue, ils n'auraient jamais retrouvé Jésus en lui. —Jean lui dit : « Maitre, qu'avez-vous ? Dois-je appeler les autres disciples, devons-nous fuir ?... »

Nous avons donné ce passage parce qu'il dépeint parfaitement l'état d'angoisse et de misère dans lequel se trouvait le divin Maitre, il était tellement changé, que ses apôtres ne l'auraient pas reconnu, sans la lumière, c'est-à-dire *l'Aura* énorme qu'il développait. Cette dernière constatation a une grande importance, car les apôtres n'étant pas des voyants et apercevant cette vive lumière qui l'entourait prouve la grande puissance de l'aura projetée par J.-C. — Poursuivant le récit de Anne Catherine Emmerich, nous lisons[1] :

« Je vis le sang rouler en larges gouttes sur le pâle visage du Sauveur ; ses cheveux étaient collés ensemble et dressés sur sa tête, sa barbe ensanglantée et en désordre comme si on eût voulu l'arracher. — Après la vision dont je viens de parler, il s'enfuit en quelque sorte de la caverne et revint vers ses disciples. Mais sa démarche était comme celle d'un homme couvert de blessures et courbé sous un lourd fardeau, qui menacerait de tomber à chaque pas. — Lorsqu'il vint vers les trois apôtres, ils ne s'étaient pas couchés pour dormir comme la première fois ils avaient ta tête voilée et affaissée sur leurs genoux, dans une position où je vois souvent les gens de ce pays-là, lors-

1. Ouvrage cité pages 70 et 71.

qu'ils sont dans le deuil et qu'ils veulent prier...

...« Jésus leur dit avec tristesse qu'on le ferait mourir le lendemain, qu'on s'emparerait de lui dans une heure, qu'on le mènerait devant le tribunal, qu'il serait maltraité, outragé, flagellé et enfin livré à la mort la plus cruelle. — Il les pria de consoler sa mère et de consoler aussi Magdeleine. Il s'était tenu assis pendant quelques minutes en leur parlant ; quant aux apôtres, ils ne répondirent pas, ne sachant que dire, ajoute le récit, puis Jean et Jacques soutenant leur divin Maitre le reconduisirent jusqu'à l'entrée de la grotte : il était à peu près onze heures un quart. »

Arrivée à ce point de son récit, Catherine nous raconte des faits empreints du plus pur ésotérisme et que nous considérons comme absolument réels ; voici le passage en question, nous le transcrirons littéralement : « Pendant cette agonie de Jésus, je vis la Sainte-Vierge accablée aussi de tristesse et d'angoisses dans la maison de Marie, mère de Marc. Elle se tenait avec Magdeleine et Marie, dans le jardin de la maison ; elle était là courbée en deux sur une pierre et affaissée sur ses genoux. Plusieurs fois elle perdit connaissance ; car elle vit intérieurement bien des choses de l'agonie de Jésus. Déjà elle avait envoyé des messagers pour avoir de ses nouvelles ; mais ne pouvant attendre leur retour, elle s'en fut, tout inquiète, avec Magdeleine et Salomé jusqu'à la vallée de Josaphat. Elle marchait voilée, et étendait souvent les bras vers le mont des Oliviers, car elle voyait en esprit Jésus baigné d'une sueur de sang, et il semblait quelle voulût de ses mains étendues essuyer le visage de son Fils. Je vois ces élans de son âme aller jusqu'à Jésus qui pensa à elle et regarda de son côté, comme pour y chercher du secours. Je vis cette communication entre eux, sous forme de rayons qui allaient de l'un à l'autre. »

On ne saurait indiquer plus clairement la télépathie qui peut exister entre deux personnes sympathiques, mais poursuivons le récit : « Le Seigneur pensa aussi à Magdeleine, il dirigeait ses regards vers elle et fût touché de sa douleur ; c'est pourquoi, il recommanda aussi aux disciples de la consoler : car il savait que son amour était le plus grand après celui de sa mère, et il avait vu quelle souffrirait encore beaucoup pour lui et quelle ne l'offenserait plus jamais...

« À la fin des visions de la Passion, Jésus tomba sur le visage comme un mourant ; les anges (s'entend qui l'assistaient) disparurent ; la sueur de sang coula plus abondante et je la vis traverser son vêtement.

Bientôt, la visionnaire voit un ange, c'est-à-dire une Entité de l'astral qui portait un calice à l'ouverture duquel « se montrait un petit corps ovale, de la grosseur d'une fève et qui répandait une lumière rougeâtre ».

Alors Jésus boit le calice après avoir absorbé le petit corps ovale, qui était une sorte de cordial spirituel, composé probablement d'une substance éthérique, qui réconforta le divin Maitre, car lorsqu'il sortit à nouveau de la grotte il était réconforté, marchait d'un pas assuré et se dirigeant vers ses disciples pour la troisième fois, il leur dit que ce n'était pas l'heure de dormir, qu'ils devaient se réveiller et prier : « Voici l'heure où le Fils de l'homme sera livré dans les mains des pécheurs, dit-il, levez-vous et marchons, le traitre est proche ; mieux vaudrait pour lui qu'il ne fût jamais né. »

Nous avons vu comment s'accomplit la trahison de Judas, nous n'y reviendrons pas ; mais nous ajouterons que nous partageons entièrement l'opinion de Catherine Emmerich au sujet des sentiments qui agitaient le cœur du traitre, qui par avarice voulait bien toucher l'argent de la livraison de son Maitre, mais qui, en somme, aurait bien voulu ne pas le livrer et une fois ayant touché la prime, fuit à l'étranger, ayant auparavant averti Jésus ou tout au moins ses disciples pour l'empêcher de tomber dans le traquenard qu'il avait imaginé.

Voici l'opinion de la visionnaire à ce sujet :

« Judas ne s'attendait pas à ce que sa trahison eût le résultat dont elle fut suivie. — Il voulait mériter (gagner) la récompense promise et se rendre agréable aux Pharisiens en leur livrant Jésus ; mais il ne pensait pas au jugement et au crucifiement de Jésus, ses *vues n'allaient pas jusque-là*[1] : l'argent seul préoccupait son esprit et depuis longtemps, il s'était mis en relation avec quelques Pharisiens et quelques Sadducéens rusés qui l'excitaient à la trahison en le flattant. Il était las de la vie fatigante, errante et persécutée que menaient les apôtres. Dans les derniers mois, il n'avait cessé de voler les aumônes dont il était dépositaire et sa cupidité, irritée par la libéralité de Magdeleine, lorsqu'elle versa des parfums sur Jésus, le poussa au dernier des crimes. — Il avait espéré un Royaume temporel de Jésus dans lequel il aurait eu un emploi brillant et lucratif ; aussi ne le voyant pas arriver, il voulut amasser de l'argent pour se retirer de la suite de J.-C. et aller vivre en pays étranger, loin des israélites et des nouveaux chrétiens dont il ne pouvait qu'être détesté !

1. C'est pour ce motif que quelques historiens ont voulu réhabiliter Judas de Kérioth et ont dit qu'il n'avait jamais eu l'intention de livrer son Maitre.

CHAPITRE XVI

Jugement, condamnation et exécution de Jésus

Ce qui prouve bien le guet-apens dressé contre Jésus, c'est qu'aussitôt arrêté, c'est-à-dire vers onze heures un quart ou onze heures vingt du soir, il passe à peine une demi-heure en prison et vers minuit, il est introduit dans le Palais de Anne et les soldats (la troupe armée), le conduisent à travers une cour éclairée dans une sorte de vestibule qui avait l'étendue « d'une petite église » nous dit Catherine Emmerich.

Vis-à-vis l'entrée de ce vestibule, siégeait Anne, entouré de vingt-huit conseillers sur une estrade, au-dessous de laquelle, il y avait un passage, auquel on accédait par un des côtés. Jésus encore encadré par une partie de la troupe qui l'avait arrêté fut amené ou plutôt traîné sur les premières marches de l'estrade.

Le fond du tribunal était occupé par des soldats, de la populace, des domestiques d'Anne, ainsi que par de faux témoins qu'avait ramassé Anne parmi la lie du peuple, faux témoins qui déposèrent également chez Caïphe.

Anne, plein de haine et le cœur rempli de fiel envers J.-C., attendait avec impatience son arrivée. Il était à la tête du tribunal, qui siégeait avec un comité chargé de veiller à la pureté de la doctrine judaïque et d'accuser devant le Grand-Prêtre, ceux qui portaient atteinte à ladite doctrine.

Jésus se trouvait devant Anne : il était pâle, défait, silencieux, la tête baissée, et avait ses habits crottés et trempés de sueur.

Anne était un vieillard maigre et sec ; il avait une barbe blanche, clairsemée. Plein d'orgueil et d'insolence, il s'assit, ayant aux lèvres un sourire ironique, sarcastique et s'étonnant fort de voir qu'on lui amenait Jésus.

« Comment lui dit-il en s'adressant au Sauveur, c'est toi Jésus de Nazareth ? Où sont tes disciples et tes adhérents ? Où est ton royaume ? Il me semble que les choses n'ont pas tourné ainsi que tu le désirais. Tes abominations ont trouvé leur terme enfin ! On t'a laissé faire jusqu'au moment où on a trouvé que tu avais assez blasphémé et insulté Dieu. Qui sont tes disciples ? Où sont-ils, voyons, parle, tu te tais ! Parle donc, agitateur, séducteur ? N'as-tu pas mangé l'agneau pascal d'une façon inaccoutumée, en un temps et en un lieu où tu ne devais pas le faire ? Tu veux introduire une nouvelle doctrine, qui t'en a donné le droit ? Où as-tu appris à enseigner ? Parle, explique-toi, qu'elle est ta doctrine ? »

Devant cette avalanche de questions, Jésus se contenta de relever la tête, de regarder Anne et de lui dire :

« J'ai parlé en public devant tout le monde ; j'ai toujours enseigné dans le temple et dans les synagogues où se rassemblent tous les Juifs... Je n'ai rien dit en secret. Pourquoi m'interroges-tu ? Demande à ceux qui ont entendu ce que je leur ai dit. Regarde autour de toi...

Ils savent tous ce que j'ai dit ! »

À ces paroles de Jésus, le visage d'Anne exprima la fureur et le ressentiment. Un soldat qui se trouvait près de Jésus le frappa brutalement à la figure avec sa main couverte d'un gantelet de fer, et le poussant lui dit avec un air de mépris : « Est-ce ainsi que tu réponds au Grand-Prêtre ? »

Jésus, ébranlé par la violence du coup et malmené par d'autres soldats, tomba sur les marches de l'estrade et se fit une blessure au visage, d'où coula du sang. Aussitôt la salle retentit de murmures, d'outrages et d'éclats de rire, la plèbe le releva en le maltraitant encore, le doux Nazaréen dit avec placidité : « Si j'ai mal parlé, dites en quoi ; mais si j'ai bien parlé, pourquoi me frapper ? »

Le Grand-Prêtre, poussé à bout par le calme imperturbable de Jésus, invita tous ceux qui étaient présents, qui avaient entendu ce qu'avait pu dire le doux Nazaréen, à l'exposer à leur tour. Ce fut alors une explosion de clameurs et de grossières imprécations : « Il a dit qu'il était Roi, Fils de Dieu, que tous les Pharisiens étaient adultères ; il a dit que dans trois jours il pouvait détruire et reconstruire le Temple. Il n'observe pas les jeûnes, parcourt le pays avec une masse de vagabonds, mange avec les impurs, des païens et des publicains et fait sa société des femmes de mauvaise vie. Encore tout à l'heure, il a dit devant la porte d'Ophel à un homme qui lui offrait à boire qu'il lui donnerait à lui *l'eau le la vie éternelle* ; après laquelle, il n'aurait plus soif ; enfin, il séduit le peuple avec des paroles à double sens, il est fort prodigue du bien d'autrui, et débite un tas de faussetés et de mensonges sur son Règne à venir, et sur le Royaume de son Père. »

Toutes sortes de reproches lui étaient faits à la fois ; ses accusateurs venaient les lui vomir à la face, en y ajoutant les injures les plus grossières, enfin les soldats et les gens d'armes le poussaient et le frappaient en lui disant de répondre.

Anne et ses conseillers lui disaient : « C'est donc là ta doctrine, belle doctrine vraiment ! Qu'as-tu à répondre ? Es-tu donc muet ici ; donne donc tes ordres, Roi, Envoyé de Dieu, montre donc ta mission ! »

Chacune de ces exclamations était suivie de coups, d'insultes et d'invectives de toute sorte, provenant des soldats ou des gens de la foule, qui tous brûlaient du désir de frapper le noble visage du Seigneur.

Et comme Jésus chancelait d'épuisement et ne répondait pas, méprisant ces insultes, Anne lui dit d'un ton froidement insolent « Qui es-tu, qui t'a envoyé ? Es-tu le fils d'un obscur charpentier, ou bien es-tu Élie qui a été enlevé sur un char de feu ? On dit qu'il vit encore et que tu as le pouvoir de te rendre invisible. Il est vrai que tu nous as longtemps échappé. N'es-tu pas plutôt Malachie, dont tu empruntes souvent les paroles, pour t'en prévaloir ? On a prétendu que ce Prophète n'avait pas eu de père, que ç'avait été un Ange, qu'il n'était pas mort. Belle occasion pour un fourbe de se faire passer pour lui. Mais quelle espèce de roi es-tu donc ? Tu as eu l'audace de dire que tu étais plus que Salomon. Sois tranquille, je ne te refuserai pas plus longtemps le titre de ta royauté[1]. »

Alors Anne se fit donner une sorte de *volumen* de peau assez long et de peu de largeur et l'ayant placé sur une espèce de petite table qu'il avait devant lui, il y écrivit une série de questions, dont chacune indiquait un chef d'accusation contre Jésus puis il roula cette peau et la plaça dans une petite calebasse qu'il ferma soigneusement, il l'assujettit ensuite au bout d'un roseau qu'il présenta avec une froide ironie à Jésus en lui disant : « Voilà ton sceptre et dans la petite courge sont renfermés tes titres, dignités et droits. Porte tout cela au Grand-Prêtre, afin qu'il reconnaisse ta mission et te traite suivant le rang qui t'est dû. »

Et il dit aux soldats : « Qu'on lie les mains à ce roi et qu'on le mène devant le Grand-Prêtre. »

Alors on attacha de nouveau en les croisant sur la poitrine les mains de Jésus qu'on avait délié au moment de sa comparution, on y assujettit le

1. Ouvrage cité chap. VIII.

sceptre de roseau qui portait les accusations d'Anne et l'on conduisit Jésus, au milieu des huées et des cris de la foule, au Grand-Prêtre Caïphe, celui-ci était le prêtre officiel nommé par les Romains, tandis que Anne le beau-père de Caïphe était le Grand-Prêtre agréé par les juifs.

Jésus, couvert de boue, la figure ensanglantée par suite des coups qu'il avait reçus, fut conduit au milieu des clameurs de la foule sous ses injures et sous ses coups devant Caïphe, qui, ayant à peine vu Jésus, s'écria :

« Te voilà, ennemi de Dieu, blasphémateur, qui trouble cette nuit, sainte pour nous, sinon pour toi ! »

La calebasse fut alors détachée du roseau, Caïphe lut les accusations qui se trouvaient écrites sur la bande de peau, puis il invectiva Jésus d'une façon des plus violentes ; les soldats qui se trouvaient près de J.-C. le frappèrent avec de petites masses d'armes : c'était des baguettes de fer, terminées par des boules en hérisson (hérissées de pointes) et chacun lui criait : « Réponds donc ; ouvre ta bouche ! Ne sais-tu pas parler ? »

Nous ne poursuivrons pas l'interrogatoire, il fut tel qu'il avait été chez Anne, c'est-à-dire inique, violent et d'une mauvaise foi insigne. Les témoins se découpaient entre eux. On reprocha à Jésus de ne point sacrifier dans le Temple, mais cette accusation n'avait aucune valeur, puisque les Esséniens qui ne faisaient pas sacrifier n'étaient passibles d'aucune peine pour ce fait. — On reprochait ensuite à Jésus de pratiquer la sorcellerie, et Caïphe assura plusieurs fois que la confusion qui régnait dans les dires des témoins était causée par les maléfices exercés certainement par Jésus.

Devant Caïphe « Nicodème et Joseph d'Arimathie furent sommés de s'expliquer sur ce qu'il avait mangé la Pâque dans une salle appartenant à l'un d'eux, et ils prouvèrent, d'après d'anciens écrits, que de temps immémorial, les Galiléens avaient la permission de manger la Pâque un jour plus tôt. Ils ajoutèrent que l'agneau avait été préparé du reste conformément à la Loi, puisque des gens du temple avaient aidé à sa préparation. Ceci embarrassa beaucoup les témoins, mais Nicodème irrita surtout les ennemis de Jésus lorsqu'il montra, dans les *Archives,* le droit des Galiléens, lequel droit leur avait été accordé parce qu'autrefois, il y avait une telle affluence dans le temple qu'on n'aurait pu avoir fini pour le jour du sabbat, s'il avait fallu tout faire dans la même journée[1].

Après avoir subi les interrogatoires d'Anne et de Caïphe, Jésus fut traîné devant le Procurator Ponce Pilate, qui, nous devons le dire, aurait bien

1. Op. Cit.

voulu ne pas avoir à juger et à condamner Jésus, qu'il trouvait parfaitement innocent des crimes qu'on lui imputait.

Arrivé à ce point de notre récit, nous suivrons l'Évangile de Mathieu chapitre XXVII, verset 15 concurremment avec les visions de Catherine Emmerich.

Or le gouvernement avait coutume à chaque fête de Pâque de livrer au peuple un prisonnier, celui qu'il désirait ; or il y avait alors un prisonnier insigne nommé Barrabas. — Comme ils étaient assemblés, Pilate leur dit : « Lequel voulez-vous que je relâche, Barrabas ou Jésus, qu'on nomme Christ. C'est celui-ci que Pilate voulait délivrer, d'autant qu'en ce moment Claudia Prode, sa femme, lui envoya un gage pour lui rappeler la promesse qu'il lui avait faite de ne point condamner Jésus. Les ennemis du Sauveur apprirent les démarches que Claudia faisait en sa faveur, et ils firent répandre le bruit parmi le peuple « que les partisans de Jésus avaient séduit la femme de Pilate, que s'il était mis en liberté, il s'unirait aux Romains et que tous les Juifs seraient exterminés ». — Pilate, dans son indécision était comme un homme ivre, il revint vers J.-C. dans le Prétoire et resta seul avec lui. — Le Sauveur lui parla avec une gravité et une sévérité terribles, il lui dévoila tout ce que lui Pilate, avait commis de crimes secrets ; il lui prédit le sort misérable qui l'attendait, l'exil et sa fin abominable. — Pilate à moitié effrayé, à moitié irrité des paroles de Jésus, revint sur la terrasse et dit encore qu'il voulait délivrer le roi des Juifs ; mais le peuple fit un tumulte effroyable demandant la délivrance de Barabbas et que Jésus fût crucifié. — À ce moment le tumulte et les cris de la foule avaient quelque chose d'effrayant et la masse du peuple était tellement surexcitée, qu'une insurrection était à craindre. — Pilate se fit alors apporter de l'eau et un de ses serviteurs lui en versant sur les mains, il cria tout haut de la terrasse : « Je suis innocent du sang de ce juste, c'est à vous d'en répondre, je m'en lave les mains. »

Alors un cri unanime partit de toutes les poitrines du peuple : « Que son sang retombe sur nous et sur nos enfants ! »

« Alors Pilate relâcha Barrabas et après avoir fait fouetter Jésus, il le leur livra pour être crucifié.

Ce jugement inique fut rendu vers neuf heures et demie du matin.

« Les soldats du Gouverneur amenèrent Jésus au Prétoire, ils assemblèrent autour de lui toute la cohorte ; et l'ayant dépouillé de ses vêtements, ils le revêtirent d'un manteau d'écarlate ; puis ayant fait une couronne d'épines, ils la lui mirent sur la tête, avec un roseau dans la main droite et s'agenouillant devant lui, ils se moquaient de sa personne en disant : « Je te salue, Roi des juifs !... » Puis ils l'emmenèrent pour le crucifier, et comme ils sortaient, ils trouvèrent un homme de Cyrène, nommé Simon, qu'ils contraignirent à porter la croix de Jésus qui n'en avait pas la force, tant son corps était meurtri, sa figure était couverte du sang qui ruisselait de son front et sa barbe en était tout imprégnée. Rien n'était plus pitoyable que de voir un tel visage. »

Voici la formule du jugement, nous la trouvons dans le *Moniteur des faits psychiques,* ancien *Moniteur magnétique* qui la donne d'après un périodique allemand.

Si nous en croyons la *Straatsburger Zeitung,* un journal de Berlin, on aurait trouvé au XIIIe siècle (en 1280) dans la ville d'Aquila, ancien royaume de Naples, un vase antique de marbre qui contenait une plaque de métal, dans laquelle le savant professeur Stribani aurait reconnu un *exvoto* et sur laquelle plaque se trouvait, en langue chaldéenne, l'arrêt de mort de J.-C.

L'authenticité de ce monument épigraphique aurait été reconnue plus tard par une commission française d'archéologie.

Voici la traduction de ce monument : « Arrêt de Ponce Pilate, Gouverneur, portant que Jésus de Nazareth doit subir la peine du crucifiement.

« En la dix-septième année du gouvernement de Tibère, le 24e jour du mois de mars, dans la sainte ville de Jérusalem, lorsque Anne et Caïphe étaient Grands-Prêtres et Sacrificateurs, Ponce Pilate Gouverneur de Galilée du haut du Tribunal comme Préteur condamne Jésus de Nazareth au supplice de la Croix.

« D'après de grands et importants témoignages, Jésus s'est fait passer faussement : 1e pour le fils de Dieu ; 2e pour le Roi d'Israël ; 3e il a fait son entrée dans le Temple, comme un impie, accompagné de toute sorte de peuples, qui portaient en main des frondes de palmier ; par conséquent, Jésus de Nazareth est 4e un ennemi de la Loi ; 5e un révolutionnaire ; 6e un séducteur. — Pilate ordonne *au nom du grand Empereur Tibère* au premier centurion *Quirilus Cornelius* de conduire le condamné Jésus de Nazareth au lieu du supplice et défend à tous d'empêcher la mort de Jésus. »

Jésus fut conduit au Golgotha par une rue très étroite, afin de laisser place au peuple qui se rendait au Temple et pour ne pas gêner aussi Pilate et sa troupe. — La rue peu avant sa fin se dirigeait à gauche, elle devenait plus large et sa montée plus rapide ; il y passait même un aqueduc souterrain venant de la montagne de Sion. Avant cette montée, on trouvait une partie du sol défoncé, où il y avait de l'eau et de la boue surtout le lendemain des pluies ; et dans ce défoncement, il y avait des pierres qui servaient au passant à traverser ce passage difficile ; c'est en cet endroit que Jésus tomba pour la première fois, parce que son pied avait heurté à une de grosses pierres qui permettaient de passer cet endroit comme un gué ; la lourde croix tomba à côté du Sauveur. La seconde chute eut lieu devant la porte d'une maison de laquelle sortit sa mère ; puis le cortège « arriva à la porte d'un vieux mur intérieur de la ville. Devant cette porte est une place où aboutissaient trois rues. Là Jésus dut encore passer par-dessus une grande pierre ; il chancela et tomba pour la troisième fois. La croix roula à terre près de lui, tandis que lui-même cherchant à s'appuyer sur la pierre glissa misérablement à terre et ne pouvait se relever[1]. »

C'est alors que Simon reprit la croix et la porta jusqu'au pied du Golgotha ou montagne du *Crâne.*

Avant d'arriver à cette montagne ou plutôt à cette colline, Jésus se trouva en présence de Séraphia femme de Sirach, membre du Conseil du Temple, qui avec un large linge essuya la face de Jésus tout imprégnée de sang qui produisit sur ce linge la véritable image *(vera ikon)* de J.-C., dénommée depuis la Sainte-Face et qui fit donner à Séraphia le nom de *Véronique.*

Séraphia était la cousine de Jean-le-Baptiste, car son père et Zacharie étaient fils de deux frères ; elle était native de Jérusalem elle avait cinq ans de plus que la Vierge Marie, avec qui elle était liée d'une grande amitié ; aussi assista-t-elle à son mariage avec Joseph.

Séraphia était aussi parente du vieux Siméon, celui qui prophétisa, lors de la présentation de Jésus au Temple, et dès sa jeunesse, elle avait été liée d'amitié avec ses fils qui désiraient vivement comme elle la venue du Messie.

Quand Jésus à l'âge de douze ans quitta son père et sa mère pour aller au Temple propager ses enseignements, Séraphia qui n'était pas encore mariée (elle se maria fort tard) lui préparait sa nourriture et lui envoyait dans une petite auberge située à environ un quart de lieu de Jérusalem, sur la route de Bethléem. Cette auberge était tenue par deux vieillards Esséniens qui connaissaient de longue date Joseph, Marie et Jésus, car peu après la nativité, Marie venant de Bethléem pour la présentation de Jésus au Temple s'était arrêtée un jour et deux nuits dans ladite auberge. La femme de l'un des aubergistes était parente de Jeanne Chusa. Séraphia avons-nous dit se maria tard, elle épousa un descendant de la chaste Suzanne, qui était

1. Op. Cit.

membre du Conseil du Temple ; aussi était-il entièrement opposé aux idées de Jésus et sa personne même, c'est pour cela qu'il malmenait sa femme à cause de son attachement pour le Sauveur et l'enfermait-il quelquefois dans un cachot pour l'empêcher de suivre ses prédications. Cependant, Joseph d'Arimathie qui avait, de même que Nicodème, de l'influence sur Sirach le ramena à de meilleurs sentiments envers sa femme qui put, dès lors, suivre Jésus et les saintes femmes et même lors du jugement chez Caïphe, Sirach se déclara ouvertement pour Jésus avec Joseph et Nicodème et se sépara comme eux du Sanhédrin. Arrivés sur le Golgotha, les bourreaux accomplirent leur œuvre, ils placèrent Jésus entre les deux larrons ; nous n'avons pas besoin de rapporter ici cet épisode, connu de tous nos lecteurs et nous passerons au chapitre suivant.

CHAPITRE XVII

Jésus-Christ est-il mort sur la croix ?

Il y a environ cinquante ans, il a été publié en Allemagne un ouvrage qui relatait le véritable genre de mort auquel avait succombé J.-C.[1]

Cet opuscule, qui fit une grande sensation en Allemagne, passa en France presque inaperçu !

C'était la lettre d'un Essène ou d'un Essénien, écrite en latin, Essénien contemporain de Jésus.

C'est un document important et de nature à jeter une vive lumière sur la question qui nous préoccupe si fort.

Mais si cette lettre est peu connue en France, en revanche les libres penseurs allemands, parmi lesquels nous mentionnerons D. E. Strauss, Bruno Bauër, de Wette, Arnold Rage, Baur, Feuerbach et autres, l'ont étudiée et commentée dans leurs ouvrages.

En France, nous ne connaissons guère que notre regretté ami D. Ramée qui l'ait connue et en ait fait une étude de laquelle nous avons tiré du reste la plupart des documents qui suivent.

Voici le titre de l'ouvrage en question : *Le monde Jésus*, un volume petit in-8°, Paris, Dentu 1863.

Voici quelle est l'origine de ce document. Un membre de la société d'Abyssinie découvrit un jour, à Alexandrie d'Égypte, un parchemin écrit en latin dans une bibliothèque longtemps oubliée, qui se trouvait dans un ancien bâtiment occupé à une époque fort reculée par des moines grecs, originaires du mont Athos.

La personne en question, après des péripéties trop longues à raconter, ob-

1. C'est une lettre qui aurait été écrite cinq ou six ans seulement après le crucifiement de J.-C. Cette lettre a eu de nombreuses éditions (6 ou 7) et a été publiée a Leipzig vers 1849.

tint l'autorisation de faire une copie littérale du document, c'est cette copie qui fut envoyée en Allemagne. Or des recherches archéologiques nous ont appris que le lieu où a été faite cette découverte appartenait, dans une très haute Antiquité, de même encore que sous la domination romaine à la secte des Esséniens ; et le manuscrit dont il s'agit proviendrait des débris de cette Colonie et serait même contemporain de Jésus.

La copie fidèle du Manuscrit essénien passa en la possession d'une société Pythagoricienne allemande, qui en fit la traduction allemande dont nous avons parlé ci-dessus.

Le document original avait été écrit, non par un simple Essénien, mais par un Thérapeute, c'est-à-dire par un Initié de haut grade de la secte essénienne[1], à qui était confiée la garde de tout ce qui concernait les sciences occultes.

Cette lettre était adressée par ce Thérapeute à un de ses collègues de la secte à Alexandrie, et cela quelques années seulement après la mort de Jésus ; elle avait pour but d'éclairer les Frères esséniens d'Égypte sur certains bruits qui s'étaient répandus à Alexandrie sur la vie et sur la mort de Jésus de Nazareth ; bruits faux, mais trop accrédités, par suite de l'enthousiasme des disciples de Jésus, au sujet de ses miracles.

La foi exagérée au merveilleux avait fait naitre bien des doutes et des réflexions pénibles qui avaient troublé la conscience de beaucoup de Frères esséniens, bien que cette confrérie secrète possédât de profondes connaissances occultes. En effet, les Supérieurs de l'Ordre essénien cherchaient à expliquer d'une manière simple et toute naturelle ce qui semblait tenir au merveilleux. Les bruits qui couraient à Alexandrie, au sujet de la vie de Jésus et surtout au sujet de sa mort, convainquirent les Esséniens d'Alexandrie que Jésus avait été un membre de leur Ordre et qu'il en était un des plus hauts Initiés, puisque non seulement il utilisait les Signes de reconnaissance ou de ralliement, mais que, encore, il observait strictement les usages de l'Ordre utilisés par les Esséniens.

Un autre document intéressant est un Manuscrit gnostique découvert au mois de janvier 1896, que le Dr Rheinhardt put acheter au Caire à un marchand d'Antiquité d'Akhim. — Ce précieux Manuscrit fait aujourd'hui partie du Musée égyptien de Berlin ; il est malheureusement incomplet de

1. Nous savons qu'il y avait quatre grades, le premier, le deuxième, le troisième et le plus haut grade (4e). Le document en question reconnait donc que Essénien ou Thérapeute, c'est tout un, cependant le dernier serait un Essénien de haut grade. Ceci ne lait donc que confirmer ce que nous avons dit toujours précédemment.

six feuillets, il n'en compte que 136, tandis que, primitivement, il en possédait 142 ou 143.

Ce Manuscrit gnostique est écrit en langue copte, il date du Ve siècle, c'est une copie faite sur l'original qui avait été écrit au IIe siècle de notre ère. L'écriture de la copie est d'une beauté remarquable, elle comporte une courte préface et puis en suscription : *Évangile de Marier Apocryphe de Jean* et *Sagesse de Jésus-Christ.* — Ce dernier opuscule commence ainsi : Après la résurrection entre les morts, ses disciples et sept femmes de disciples étaient allés dans la Galilée à la Montagne qui... car ils doutaient des hypostases du Tout... comme des mystères de la sainte économie.

Alors, le Seigneur leur apparut, pas dans sa première forme, mais en l'Esprit invisible (forme astrale, dirons-nous). Cette forme était celle d'un grand ange de lumière, sa substance indescriptible, et il n'était pas incarné dans la chair mortelle, mais dans la chair pure et parfaite, comme il nous a enseigné sur la Montagne en Galilée, laquelle fut appelée...

On ne saurait mieux décrire le corps astral.

Il dit : « Que la paix soit avec vous ; ma paix, je vous la donne. »

Et ils furent tous étonnés et effrayés.

Et le Seigneur leur ordonna de lui poser toutes leurs questions et les disciples, ayant exposé leur doute, reçoivent la réponse désirée.

D'après les lignes qui précèdent. Jésus serait mort sur la croix ; or c'est là un fait aujourd'hui fort contesté, on peut même affirmer qu'il est faux, mais ce n'est pas ici le lieu de le discuter ; plus loin nous démontrerons, par des preuves nombreuses et tout à fait incontestables, que Jésus a été descendu vivant, mais dans un état de léthargie, de catalepsie, de la croix, et que, par une faveur spéciale, on ne lui rompit pas les membres, comme on le faisait toujours aux criminels, parce que Joseph d'Arimathie, son ami, demanda à Pilate et put obtenir du Procurator qu'on n'exécutât pas cette formalité, car Jésus était bien mort, dit-il à Pilate.

Revenant à la lettre de l'Ancien des Esséniens, nous dirons qu'elle confirme en divers endroits que Jésus était essénien ; dans un passage, on y lit : « Ce que je viens de vous rapporter est pour vous convaincre que le Crucifié fut un frère réel de notre règle, car nous avons eu soin de conserver le souvenir de ce qu'il a fait et de ce qui lui est arrivé. — Vous cesserez donc de douter, ayant appris que Jésus fut un Essénien qui marcha courageusement au-devant de la mort, car la plus belle récompense de notre Ordre, c'est de mourir pour la vertu.

« Mais les juifs et les hommes qui ont été ses disciples ont rapporté sur lui beaucoup de faits et des choses extraordinaires qui se sont passées avant, pendant et après sa mort. »

Après ce qui précède, la lettre de l'Essénien poursuit : « C'est à cause de tout cela, qu'ayant appris tous ces bruits, vous me demandez des éclaircissements, que je suis heureux de vous adresser, car nous « possédons une science et une sagesse sur une infinité de choses, qu'un voile sacré cache aux yeux du peuple. »

Ce qui signifie que celui-ci ne connait que l'ésotérisme, tandis que l'ésotérisme lui est toujours caché nécessairement.

Mais au moment de retracer par écrit tous ses souvenirs, les yeux de l'Ancien des Esséniens se remplissent de larmes, parce qu'il revoit, par la pensée, comme dans une vision objective, l'image des tourments mortels qu'a endurés son frère et « la plaie de mon âme redevient saignante, car les douleurs que m'arrache le saint courage de notre ami, se renouvèlent en moi ».

Et l'Ancien des Esséniens reconnait que Jésus, élu du Tout-Puissant, était envoyé par lui, pour enseigner durant sa vie le *Royaume des deux* et pour glorifier la vertu. Et c'est pour cela, ajoute notre Essénien, que Jésus fut « le frère chéri de notre communauté, car il n'était pas seulement pieux et sage, mais il avait encore acquis les connaissances que possède notre Ordre sur les secrets de la Nature, sur les vertus et les influences des plantes, des sels et des minéraux sur le corps de l'homme ».

Et c'est pour cela qu'il fut un *Illuminée*, un maitre expert dans l'art de guérir, comme le sont également nos Supérieurs.

Alors l'Ancien des esséniens dit à son collègue d'entendre ce qu'il va lui raconter et qui a eu lieu à Jérusalem « il y a sept Pâques » : « J'ai tout suivi de mes propres yeux, et ce que j'ai observé, j'ai dû le garder comme un secret pour le monde. — Et vous, mes frères bienaimés, vous n'abaisserez point votre science et vous louerez Dieu, comme tous nos autres frères l'ont fait, de ce que les évènements que je vais décrire ont eu lieu tels qu'ils se sont passés. »

La même lettre dit ensuite (nous n'en donnons qu'une succincte analyse pour abréger) que les juifs et les Gentils ne croient que lorsqu'ils palpent les choses divines avec les mains, ou que lorsqu'ils ne peuvent les expliquer par la voix de la Sagesse.

Notre Essénien reconnait que ceux qui écrivirent et propagèrent la *Vie de Jésus* étaient des hommes pieux et distingués, mais que ce qu'ils ont écrit, ils ne l'ont pas vu de leurs yeux, et qu'ils ont trop souvent puisé dans les *on-dit* et aux sources douteuses de la superstition et des exagérations de toutes sortes.

Quant aux disciples du Christ, tout ce qu'ils ont dit sur lui, ils l'ont cru par piété et la plupart d'entre eux n'ont écrit que ce que la Tradition de bouche à oreille leur a rapporté sur les derniers miracles de la vie du divin Essénien.

D'après le même document, Jésus aurait été élevé exclusivement pour entrer dans l'ordre des Esséniens, et c'est pour cela que Joseph fut protégé en secret pendant sa fuite en Égypte par les Esséniens, puis recueilli chez l'un d'eux dans ce pays enfin ; il fut enjoint à la communauté essénienne d'introduire Joseph, sa femme et son enfant dans les réunions, afin qu'ils apprissent à honorer Dieu et à le louer et pour apprendre, aussi, comment on devait recevoir le pain béni et le vin consacré (*communion*).

Dans les réunions esséniennes, Joseph prenait place dans le demi-cercle à droite qui était formé par les hommes, et Marie était placée dans le demi-cercle à gauche au milieu des femmes (nous l'avons vu précédemment aussi), et l'un et l'autre avaient participé aux chants des hymnes sacrées et avaient été admis à prendre leur part au pain consacré et à mouiller leurs lèvres au calice qui circulait de main en main à la ronde.

Joseph avait compris et pénétré le véritable sens de la doctrine Essénienne, il sut l'inculquer à Jésus, sans avoir à employer pour cela aucun moyen extraordinaire, et l'esprit de l'enfant, qui se développait merveilleusement, sentit de plus en plus en lui-même la grande misère du peuple ; aussi c'était une chose remarquable et très édifiante de voir comment il prêchait la parole de Dieu.

Les scribes le reconnurent pour être un Galiléen né à Nazareth ; aussi professaient-ils pour lui le plus profond mépris, car ils avaient coutume de dire : est-ce que quelque chose de bon peut provenir de Nazareth ?

Quand Jésus eut parlé dans le Temple sur les choses sacrées, soit avec les docteurs, soit avec les érudits, les Pharisiens de Jérusalem éprouvèrent à son égard une grande colère, à cause de ses discours ; aussi le déclarèrent-ils coupable et fort dangereux.

Les Pharisiens en effet représentaient, alors, ce que nous nommons, dans notre langage moderne, *les réactionnaires* ; aussi tenaient-ils à la Tradition d'une manière très rigoureuse, ainsi qu'à l'explication exotérique, c'est-à-dire vulgaire, puérile de la Loi ; ils se déclaraient les ennemis nés de tous ceux qui ne professaient pas les mêmes opinions qu'eux et qui ne voulaient point les imiter dans leurs singeries et momeries relatives au culte extérieur — Jésus était donc pour eux un ennemi, puisqu'il expliquait la loi ésotériquement, s'attachant à l'esprit et non à la lettre, et l'interprétant avec une largeur de vue peu commune !

Les Pharisiens faisaient l'aumône par orgueil, avec ostentation ; ils prêchaient sur les bons et sur les mauvais Génies, sur le Royaume des Morts, enfin sur l'avenir du peuple prédestiné, du peuple israélite, le bienaimé de Jéhovah.

Et comme par leurs aumônes et leur situation, ils en imposaient au bas peuple, ils avaient, parmi lui, de très nombreux partisans, ils étaient puissants, « mais l'Esprit de Dieu n'habitait point en eux et n'effleurait jamais leurs lèvres », nous dit une très ancienne tradition.

Il n'y a donc pas lieu de s'étonner qu'ils fussent les ennemis de Jésus, car ils représentaient le pôle opposé au doux Essénien.

Nous ferons remarquer au lecteur, combien les pages qui précèdent résument et synthétisent merveilleusement tout ce que nous avons dit précédemment sur Jésus, sur sa famille, sur les Esséniens et sur l'Essénianisme. — Nous allons étudier maintenant la question de la Résurrection, qui eut un tel retentissement à Rome que l'empereur s'en préoccupa trois ans après l'Ascension supposée de Jésus, et cela à tel point qu'il envoya à Jérusalem un délégué spécial pour y recueillir tous les bruits relatifs à la mort et à la résurrection du Sauveur.

À son départ de Jérusalem, le délégué emmena avec lui à Rome Nicodème, Séraphia et un disciple, parent de Jeanne de Chusa. Ce disciple, d'une grande simplicité de cœur et doué d'une grande bonté, avait été attaché au service du Temple et avait eu l'occasion de voir souvent Jésus, auprès de ses apôtres au Cénacle et ailleurs et cela, dès les premiers jours de sa résurrection. C'était donc un témoin oculaire, dont les paroles avaient, dès lors, une grande valeur, une très grande portée.

Quand ces israélites arrivèrent à Rome, Séraphia fut introduite la première, auprès de l'empereur. Il était malade, aussi se trouvait-il au lit ; sur un lit élevé sur deux marches et entouré de rideaux qui pendaient jusque sur le pavement de la chambre, qui était carrée et de proportions minimes ; elle était éclairée par en haut à la manière des Atria[1].

Lors de cette entrevue, l'empereur se trouva seul avec Séraphia, ses gens étaient tous dans l'antichambre.

La juive avait apporté à Rome avec un des linceuls de Jésus, son suaire. La femme israélite déploya celui-ci devant l'empereur qui était seul avec elle, nous venons de le voir. Ce suaire se composait d'une pièce d'étoffe assez longue, mais de peu de largeur ; Séraphia l'avait porté autrefois en guise de toile pour s'envelopper le cou et la tête. Cette étoffe souple et assez fine portait à l'une de ses extrémités l'empreinte du visage du Seigneur, c'est pourquoi on le nomma plus tard la Sainte Face. Ce n'était pas, comme on l'a dit à tort, un portrait plus ou moins ressemblant de Jésus, mais une simple empreinte imprimée par le sang du Christ, empreinte que Séraphia avait prise à son insu en appliquant cette toile, sorte d'étamine sur la sainte face de J.-C. ; du reste l'empreinte était plus grande que nature, parce que le linge avait été appliqué tout au tour du visage, de sorte qu'une fois développé à plat, l'image s'était trouvée plus grande que nature. — Sur un autre linge : un drap de toile, on voyait l'empreinte du corps, du flagellé, de Jésus ; c'était sur ce drap, qu'on avait posé le corps pour le laver avant sa mise au tombeau.

Par la seule vue de ces linges, l'empereur fut immédiatement guéri. Fort étonné de ce prodige, il voulut retenir à Rome Séraphia et lui donner comme récompense une maison en toute propriété, ainsi que des esclaves comme dépendances ; mais la femme israélite lui demanda instamment la permission de retourner à Jérusalem pour y mourir au lieu même où Jésus était mort. Elle retourna donc à Jérusalem avec ses compagnons de voyage ; mais lors des persécutions contre les chrétiens, n'ayant pu s'échapper à temps de Jérusalem, elle fut arrêtée, emprisonnée et mourut de faim dans sa prison même.

Passons maintenant au dernier acte de la condamnation ; au crucifiement de Jésus.

Voici ce que nous lisons à ce sujet dans la lettre de l'Ancien des Esséniens[2] :

« Et lorsqu'ils arrivèrent (les condamnés) sur la colline Gihon, qui est stérile et située au Nord, là où le champ des morts conduit à travers le sommet des montagnes, ils firent halte et Jésus tomba à terre, parce que les forces

1. Voir ce terme *Atrium* dans notre *Dictionnaire d'architecture* et dans notre *Dictionnaire général de l'archéologie.*

2. Daniel Ramé. *Ouvr. Cité.*

de son corps martyrisé l'abandonnèrent totalement.

« Et en ce moment les soldats romains et les satellites du Sanhédrin choisirent le lieu où devaient être dressées les croix.

« Et lorsque ce fut fait, ils apprêtèrent aussi la boisson qu'on donne aux condamnés avant de les crucifier, pour les engourdir et pour diminuer leurs souffrances. Cette boisson préparée avec du vinaigre et de l'absinthe est appelée *Poska.* — Mais Jésus ne voulut pas mourir pour la foi et la vérité dans l'état d'un homme enivré. Ayant appris dans notre Ordre quelles étaient les propriétés des végétaux, il refusa la boisson, lorsqu'il connut sa composition.

« Les croix une fois dressées en terre, le jugement encouru par Jésus devait être exécuté sur sa personne. Le dépouillement des vêtements en faisait partie, mais comme le Sauveur depuis sa flagellation n'en portait plus et que pour tout vêtement, il n'avait qu'un manteau fort court de soldat qui cachait à peine sa nudité, il dut remettre ses vêtements, afin d'en être ensuite dépouillé ainsi que l'ordonnait la loi. Ceci accompli, les exécuteurs saisirent Jésus et le posèrent sur l'instrument du supplice, sur la croix. Il fut posé sur le petit pieu, qui accompagne chaque croix, afin que son corps y reposât pendant qu'on le liait. Ses bras fureur ensuite liés, sur la pièce transversale, comme d'habitude et avec de fortes cordes les bourreaux lièrent de même ses pieds, jusqu'à la moitié de la hauteur des jambes et cela avec de fortes cordes aussi. »

Quand cette opération fut terminée, ils fixèrent de gros clous en fer à travers les mains, mais ils ne lui en mirent pas aux pieds, parce que ce n'était pas l'usage, nous dit la lettre de l'Ancien des Esséniens, et elle ajoute : « Je vous donne ces détails, mes chers Frères, parce que vous m'avez demandé ce que signifiait le bruit qui rapportait qu'on lui avait également passé des clous à travers les pieds. — Lorsque le juste fut exposé sur la croix en proie à d'atroces douleurs, au soleil brulant de midi, qui ce jour-là était surtout ardent et propre à énerver l'homme le plus robuste, les soldats romains se saisirent de ses vêtements, comme butin, ainsi que le permettait la Loi. Ils coupèrent la robe de dessus en quatre parties ; mais la robe de dessous qui n'était pas formée de plusieurs pièces ne put être divisée par eux et ils la tirèrent au sort. »

C'est celle-ci qu'on nomme la *tunique sans couture (tunica inconsutilis)*, que l'Église d'Argenteuil, près de Paris, prétend posséder !...

À partir de midi et demi ou une heure, une foule de curieux parmi lesquels se trouvaient des prêtres de la Synagogue vinrent repaitre leurs yeux du spectacle du Crucifié ; cette foule se moqua du pauvre et innocent martyr si injustement condamné et l'injuria de toutes les manières. — Le Christ soupirait en secret, élevant ses regards au ciel, comme pour y puiser la force de subir son douloureux martyr.

À la tombée de la nuit, le peuple se dispersa et rentra en ville.

Étudions maintenant s'il est possible d'admettre que Jésus soit mort sur la croix, notre étude sera tout à fait impartiale.

D'après ce qui précède, nous savons que Jésus arriva sur le lieu de son supplice au plus tard vers dix heures et demie, qu'il dut être crucifié vers onze heures ; or comme le jour du crucifiement était un vendredi, c'est-à-dire la veille de la fête de Pâque, il fallait au coucher du soleil, c'est-à-dire vers cinq heures et demie ou six heures au plus tard, enlever les suppliciés de la croix, la loi juive était formelle à cet égard. Ainsi donc, Jésus ne serait resté sur la croix que six ou sept heures au plus ; or en le supposant fatigué, exténué par la flagellation, par sa marche pour arriver au calvaire, il n'est pas possible d'admettre qu'il est mort sur la croix à six heures ; quand il en fut descendu, il était simplement évanoui, en catalepsie même, si l'on veut ; nous ne saurions aller au-delà ; d'autant que la perte de sang par les blessures des mains ne pouvait pas l'avoir exténué, l'avoir rendu exsangue. Si les pieds avaient été percés par de gros clous, la perte du sang par ces extrémités inférieures eût été beaucoup plus considérable.

Voilà donc une première cause qui nous fait supposer que J.-C. n'est pas mort sur la croix.

Une seconde réside dans ceci : que les amis de Jésus ; Nicodème et Joseph d'Arimathie s'employèrent énergiquement pour empêcher la rupture des membres qu'on exécutait pour achever les crucifiés, rupture qui fut pratiquée sur les deux larrons. Si la même opération avait été pratiquée sur J.-C., nous ne pourrions mettre en doute sa mort ; à défaut, nous pouvons supposer qu'il n'était pas mort et que le centurion romain qui ordonna d'en dispenser Jésus avait été gagné à la cause des deux amis de Jésus, dont l'un, Nicodème, apporta l'ordre du greffier de Pilate de ne point rompre les membres de Jésus, Pilate n'ayant pu recevoir Nicodème.— Une troisième cause qui nous fait supposer que J.-C. n'est pas mort sur la croix, c'est que lorsque le soldat romain perça de sa lance le Christ, au-dessous du sein gauche, mais pas au cœur, comme on l'a dit, à tort, il sortit du sang mêlé à de l'eau ; ce qui ne serait point arrivé, si Jésus avait été réellement mort ; il ne serait sorti que du sang caillé de la blessure. — Mais nous devons dire que cette raison qui a été invoquée, comme la plus concluante, l'est la moins de toutes, parce qu'un corps qui a été flagellé le matin, qui a reçu toute sorte de coups de la foule, qui a été brutalisé par les soldats, ce corps pouvait être et était en effet couvert d'ecchymoses et d'ampoules, celles-ci crevées par la pointe de la lance du soldat romain pouvaient fournir de l'eau, qui se serait mêlée au sang du corps. Donc, nous ne voulons pas retenir ceci comme une preuve de la non-mort de Jésus et cependant c'est cette preuve qu'on excipe, comme la plus concluante.

Mais si nous résumons ce qui précède, nous dirons qu'il résulte des études les plus sérieuses, que les crucifiés mettaient trois, quatre et cinq jours pour rendre le dernier soupir ; or J.-C. n'est resté que six ou sept heures à peine ; il est donc certain qu'il n'a eu qu'une syncope ; nous voulons même qu'il soit tombé en catalepsie, en léthargie, nous savons que cet état peut durer très longtemps, des jours, des mois, *à fortiori,* sept heures.

Durand (de Gros) dans son remarquable ouvrage : *Le Merveilleux scientifique,* pour témoigner d'un fait de bilocation très connu (classique pourrions-nous dire), ne nous apprend-il pas que Alphonse de Liguori, pris de syncope chez les moines du couvent de la *Scala* dans le royaume de Naples, demeura deux jours et deux nuits consécutives en état de léthargie et que, durant le cours de ce sommeil, il était à Rome, au Vatican même auprès du Pape mourant, afin de l'assister dans ses derniers moments.

« Contester le fait, ajoute le savant docteur, ou même le réfuter victorieusement, servirait de peu. Nous nous heurterions à une multitude sans nombre de faits télépathiques actuels de même ordre et plus extraordinaires encore, et qui s'appuient sur tout un appareil scientifique de preuves testimoniales et de vérifications expérimentales absolument imposant. »

Donc, pour tout esprit sérieux, réfléchi, de bonne foi, il est clair, il est évident que J.-C. n'est pas mort sur la croix. Du reste, nous ne comprenons pas que l'Église tienne tant à constater ce fait. Pour tout occultiste, pour tout ésotériste un peu avancé, il est clair que Jésus étant *initié* avait la faculté, en supposant même qu'il fût mort, que le lien fluidique vital eût été tranché, Jésus, disons-nous, avait le pouvoir de revenir à la vie, instantanément. Chaque soir quand nous dormons, nous sommes véritablement morts, le lien éthérique qui nous tient attaché à la vie est si peu de choses qu'un rien peut le rompre ; c'est alors la première mort ; mais *l'Initié* connait le moyen de rattacher ce lien à la coque physique et partant de poursuivre son existence.

On voit donc qu'il est de peu d'importance que Jésus soit mort ou ne soit pas mort sur la croix ; car pour lui, il a pu à sa volonté mourir et revenir instantanément dans son corps ; donc, par ce qui précède, l'article de foi de la résurrection est sauvé ; et l'Église a raison ; quant à ceux qui veulent que Jésus ne soit pas mort sur la croix, il n'ont pas tort aussi ; et nous nous plaisons à le répéter, que Jésus soit mort ou ne soit pas mort sur la croix, c'est tout un pour l'occultiste ; il ne peut attacher à l'incident aucune espèce d'importance, puisque le Christ avait la faculté de mourir ou de ne pas mourir sur la croix, cela dépendait de sa seule volonté et l'Église a eu un grand tort, c'est d'en faire un article de foi, un dogme.

Pour fournir encore des preuves en faveur de notre thèse à savoir que J.-C. n'est pas mort sur la croix, nous donnerons une analyse de la partie de la lettre de l'Ancien des Esséniens qui traite la question et nous espérons que cette analyse l'éclairera d'une façon des plus lumineuses.

Quand le tremblement de terre eut chassé de Golgotha, nous dit l'Essénien[1], bon nombre de peuples, Joseph et Nicodème arrivèrent au pied de la croix... Ils avaient déjà appris la mort du Crucifié et malgré leur profonde douleur, ils s'étonnèrent qu'il fût déjà mort, car il y avait à peine sept heures qu'il avait été supplicié... Ils ne crurent pas à cette mort et s'empressèrent de se rendre sur les lieux de l'exécution... Joseph et Nicodème examinèrent Jésus et tout à coup le dernier de ces deux hommes tira Joseph à part et lui dit : « aussi vrai que je suis initié à la connaissance de la nature et de la vraie physique du corps humain, aussi certain suis-je qu'il y a un moyen de salut... Nicodème s'écria : — Il faut que nous ayons ce cadavre, et au plus tôt, et avant qu'on ne lui brise les jambes, car il peut être encore sauvé. — Et en s'apercevant de l'ardeur extrême qu'il avait mise à prononcer ces mots, il jeta ses regards autour de lui et ajouta sagement :

« Sauvé d'une inhumation infamante. »

« Il persuada à Joseph d'oublier ses prérogatives et ses égards pour le haut conseil et de voler auprès de Pilate pour sauver son ami et pour lui demander la permission de faire descendre le corps de la croix, encore avant la nuit, pour le déposer ensuite dans une grotte préparée par Joseph pour sa propre sépulture. — Et je compris ses paroles et restai avec Jean pour faire le guet auprès de la croix, afin d'empêcher qu'on ne brisât les jambes à Jésus. » [1]

Nous savons le reste, inutile de poursuivre la citation.

Il résulte de ce qui précède que J.-C. n'est pas mort sur la croix ; qu'une

1. Daniel Ramé, *op. cit.*.

fois descendu de celle-ci, son corps fut emporté avec le plus grand soin par Joseph d'Arimathie et Nicodème dans le tombeau dont il a été question ci-dessus ; que là, le corps du Maitre déposé sur des aromates fut massé, frictionné, jusqu'à ce que ces manipulations lui aient ramené la connaissance, puis J.-C., après s'être reposé quelques jours chez son fidèle ami Joseph put quitter la Galilée, il se retira alors à Alexandrie et de là, il surveilla les agissements de ses disciples et de ses apôtres, il leur donna même des conseils et des encouragements pour leur permettre de poursuivre la mission qu'il leur avait confiée. L'aide et le secours du Maitre se continua de longues années encore, plus de trente années peut-être ; pour nous cela ne fait pas un doute ; puis quand Jésus mourut effectivement, il dut être enseveli par ses frères Esséniens, avec tous les égards dus à son rang et à son très grand mérite.

Les idées qui précèdent avaient intimement germé dans notre esprit, par suite de nos études et de nos recherches sur la Vie de Jésus, mais nous ne les avions jamais vu émises dans aucun texte ; aussi avons-nous été très heureux de voir le fait consigné dans le beau livre *Pistis Sophia* de M. Amelineau où nous lisons dans l'introduction, page IV et V, les lignes suivantes : « L'auteur de *Pistis Sophia* nous affirme qu'après sa résurrection Jésus passa onze ans à enseigner cette admirable Gnose à ses disciples et à la réunion des femmes qui l'avaient suivi. Quand la scène première du livre s'ouvre, Jésus est assis sur le mont des Oliviers avec tous ceux qui l'entourent, les douze apôtres, Marie sa Mère, Marie-Madeleine, Marthe, Salomé : ce sont du moins les principaux acteurs qui prendront la parole à mesure que l'initiation se déroulera.

« À peine sommes-nous fixés sur le lieu où vont se passer quelques-unes des scènes suivantes, que Jésus, assis un peu à l'écart de ses disciples, est environné d'une grande lumière qui lui sert de vêtement et ravi dans le ciel au milieu de l'effroi des éléments cosmiques. Les disciples sont dans la stupéfaction et l'hébètement à la vue de la lumière qui a ravi Jésus ; ils font entendre des prières et Jésus revient à eux pour leur expliquer les mystères qu'il peut et doit leur expliquer. Il leur expose d'abord qu'il a été vers son père ; que le vêtement de lumière qu'on lui a apporté sur le mont des Oliviers était celui même qu'il avait déposé dans l'un des Æons lorsqu'il descendit sur la terre. Il part de là pour leur expliquer certaines paroles de l'Évangile et certains actes préparatoires à sa descente sur la terre comme la venue d'Élie en la personne de Jean et l'annonciation de Gabriel à Marie, l'élection des apôtres, ensuite de la mise d'âmes supérieures en leurs corps au moment de la conception. Puis, tout d'un coup, sans aucune transition, et (il faut aussi le dire) sans que le moindre détail du livre indique une lacune, il narre son ascension dans les mystères supérieurs des Æons. — Dans ces divers mystères des divers Æons, les Chefs ou Archons de chaque lieu, les gardiens des portes et tous les habitants de l'Æon traversé, s'écartent en sa présence, étonnés, stupéfaits, hébétés, contraints par les mots magiques dont est couvert le vêtement de lumière qui est sur Jésus. Mais Jésus dans quelques-uns de ces Æons —et là encore, il y a solution de continuité dans le récit, sans qu'il y ait lacune dans le texte— ne se retire qu'après avoir infligé un châtiment à certain nombre de leurs habitants. Les Archons, en effet, à sa vue, ont voulu combattre la lumière qui le revêtait : ils en ont été punis par l'ablation du tiers de la lumière qui se trouvait en eux et par le changement de la révolution de leurs sphères... »

Ces lignes tout à fait ésotériques démontrent fort bien que Jésus possédait la haute Initiation.

Nous n'insisterons pas davantage sur cet intéressant sujet qui pourrait fournir de longs et instructifs commentaires et nous passerons à l'action et à l'influence de Jésus sur le monde, ce qui fera le sujet du chapitre de début de la troisième et dernière partie de notre œuvre.

TROISIÈME PARTIE

ACTION ET INFLUENCE DE JÉSUS SUR LE MONDE

NOUVELLES ORIGINES ORIENTALES DU CHRISTIANISME

CHAPITRE XVIII

Action et influence de Jésus sur le monde

Un évènement qui a eu pour le monde une importance capitale, c'est le passage de l'humanité à la religion chrétienne, au christianisme, c'est-à-dire de l'abandon du paganisme, des faux Dieux, du polythéisme au monothéisme du vrai Dieu.

Ce monothéisme[1] a bien existé dans l'Antiquité, chez certaines nations, par exemple en Égypte, mais généralement tous les peuples anciens étaient adonnés à de grossières superstitions et adoraient de faux Dieux innombrables.

L'influence et l'action de Jésus sur le monde ancien et sur le monde moderne a été diversement appréciée. Voici ce que nous en dit l'architecte regretté Daniel Ramée dans un volume déjà signalé : « Les conséquences de l'action de Jésus et les sentences morales qu'il a formulées n'ont eu d'effet direct que sur une partie occidentale restreinte de l'Asie, sur quelques contrées du nord de l'Afrique et sur l'Europe. L'extension de ces conséquences n'est d'ailleurs attribuable qu'à l'esprit de trafic et d'usure des juifs qui les a éparpillés dans tous les pays bordant la Méditerranée. Elle n'est encore due qu'à la généralisation de la langue grecque amenée par les conquêtes d'Alexandre, et surtout à la réunion de presque toutes les nations connues des Romains sous leur sceptre conquérant. — Telles sont les causes de l'influence de Jésus et de sa doctrine dans le monde au point de vue géographique.

« La population de l'Asie est d'environ 750 millions d'habitants. Le Brahmanisme et le Bouddhisme s'en partagent l'empire religieux. La population de l'Europe est de 150 millions d'habitants ; c'est dans son sein qu'est le siège du christianisme sorti du Judaïsme, qui lui-même, comme le Mahométisme, est originaire des hordes nomades qui ont habité et qui habitent encore les déserts de l'Arabie formant une population d'environ

1. Voir à ce sujet notre *Isis Dévoilée, passim,* un-vol-in 12, 2e édition, Paris, 1899.

12 millions d'habitants. Il y a à peu près 115 millions de catholiques en Europe ; le reste est protestant et de rite grec.

« On voit par ces chiffres quel est le rôle restreint que le christianisme a joué sur la scène du monde. S'il a duré dix-huit siècles, c'est que depuis Constantin ses docteurs ont constamment pu parler haut, sous l'égide du bras politique et temporel, tandis que la parole de ses nombreux adversaires a été étouffée. »

Nous sommes loin de partager l'opinion de notre regretté ami, au sujet de ce qui fait le fond de ce chapitre, il nous sera bien facile de montrer que D. Ramée s'est trompé dans ses appréciations.

En ce qui concerne l'influence de Jésus au point de vue géographique, on ne saurait admettre que ce sont les israélites qui ont pu la propager ; chacun sait que les juifs se sont toujours montrés réfractaires à la doctrine Jésunienne, ils ne l'ont donc pas répandue.

En ce qui concerne la marche lente du christianisme à travers le monde et le nombre relativement restreint de ses sectateurs, on ne saurait en rendre responsable le Christ, car ce qui a retardé la marche rapide de la doctrine, ce sont précisément les persécutions exercées depuis Constantin contre les non-chrétiens jusqu'à nos jours, persécutions poursuivies par ceux-là mêmes qui avaient la mission de prêcher et de répandre la tolérance et la Paix.

Donc ce sont, en définitive, les collaborateurs de Jésus, ses apôtres, ses successeurs qui ont arrêté l'avènement du Royaume de Dieu, comme nous allons voir.

Pour nous, nous trouvons très considérable le progrès accompli par Jésus, la destruction du monde païen n'était pas chose facile et la transformation totale des mœurs de l'Antiquité en de nouvelles mœurs tout à fait différentes était une immense révolution à accomplir. — Or cette révolution a été accomplie par Jésus sans autre effusion de sang de sa part que celle de son propre sang ; quant au sang des martyrs, depuis Constantin, depuis la Réforme et de nos jours, il n'a servi qu'à retarder les Progrès du christianisme. On n'impose pas une foi et une religion par la force et c'est pourquoi la religion brahmanique et celle du divin Bouddha comptent de plus nombreux fidèles, comme le dit D. Ramée, que le christianisme.

La révolution du divin Nazaréen a eu besoin de près de mille ans pour s'accomplir, parce que le divin révolutionnaire n'a pas trouvé, nous venons de le dire, dans ses aides-collaborateurs des capacités à la hauteur de l'évènement qu'il voulait accomplir, et c'est en partie pour cela qu'il a échoué dans sa mission; c'est pour cela que la religion nouvelle, basée sur l'unité Trinaire ou *Trinité,* ne mit pas moins de trois siècles à se former, puis les reliquats des anciennes réactions diverses, des conservateurs de privilèges, une sorte d'aristocratie despotique et cruelle, voulant retarder l'avènement du règne de la Paix, du *Règne de Dieu,* c'est-à-dire du règne de tolérance, de solidarité, de Fraternité et d'amour proclamé par Jésus, se sont mis en travers de son œuvre, et ont essayé de l'enrayer par tous les moyens possibles.

Tous les conservateurs de l'ancien ordre des choses par eux établi, qui leur permettait de vivre largement aux dépens des masses populaires, se sont efforcés et s'efforcent encore de nos jours (car cette race n'est pas morte) de retarder l'avènement du *Royaume de Dieu,* annoncé par Jésus.

C'est alors que commencent les persécutions des Empereurs romains contre les idolâtres (après celles qu'ils avaient exercées contre les chrétiens). — Les persécutions contre l'idolâtrie terminées, l'Église chrétienne triomphante, ce sont les chefs de celle-ci qui, voulant dominer le monde, commencent par dénaturer, défigurer et transformer la belle philosophie de Jésus et dénomment la nouvelle doctrine imaginée par eux: *religion catholique* et *apostolique,* c'est-à-dire UNIVERSELLE (*katholicon*) et fondée censément par les apôtres, et le jour où ils peuvent implanter le Siège de cette nouvelle religion dans la capitale du monde, dans la capitale des Césars, la *Ville éternelle* des réactions, les soi-disant successeurs du Christ ajoutent aux précédentes dénominations celle de l'Église Romaine, afin de bien démontrer que si un vieux monde s'est effondré, si Rome a changé de *temples,* de *maitres* et de *destin,* le nouveau césarisme appelé *papauté* s'est substitué dans le monde nouveau au joug césarien et qu'à son tour le nouveau Maitre, le *Maximus Pontifex,* le Souverain Pontife, n'hésitera pas à sacrifier et immoler des hécatombes de victimes humaines pour faire triompher *per fas et nefas* son intransigeance et son intolérance religieuses.

Hors de l'Église, pas de salut, et mort pour tous les idolâtres, les infidèles et les hérétiques.

Et voilà comment le christianisme a été transformé en catholicisme, il ne faut pas confondre ces deux termes, encore moins les deux religions!!!

Et voilà pourquoi la doctrine évangélique du divin Maitre a cessé de progresser et de se répandre dans le monde, de civiliser et de fraterniser entre elles les nations, puis entre eux, les divers membres d'une même nation. — Il ne faut donc pas rendre responsable J.-C. si, après dix-neuf-cents ans, sa belle et suave doctrine essénienne n'est pas plus répandue dans le monde ; il ne faut surtout pas dire que les bouddhistes sont plus nombreux que les chrétiens, car *bouddhisme* et *christianisme* sont une seule et même chose, une seule et même religion, la doctrine chrétienne, en effet, dérive de la doctrine bouddhique. Toutes deux ont une seule et même origine, comme nous le disons et croyons l'avoir démontré dans le chapitre XX qui étudie les *nouvelles origines du christianisme,* origines indiquées par divers auteurs avant nous, mais qui n'ont jamais voulu être écoutées *à fortiori,* acceptées par l'Église catholique, apostolique et romaine...

La religion du doux Nazaréen a donc été entièrement faussée, comme nous venons de le voir et complètement détournée de son but, du noble but de son fondateur et n'a pas eu dès lors l'immense portée sociale qu'il s'était proposée en fondant son Œuvre tout humanitaire et rien qu'humanitaire, ne l'oublions pas, car c'est là et non ailleurs que réside son utilité, son indispensabilité, ce qui la fera vivre éternellement et qui empêchera toujours et à jamais les portes de l'Enfer de prévaloir contre elle.

Et que sont les portes de l'Enfer ? Ce sont les misérables despotes, les grands massacreurs d'hommes, qui se couvrent de laurier et de gloire en faisant le mal ; ce sont les juges abominables qui donnent injustement gain de cause au riche au détriment du pauvre ; ce sont les monopoles accapareurs, les usuriers, banquiers, *mercantis,* tous ceux que Jésus chassait du Temple, c'est-à-dire de sa Maison ; les *portes de l'Enfer* sont, en un mot, la conjuration du mal, destructrice de ce qui est beau, de ce qui est grand et noble, destructrice de toutes les forces vives, libérales et fraternelles de l'humanité, la conjuration du mal contre l'amour du prochain qu'est venu propager le doux Essénien, le doux Nazaréen !...

La belle religion essénienne détournée du noble but que s'était proposé son fondateur a créé parmi la masse populaire l'irréligion, qui a profondément matérialisé cette masse, ce troupeau humain... Dès lors, les classes ont méconnu les devoirs réciproques que leur imposait la sociabilité et elles ont abandonné la belle devise essénienne : *Tous pour chacun, chacun pour tous* ; elles lui ont substitué la devise de Moloch : *chacun pour soi et Dieu pour tous,* or le nouveau Dieu était Moloch !...

L'avènement du *struggle for life* imaginé par l'Anglais est arrivé : égoïsme, égotisme même ; manger les autres, afin de n'être pas mangé soi-même !

D'où dérivent les catastrophes terribles dans le passé, plus terribles et imminentes pour l'avenir !

Doit-on s'affliger des périls de l'heure présente et des catastrophes qui vont s'abattre sur l'humanité au commencement du vingtième siècle ?

Le philosophe, le penseur ne doit ni s'en affliger ni s'en réjouir, il doit rester calme, placide devant l'imminence du danger, sachant fort bien que tel est le cours du monde : l'action amène la réaction, la tempête, le calme ; la ruine, la reconstruction et les cataclysmes, la RÉNOVATION !...

Et de même qu'après la pluie, la tempête et l'orage survient le beau temps, le calme et l'arc-en-ciel, de même après les catastrophes et après le matérialisme et ses tristes effets surviendra le néospiritualisme apportant avec lui la paix, la charité, l'amour et les conséquences qui dérivent de ce dernier :

l'ÂGE D'OR !

Celui-ci nous est prédit par les voyants contemporains.

Si l'Église *catholique, apostolique* et *romaine* a perdu les traditions de l'Église simplement *chrétienne,* de l'ÉGLISE DU CHRIST, si elle a créé une cour et une aristocratie papales pour remplacer la cour et l'aristocratie césariennes, il n'en a pas toujours été ainsi ; dans ses débuts, elle s'est montrée *communiste,* c'est-à-dire altruiste envers tous et c'est là son véritable rôle, duquel elle n'aurait jamais dû sortir et dans lequel elle devra rentrer et se maintenir dorénavant ; ce n'est que de cette façon qu'elle pourra poursuivre et accomplir sa mission apostolique toute de paix, de bonté, de mansuétude et d'amour !

Dans un opuscule du Comte de Larmandie qui porte modestement Notes sur l'Esorérisme[1] nous trouvons quelques lignes qui expliquent fort bien pourquoi le christianisme primitif fut amené à adopter des formes communistes *pour faciliter son établissement.*

Il est bien certain, dit notre confrère, que le christianisme primitif fut communiste et égalitaire, mais pourquoi ? Précisément pour produire un incoercible effet de désagrégation et de dissolution sur le monstrueux Empire romain, dont il ne devait pas rester pierre sur pierre. Ce résultat obtenu, l'Église, pour vivre, s'est logiquement hiérarchisée. — Je suis heureux de retrouver cet impeccable raisonnement dans deux numéros de l'INITIATION, sous la signature de Guymiot. Comme il y a très peu de tables rases, il faut toujours démolir pour arriver aux reconstructions : dans la période d'écrasement, il est naturel et conséquent d'employer les moyens destructeurs. Le christianisme ne fut communiste qu'à titre temporaire, l'Église comme la Magie est depuis longtemps synarchique, et c'est sur le principe d'autorité,

1. *Magie et religion,* un vol in-18 de 195 p., Paris, 1838.

moins que sur tout autre, qu'une antinomie pourra être signalée.

« La magie est à la religion, ce que la lumière, fluide universel vibrant dans les espaces intercosmiques, est à l'astre individualisé, source de chaleur et de vie pour les mondes qui roulent dans sa sphère d'attraction céleste. »

Certes, il faut de la *Hiérarchie* et de la *Synarchie* (nous le reconnaissons volontiers), *l'Anarchie* ne pouvant amener que de tristes et calamiteux résultats pour tous dans une organisation sociale, mais il ne faut pas que les Hiérarques et les Synarques soient de vulgaires et profonds ambitieux et de renforcés égoïstes ; il ne faut pas que les têtes, les chefs d'une institution quelconque, possèdent tout et les gouvernés, les administrés, rien !

Ainsi pour en revenir à notre principal sujet, à l'évolution du christianisme nouveau, au néochristianisme, il est nécessaire, indispensable que les chefs de l'Église chrétienne vivent aussi modestement qu'au premier siècle de l'Église. Il ne faut pas que le Pape habite un palais[1] et qu'il possède des revenus plus considérables qu'aucun potentat ; il faut que les cardinaux délaissent la pourpre, leurs palais et leurs carrosses, que les archevêques et les évêques fassent de même.

On leur a dit souvent à ces messieurs qu'on dénomme (nous ne savons pourquoi) *éminences, grandeurs,* Jésus votre Seigneur et Maitre ne vivait pas dans la richesse et dans le luxe, il vivait, sans conteste, mieux que vous et jamais vous n'atteindrez à la hauteur de son génie. Commencez donc par l'imiter. Vendez vos châteaux, vos palais et vos équipages, et vivez dans une honnête et digne pauvreté !... Songez à la classe si intéressante des pauvres prêtres, de pauvres pasteurs, qui meurent littéralement de faim, tandis que vous êtes entourés de luxe et de superflu. — Songez aux modestes desservants des pauvres paroisses, des pauvres curés de village, qui ont tout juste de quoi vivre et qui sont encore obligés d'assister les pauvres ! Voilà bien les fidèles disciples, les vrais apôtres du divin Nazaréen ! Ce sont ceux-là les plus à plaindre et qui sont cependant les plus utiles à la religion de J.-C. ; celle-ci pourrait se passer des cardinaux et des évêques, mais non de ces pauvres serviteurs de Jésus. Or le recrutement de ces derniers devient de plus en plus difficile, et cela, à cause de l'énorme abnégation qu'on exige d'eux.

Les quelques lignes qui précèdent pourront paraitre de prime abord à quelques lecteurs étrangères à notre sujet, il n'en est rien ; elles l'éclairent au contraire d'un jour nouveau. En effet, si aujourd'hui Jésus n'a plus la même action, la même influence sur le monde, c'est que, nous l'avons dit

1. Ce que le brave abbé Rocca dénommait *Le Vatican royal.*

et nous ne saurions trop le répéter, ses successeurs le représentent fort mal. Il y a donc lieu de réformer de fond en comble le vieil édifice de la religion chrétienne et d'élever un Neo-christianisme, qui soit la copie pure et simple du christianisme ancien, de celui de Jésus, qui seul pourra régénérer le monde et parachever *l'œuvre du divin Maitre.*

La rénovation du monde et l'évolution de l'humanité se poursuivront ainsi de siècle en siècle jusqu'à l'Apothéose de l'âme humaine, de l'homme entrant dans le domaine divin et devenant non seulement le Fils de Dieu, mais DIEU même!...

Nous trouvons que dans ces temps modernes, personne n'a mieux dépeint l'utilité de la doctrine chrétienne que le grand penseur russe Tolstoï ; voici comment il s'exprime à ce sujet :

« La doctrine chrétienne se distingue de toutes les autres doctrines religieuses ou sociales, précisément en ce quelle donne le bonheur, non par des lois communes à tous les hommes, mais par la révélation à chaque individu du sens de sa vie et l'indication du bien et du mal. Et ce sens de la vie révélé par la doctrine chrétienne est tellement clair et positif que dès que l'homme l'a compris, il ne peut plus faire consciemment ce en quoi il ne voit pas le bien de sa vie, de même que l'eau ne peut pas ne pas suivre sa pente ni la plante ne pas tendre vers la lumière.

« Le sens de la vie révélé à l'homme par le Christ est dans l'accomplissement de la volonté de Celui qui nous a envoyé dans ce monde et vers qui nous retournerons en quittant ce monde.

« Le mal est donc seulement dans la non-observation et le bien dans l'accomplissement de cette volonté, dont les exigences sont si simples et si nettes qu'il est impossible de ne pas les comprendre ou d'en dénaturer le sens.

Si tu ne peux pas faire à autrui ce que tu voudrais qu'on te fît, du moins ne fais pas à autrui ce que tu ne veux pas qu'on te fasse. Tu ne veux pas qu'on te force à travailler dix heures de suite dans une usine ou dans une mine ; tu ne veux pas qu'on t'enlève la terre qui pourrait te nourrir ; tu ne veux pas qu'on t'enferme dans une prison ou qu'on te pende, parce que, par passion, par entrainement ou par ignorance, tu as commis une action illégale ; tu ne veux pas qu'on te blesse ou qu'on te tue à la guerre : ne le fais donc pas à autrui.

« Tout cela est si simple, si net, si indiscutable qu'un enfant ne pourrait pas ne pas le comprendre et qu'aucun sophiste ne pourrait le réfuter.

« Donc pour tout chrétien, comme pour n'importe quel homme, la question n'est pas de savoir s'il faut nous organiser d'après le système social actuel ou d'après un système nouveau, mais bien de savoir, comment il faut agir dans l'alternative qui se présente à chaque instant : Dois-je, contrairement à ma conscience, prêter mon concours à une organisation sociale qui reconnait la propriété de la terre à ceux qui ne la travaillent pas, qui prélève un impôt sur le pauvre pour le donner au riche, qui condamne à la prison ou au bagne ou punit de mort des hommes égarés, qui envoie au carnage, qui dégrade les peuples par l'opium, par l'alcool, etc. ?

Ou bien dois-je refuser toute participation d'un gouvernement dont toute ma conscience réprouve les actes ?

« La force de la doctrine chrétienne réside précisément en ceci qu'elle ramène toutes les questions du domaine de l'incertitude et du doute dans celui de la certitude indiscutable... On dira : « Mais c'est la négation de tout gouvernement et la destruction de l'ordre social actuel ! » Hé bien, si l'accomplissement de la volonté de Dieu détruit l'ordre social actuel, n'est-ce pas la preuve incontestable que cet ordre social est contraire à la volonté de Dieu et qu'il doit être détruit ? »

Il nous parait difficile de ne rien objecter à une logique aussi inflexible.

Tout ce que dit Tolstoï est scientifique mathématique, si l'on peut dire, et tout logicien est bien obligé de l'admettre... sans restriction.

Passons à l'étude ou plutôt à l'exposition de l'ésotérisme, de la mystique et du mysticisme du christianisme.

CHAPITRE XIX

Ésotérisme et mysticisme du christianisme

Le chapitre précédent nous permet d'admirer les hautes facultés que dut déployer le Christ pour accomplir son œuvre.

De quelle puissance mentale devait être doué le Nazaréen, qui s'était armé pour la lutte pendant plus de 25 ans dans le mystère de l'ésotérisme essénien. Il avait une puissance formidable et il était doux comme une femme. En douze ou quatorze mois, il frappa de mort l'ancien état des choses, puis il insuffla au monde, à ce cadavre revivifié, une âme toute nouvelle...

Arrivé à ce point de notre œuvre, nous devons décoller en partie ici l'ésotérisme chrétien, en parlant tout d'abord de l'incarnation, loi à laquelle ont cru les fondateurs du christianisme, y compris le divin Maitre, le doux Nazaréen (du reste, l'Incarnation, ou mieux la réincarnation est enseignée dans le Nouveau Testament) ; puis nous exposerons l'universalité de l'Esprit divin et de la divinité de l'homme, nous traiterons enfin du *mystère du Christ* ou *mystère de l'Évangile* ; mais nous ne dévoilerons pas ici tout l'ésotérisme, il y faudrait consacrer tout un volume[1] ; au moins, nous ne donnerons donc que des principes fondamentaux.

Nous venons de dire que la réincarnation est enseignée dans le *Nouveau Testament*, on y lit en effet dans Mathieu[2] que les apôtres dirent à Jésus : « Les uns prétendent que vous êtes Jean-Baptiste, d'autres, Élie, d'autres, Jérémie ou un des prophètes ».

Il leur répondit : « Et vous autres, qui croyez-vous que je sois ? »

1. Cf. — *La doctrine ésotérique à travers les âges,* 2 vol. in-12. Paris, Dorbon Aîné. 1900. C'est une véritable Encyclopédie de la *doctrine secrète,* chez tous les peuples et dans tous temps.

2. IX, I, 2, 3. —Voir aussi Marc, VI, 14, 15, 16. Mathieu, XIV, 1, 2 ; XI, 7, 9, 13, 14. — Luc IX, 7-8, 9.

Ceci prouve bien que les apôtres croyaient à la réincarnation, à la préexistence de l'âme ; ceci démontre aussi que Jésus partageait là-dessus la croyance de ses apôtres, car il ne leur adresse aucun reproche au sujet de leur manière de voir, mais il la confirme par la question qu'il pose. — De tous les passages de l'Évangile qui concernent notre sujet, le plus remarquable est sans contredit celui de Jean[1] dans lequel on peut voir que les Hébreux admettent aussi que la réincarnation pouvait se produire chez tous les hommes : « Comme Jésus passait, il vit un aveugle de naissance. Les disciples lui demandèrent : « Maitre, qui a péché ? Est-ce cet homme ou son père ou sa mère pour qu'il soit ainsi aveugle ? »

Jésus répondit : « Ce n'est point qu'il ait péché, ni son père ni sa mère, mais c'est afin que les œuvres de Dieu soient manifestées en lui. »

Puisqu'il s'agit d'un aveugle de naissance et que les Juifs demandent à Jésus s'il est aveugle parce qu'il a péché, cela signifie évidemment qu'ils voulaient parler des péchés que cette individualité avait pu commettre dans une précédente existence ; aussi leur observation est-elle toute naturelle et ne donne lieu à aucune explication interprétative.

De même Jésus répond simplement et sans s'étonner en rien, au sous-entendu concernant le dogme des renaissances ; il l'admet comme un fait incontestable.

Quant à l'ésotérisme chrétien, il rayonne de lui-même dans les Évangiles éclairés par les traditions esséniennes et gnostiques. Il jaillit, comme d'une source vive, de la parole du Christ, de ses paraboles, du fond même de cette âme incomparable et vraiment divine. En même temps, l'Évangile de saint Jean nous donne la clé de l'enseignement intime et supérieur de Jésus avec le sens et la portée de sa promesse. Nous retrouvons là cette doctrine de la Trinité et du Verbe divin, déjà enseignée depuis des milliers d'années dans les temples de l'Égypte et de l'Inde, mais évertuée, personnifiée par le Prince des Initiés, par le plus grand des fils de Dieu[2].

Quelques pages plus haut, dans cette même introduction, le même auteur nous disait[3] :

« Toutes les grandes religions ont une histoire extérieure et une histoire intérieure ; l'une apparente, l'autre cachée. Par l'histoire extérieure, j'entends les dogmes et les mythes enseignés publiquement, les temples et les

1. Ch. Di, 1, 2, 3.

2. Ed. Schuré, *Les grands Initiés.* Introduction, page XVIII.

3. Ibid, pages, XIII et XIV.

Écoles reconnus dans le culte et les superstitions populaires. Par l'histoire intérieure, j'entends la science profonde, la doctrine secrète, l'action occulte des grands initiés, prophètes ou réformateurs, qui ont créé, soutenu, propagé ces mérites religions. La première, l'histoire officielle, celle qui se lit partout, se passe au grand jour; elle n'en est pas moins obscure, embrouillée, contradictoire. La seconde que j'appelle la Tradition ésotérique ou la doctrine des mystères est très difficile à démêler. Car elle se passe au fond des temples, dans les confréries secrètes, et ses drames les plus saisissants se déroulent tout entiers dans l'âme des grands Prophètes, qui n'ont confié à aucun parchemin ni à aucun disciple, leurs crises suprêmes, leurs extases divines. Il faut la deviner. Mais une fois qu'on la voit, elle apparait lumineuse, organique, toujours en harmonie avec elle-même. »

Après la page remarquable d'un éminent spiritualiste, le lecteur ne sera pas fâché de voir comment un savant matérialiste comprend le symbolisme et l'ésotérisme des religions et leur utilité; voici ce que nous dit M. Renan[1] : « Jamais l'homme en possession d'une idée claire ne s'est amusé à la revêtir de symboles : c'est le plus souvent à la suite de longues réflexions et par l'impossibilité où est l'esprit humain de se résigner à l'absurde qu'on cherche des idées sous les vieilles images mystiques, dont le sens est perdu. »

Donc d'après Renan, les symboles ne représentent que des choses absurdes ; ce n'est vraiment pas la peine d'être un grand érudit, un membre de l'Institut pour émettre de pareilles idées.

Étudions maintenant ce qu'il faut entendre par l'expression :

Le mystère du Christ

Cette expression sert à désigner la présence dans l'homme de ce rayon du Verbe, de cette étincelle de l'Esprit de Dieu qui est nommé *Christ.* — Le christianisme et la Théosophie ne donnent pas à ce terme la même signification ; celle-ci prétend que l'échelle des êtres est infinie, que de l'homme à l'émanation première de l'absolu, de l'homme au Logos (Christ universel), il existe un nombre considérable de degrés de développement et que cette énorme distance ne saurait être franchie d'une façon arbitraire. Le corps du Logos (du Christ) c'est l'univers tout entier et toutes les qualités de cet univers, toutes les potentialités de matières (visibles ou invisibles) que nous nommons des êtres, ont pour cause cet Esprit universel, dans lequel nous

1. *Vie de Jésus,* page 3.

vivons et nous nous mouvons, ce que l'apôtre Paul a parfaitement défini en disant : « Dieu opère en toutes choses et en tous ; l'esprit se manifeste en chacun ; l'Esprit est ce qui donne sagesse, science, foi, don de guérir, don de miracle, de prophétie, de discernement des esprits, don des langues : c'est un seul et même Esprit en toutes ces choses[1].

« Le Verbe est dans ta bouche, dans ton cœur...[2].

« Vos corps sont les membres du Christ. Glorifiez Dieu dans votre corps et dans votre esprit. »

Ces citations montrent que chaque être est animé par l'étincelle divine, soleil central, spirituel, et que nos corps eux-mêmes ne sont que des parties du corps du *Logos.*

On voit donc qu'il n'est pas possible d'admettre le sens que les chrétiens (depuis leur séparation avec la Gnose) donnent à ce mot de CHRIST, celui-ci étant pour les chrétiens le *logos universel* même, incarné dans un corps humain, celui de Jésus, ce qui est absolument faux, car Paul, d'accord en cela avec tous les *Initiés,* nous apprend que le LOGOS ne s'est lamais incarné et ne pourra jamais s'incarner dans un corps humain ou dans un corps angélique, étant le *Logos* infini, dont nos âmes ne sont que des étincelles.

Ce mot de Christ est également le symbolisme qui exprime, dans tout être, la présence d'un rayon de cet esprit universel.

L'affirmation que le Christ est dans l'homme est également énoncée d'une façon évidente dans le passage suivant de Paul : « J'ai été chargé d'annoncer publiquement la parole de Dieu, c'est-à-dire le mystère qui a été caché dans tous les siècles et que Dieu a maintenant manifesté à ses saints, à savoir que le CHRIST EST EN VOUS[3]. »

Puisque chacun a le Christ en soi, le salut de chaque homme peut être accompli dans n'importe quelle religion qu'il professe, dès que cette religion est fondée sur la morale, sur la charité, sur la fraternité et cela, parce que le principe : *le Christ,* le rayon de l'Esprit universel doit se développer dans l'homme, JUSQU'À CE QU'IL SOIT PARVENU A LA STATURE PARFAITE DU CHRIST[4].

Car le mystère du Christ, qu'on dénomme aussi *mystère de l'Évangile,* est

1. Romains, X, 8.
2. Corinthiens, XII, 6, 7, 8, 9, 10 et 11.
3. Romains, X, 8.
4. Coloss. I, 25, 26, 27.

non seulement la Révélation de la présence divine dans l'homme, mais encore l'affirmation que cette haute faveur est accordée à tout homme circoncis ou non circoncis, de même qu'aux Païens ou Gentils et n'est pas l'apanage de quelques-uns qui s'enorgueillissent à tort ; ceci est démontré encore d'une façon évidente par les écrits de Paul : « Dieu m'a fait connaitre le mystère du Christ, dit-il, mystère qui n'a pas été découvert aux Enfants des hommes dans les temps passés et qui a été révélé maintenant par l'Esprit à ses Saints et aux Prophètes, qui est : *que les Gentils participent à la promesse que Dieu a faite en Christ*[1]

« Il y a un seul Dieu, qui justifiera circoncis et incirconcis par la foi[2]. »

Bien mieux le salut de l'homme peut s'accomplir en dehors de toute religion, de tout culte extérieur, puisque chacun possède en lui l'Esprit de Dieu, qui peut donc répandre l'esprit de vérité sur les âmes pures qui possèdent l'amour de leurs semblables.

Ceci est également affirmé par l'apôtre Paul, quand il dit : « L'Esprit sonde toutes choses, même ce qu'il y a de plus profond en Dieu[3].

« Qui connait ce qui est en l'homme, si ce n'est l'esprit de l'homme, et en Dieu, si ce n'est l'esprit de Dieu[4].

« Or nous avons reçu l'esprit de Dieu.

« Et l'homme spirituel peut juger de toutes choses[5].

« Mais l'homme ne peut recevoir en lui le Christ qui est devenu parfait par un patient labeur appliqué à son développement, à son évolution, c'est un laborieux enfantement, comme dit l'apôtre :

« Je sens pour vous les douleurs de l'enfantement *jusqu'à ce que le Christ soit formé en vous*[6]. »

Il faut donc à l'homme de nombreuses renaissances pour accomplir cette évolution pendant ce long pèlerinage de l'*Individualité.* Or ce pèlerinage ne prend fin, que lorsque l'Égo personnel (le corps mental, le *Manas* inférieur) entièrement développé a pu s'unir d'une façon intime à l'Individualité, au Christ, ce que les Théosophes désignent sous les termes sanscrits *Atma-*

1. Ephès. IV, 13.
2. *Ibid* III, 3,4, 5,6.
3. Romains, III, 29. —
4. Corinthiens, II, 10. —
5. Corinthiens, II, 12.
6. *Ibid* II, 15.

Buddhi, qui est en l'homme, comme nous l'avons vu par ce qui précède et les deux citations qui suivent.

Le véritable *Sacrifice du Christ* réside dans le don que l'esprit divin fait de lui-même à toutes les créatures humaines.

« C'est un seul Esprit, un seul Seigneur, un seul Dieu qui est au-dessus de tous, parmi tous et en tous[1] comme nous l'avons vu précédemment. — Dieu demeure en nous, il nous a fait don de son Esprit[2]. »

Nous allons étudier ici diverses questions ésotériques et tout d'abord quelques maximes ésotériques de Jésus, qui ne juge pas, il a eu soin de nous le dire : « Ne jugeons pas, si nous ne voulons pas être jugés. »

Ce qui juge, c'est la vérité de sa doctrine, aussi tous ceux qui sont émus par sa Prédication, tous ceux-ci sont dans la bonne voie, dans la voie de la vérité, de la pureté, de l'amour, ce n'est pas pour eux qu'il s'est incarné comme il nous l'a dit : « Je suis venu appeler non les justes, mais les pécheurs. »

Et il a soin d'ajouter ce qui suit, que bien peu de commentateurs ont compris :

« Il y a plus de joie au Ciel pour un pécheur qui se convertit que pour quatre-vingt-dix-neuf justes, qui font le bien. »

Ce qui signifie qu'il y a plus de joie pour un pécheur qui s'amende, et que les âmes bien heureuses se réjouissent beaucoup plus d'arracher une âme au mal, à la destruction, que de penser aux âmes pures, honnêtes et fermes pour lesquelles on n'a aucune inquiétude.

Le Christ recommande la lutte, c'est un exercice indispensable pour le salut pour l'évolution de l'homme, c'est pour cela qu'il nous dit : « Ceignez vos reins et ayez dans vos mains des lampes allumées[3]. »

Ce qui veut dire que l'homme doit se préparer à lutter contre le mal et à avoir la plus grande vigilance en tout et pour tout.

De ce qui précède, on a voulu conclure qu'il a préconisé la guerre ; c'est là une grave erreur, la lutte n'est pas la guerre et ce qui le prouve bien, c'est que même quand il emploie le terme glaive, il ne parle qu'au figuré dans un sens spirituel ; les glaives désignent l'énergie spirituelle, dont les apôtres eurent le plus grand besoin pour accomplir leur mission. Le courage moral, en effet, est autrement difficile à acquérir que le courage physique.

1. Galates, IV, 19.
2. Ephésiens, IV, 4, 5 , 6 .
3. Jean, I, IV. 12, 13.

Une tradition prétend que Jésus aurait communiqué à trois de ses disciples : Simon Barjona ou Pierre, Jacques, fils de Zebedée et à Jean son frère une Gnose ou doctrine secrète. — Ces trois disciples formèrent, autour de Jésus, comme une sorte de comité intime, il n'y a donc rien de surprenant qu'il leur ait communiqué la doctrine ésotérique, qu'il connaissait fort bien, car il a su dissoudre le fixe et coaguler le volatil, comme disent les Alchimistes, « puis il a entrecroisé à angles droits les produits obtenus, afin de réaliser en lui-même, ce que les Hermétistes ont dénommé le *Magnum Mysterium,* c'est-à-dire le GRAND-ŒUVRE, ce qu'il a dénommé l'*Unique nécessaire.*

Nous fournirons une nouvelle preuve des connaissances transcendantes de Jésus par le passage suivant d'un papyrus copte traduit par M. E. Amelineau.

« Jésus était assis au milieu d'eux (de ses disciples) ; il arriva donc dans le quinzième jour de la lune du mois de Tobé[1] qui est le jour où la lune accomplit (sa révolution) ; en ce jour-là, lorsque le soleil fut sorti de sa marche[2], après lui vint une grande puissance de lumière lumineuse, grandement, grandement, sans qu'il y ait de mesure à la lumière dans laquelle elle se trouve, car elle est sortie de la lumière des lumières, elle est sortie du dernier mystère... Mais elle (cette puissance de lumière) elle vint au-dessus de Jésus et l'entoura tout entier, alors qu'il était assis et éloigné de ses disciples, et il était lumineux grandement, grandement, sans qu'il y eût de mesure à la lumière où il se trouvait, et les disciples ne voyaient pas Jésus en dehors de la grande lumière où il était où qu'il était, car leurs yeux étaient aveuglés par la grande lumière où il était, mais ils voyaient seulement la lumière qui lançait un grand nombre de rayons lumineux et les rayons lumineux n'étaient pas égaux entre eux, mais la lumière était de toute sorte et de tout type depuis le sol jusqu'au ciel, l'un étant plus que[3] l'autre à l'infini[4] dans une grande gloire lumineuse et incommensurable qui partait du sol jusqu'aux cieux.

« Et lorsque les disciples virent cette lumière, ils furent dans une grande crainte et un grand trouble. Il arriva donc lorsque cette puissance de lumière fut venue sur Jésus et l'eut entouré peu à peu, alors Jésus monta ou vola dans l'air, étant devenu lumineux grandement dans une lumière in-

1. Luc, XIII, 25. Voir note 190.

2. C'est-à-dire que sa lune était alors en son plein et que le soleil avait commencé sa course.

3. Mot à mot : plus choisis, plus élus.

4. Mot à mot : plus élus que l'autre point de fois. On pourrait peut-être trouver le texte fautif, le traduire trois-cent-quarante fois. Ce qu'il y a de certain, c'est que la phrase n'est pas copte, et qu'elle ne le serait pas avec la seconde traduction. Comme l'œuvre que je traduis est elle-même traduite du grec, c'est ce qui me porte à préférer la première manière de traduire.

commensurable, et les disciples le regardaient sans que l'un d'eux parlât jusqu'à ce qu'il fût entré dans le ciel, mais ils étaient tous dans un grand silence. C'est ce qui arriva le quinzième jour de Tôbé[1].

« Il arriva, lorsque Jésus fut entré au ciel, après trois heures, que toutes les vertus des cieux furent troublées et s'agitèrent toutes les unes sur les autres, elles avec tous leurs Æons... »

Il est très fâcheux que M. E. Amelineau ne fasse pas suivre sa traduction de quelques commentaires pour en expliquer l'ésotérisme, si toutefois il en connaissait assez pour se livrer à ce travail. Quoi qu'il en soit, nous allons en donner une courte explication, afin que nos lecteurs puissent comprendre tout l'ésotérisme contenu dans ce texte copte.

Commentaires. — La force psychique obéit à des lois que nous ne connaissons guère, presque pas pourrions-nous dire, mais ce que nous savons bien, et cela par expérience, c'est que la force psychique est la plus considérable des forces, et peut, dans de bonnes conditions, enlever, soulever des poids énormes et agir à des distances inconcevables et tout cela aussi facilement qu'à son point de départ. — Il ne sera pas hors de propos de dire ici, que certains confondent encore la force psychique avec l'électricité ; ce sont deux forces absolument distinctes, nous n'en donnerons qu'une preuve ; c'est que le champ électrique diminue d'intensité, dans un rapport analogue au carré des distances, tandis que nous ignorons complètement comment agit la force psychique dans les mêmes conditions.

Ce qui précède prouve donc que ce n'est pas avec un galvanomètre qu'on doit mesurer la force psychique, mais bien avec un magnétomètre, celui de l'abbé Fortin, par exemple.

Ce qui prouve encore que la force psychique n'est pas de l'électricité, c'est que, tandis que celle-ci se propage par induction ou conduction, celle-là, au contraire, ne se propage que par rayonnement.

Le fluide électrique court à la surface d'un fil et produit un champ qui rayonne autour de ce même fil, tandis que le fluide psychique, fluide neurique, influx nerveux, fluide vital (peu importe le nom qu'on lui donne) court sur la surface des neurones et produit un champ qui rayonne autour des nerfs et ce rayonnement est parfois très considérable, suivant les personnes qui le constituent.

1. Le mois de Tôbé ou mieux Tybi est le premier mois de la tétraménie de l'hiver. — *Dictionnaire général de l'archéologie* et *Des antiquités chez les divers peuples*, un vol. in-12, Paris.

On le nomme *Aura,* et c'est par celle-ci que la force psychique est directement reliée au corps astral par des lignes de forces qui traversent tous les corps, sans avoir besoin pour cela de suivre un conducteur quelconque. C'est cette propriété qui permet au fluide astral de rayonner à des distances incalculables, fantastiques pour l'esprit humain.

C'est donc par son *aura* reliée à son *atma,* que le divin Maitre fut enlevé au ciel, comme une plume, comme l'aimant attire le fer, et c'est ainsi qu'on peut expliquer l'Ascension du Christ dans le ciel. Quant au corps physique, dans un tel cas, il est dévoré par le feu astral, par le *Fohat,* il se volatilise et il s'éclipse dans l'air, comme une fumée légère.

Nous devons nous arrêter ici sur l'ésotérisme et dire quelques mots de la mystique en terminant ce chapitre, ces deux sujets sont si vastes qu'on pourrait facilement consacrer à chacun deux plusieurs volumes, sans l'épuiser.

Le mysticisme, la concentration de pensée, donne aux sens de l'homme une acuité surprenante. C'est cette hyperesthésie des sens qui fait le *Voyant* et rapproche de plus en plus l'homme de son état futur c'est-à-dire de l'homme tel qu'il était avant sa chute dans la matière.

En mystique, il y a, comme en toute science, des axiomes. L'un de ces axiomes fournit à celui qui le pratique une force considérable, cet axiome le voici : « Toute œuvre doit être accomplie en esprit de patience » — « Détache-toi du fruit de l'acte, dit la Bagavad-Gita, ne considère point le but et le terme, mais l'effort actuel. »

Ceci revient à dire que, pour obtenir un résultat quelconque, il ne faut laisser distraire sa volonté par quoi que ce soit ; il faut, au contraire, la concentrer en vue de la réalisation de l'acte. Cette concentration est un des grands pouvoirs magiques.

CHAPITRE XX

Nouvelles origines du christianisme

Les origines du christianisme embrassent une période obscure d'environ quatre-cents ans, c'est-à-dire de l'époque primitive de la fondation de cette religion jusqu'au moment où son existence éclata d'une façon notoire aux yeux de tous.

La religion chrétienne ou christianisme est très certainement d'origine aryenne, car elle n'est guère qu'un mélange de Mazdéisme, de Brahmanisme et de Bouddhisme, mélange souvent noyé dans un mysticisme sinon inexplicable, du moins encore fort peu expliqué.

Le christianisme a emprunté au vieux bouddhisme de l'Inde antique tout son cérémonial : messe, rosaire, cierges, encens, etc., ses couvents et ses moines, ses adorations perpétuelles, chapelets, rosaires, etc.

Au Mazdéisme au Zend-Avesta, il a emprunté son Paradis, son Enfer, son Diable ou Prince des ténèbres (Arhiman), une partie de sa liturgie et jusqu'à ses anges gardiens (ou Ferwœrs).

L'idéalisme de Platon, le philosophe grec, lui a fourni l'Évangile de Jean qui est comme la quintessence de la métaphysique chrétienne, de *l'ésotérisme chrétien,* et tandis que celui-ci dit que l'homme a besoin de se régénérer, l'ésotérisme hindou dit tout simplement que l'homme a besoin de se générer, autrement dire d'évoluer.

La religion chrétienne n'a pas non plus imaginé ou inventé la Triade ou Trinité, la Trimouri en effet, existait dans l'Inde quinze ou vingt-mille ans avant J.-C. — Postérieurement à cette haute antiquité, la Trinité a existé chez les anciens Égyptiens, chez les Celtes des Gaules et chez d'autres peuples, seulement tandis que les autres mythes religieux admettent dans leur Triade le père, la mère et l'enfant, ce qui est de toute logique, dès qu'on admet un Dieu anthropomorphe, le christianisme n'admet que le Père, le Fils et le Saint-Esprit, sous la forme d'un oiseau, d'une colombe. Pourquoi cette différence ?

Parce que le principe féminin n'est pas en odeur de sainteté auprès de Paul et des Pères de l'Église ses successeurs. — Ce dernier fait est absolument prouvé par les diatribes de ces bons Pères contre la femme qui est maltraitée par eux, au-delà de toute expression.

Ensuite, il se présentait une grande difficulté ; le fils de la Triade qui est un Dieu fait homme aurait eu deux mères, l'une divine et l'autre fille des hommes.

Et du reste, que le mystère de l'incarnation soit védique ou chrétien, il faut toujours une femme ou du moins une Vierge Mère pour son accomplissement ; dans l'Inde, c'est *Maya, Addha-Nari,* etc. ; en Égypte, c'est *Isis* ; chez les Hébreux, c'est *Myriam* et chez les chrétiens, c'est *Marie* ; et ces femmes Vierges reçoivent respectivement dans leur sein Krishna, Horus, Jésus dit le Christ... Dans le fond, nous voulons bien admettre que cette incarnation n'est qu'un symbole, pour certains commentateurs, qui nous disent que Marie n'est qu'une Héva ou Eve régénérée : l'éclosion de l'âme humaine de la philosophie hindoue et que le Christ lui-même n'est qu'un mythe, qu'un symbole. « Ainsi, la visite de l'ange Gabriel à Marie indique le développement des facultés supérieures qui éveillent la conscience dans l'âme humaine ; l'étable dans laquelle nait l'homme-Dieu signifie que l'animalité est le partage de l'homme ; la tentation du Christ sur la Montagne, l'emblème de la lutte des passions contre le divin de l'homme ; enfin le jugement et le crucifiement, une longue souffrance du Christ contre l'aveuglement humain, et ainsi de suite pour expliquer tous les actes de la *Vie de Jésus.*

Aussi, après ces quelques mots expliquant, dans ses grandes lignes, l'*ésotérisme Chrétien,* nous pensons que les partisans de l'Incarnation historique et non mythique agissent sagement de rester parqués dans l'exotérisme chrétien, parce qu'il ne saurait y avoir de juste milieu, de moyen terme : il faut, pour être bon chrétien, être ou complètement ésotériste ou exotériste ; hors de là, pas de salut possible. Or, dans le christianisme, comme dans toutes les autres religions du reste, les chefs, les Hiérophantes, les grands-prêtres ou Pontifes (*Pontífices Maximi)* en un mot les Clergés sont ésotéristes et la foule des fidèles reste exotérique ; elle doit croire sans comprendre, l'exotérisme devant suffire pour le *Vulgum Pecus!...*

Depuis fort longtemps, les origines orientales du christianisme ont été reconnues, mais jamais d'une manière aussi éclatante qu'à notre époque et cela par des écrivains de tout genre. — Ainsi il y a plus de trente ans déjà, que A. Schopenhauer a écrit : « Il est probable que le Nouveau Testament est d'origine hindoue, témoin son éthique basée sur la morale et aboutissant à l'ascétisme. Le monde n'apparait plus ici éclairé par l'optimisme israélite... n'est plus le but, mais le moyen : le royaume de la félicité éternelle se trouve au-delà de celui-ci, de la mort... Et le chemin qui y conduit, c'est le détachement du monde et de ses voies...

« Toute vérité du christianisme se trouve également énoncée dans le Brahmanisme et le Bouddhisme. Comme la connaissance du sanscrit nous a donné la clé pour comprendre les langues grecque et latine, ainsi la connaissance des deux autres religions de renonciation est nécessaire pour bien approfondir le christianisme. Je me berce de l'espérance qu'il sortira un jour un érudit de la Bible, bien versé dans les religions de l'Inde, qui démontrera leur parenté avec le christianisme et suivra l'analogie jusqu'au moindre détail. »

Les érudits n'ont pas manqué et ne manqueront pas ; en attendant, un savant professeur, Rudolph Seydel, de Leipzig, a écrit deux ouvrages remarquables pour prouver l'analogie qui existe entre Bouddha et Jésus-Christ ; ils ont pour titres :

L'Évangile de Jésus « — par rapport à la légende bouddhiste et à la doctrine de Bouddha ».

La Légende de Bouddha et la Vie de Jésus, selon les Évangiles.

C'est le même Seydel qui nous a dit : « Le christianisme n'est pas la religion parfaite, parce que Christ nous l'apporta et la représenta en sa personne, mais il nous l'enseigna, parce que c'est la religion parfaite. »

Il ajoute : « Ce que Dieu nous enseigne n'est pas la vérité, parce qu'il veut nous l'enseigner, mais Dieu nous l'enseigne, parce que c'est la vérité. »

Le principal but des ouvrages que nous venons de mentionner, c'est la démonstration de la conformité absolue, jusqu'au moindre détail, qui existe entre les traditions évangéliques de Jésus et les principaux écrits des traditions bouddhistes. Les Jacolliot, les Maitland, les Mead, les Sinnett et (nous-même) avec quantité d'orientalistes partagent la même opinion sur les *Origines du christianisme.*

« Bien que le christianisme moderne, dit Sinnett[1], se soit largement écarté de sa philosophie originelle, l'identité de cette dernière avec les philosophies primitives de toutes les religions est établie dans *Isis*[2] au cours d'une

1. *In Le Monde Occulte,* p. 128-129.

2. Dans *Isis unveiled,* qu'il faut ne pas confondre avec *Isis dévoilée, ou l'Égyptologie sacrée,*

discussion intéressante.

« Luc, qui était médecin[1], est désigné dans les textes syriaques comme Asaia (?) l'Esséen ou l'Essène. Les écrits de Josèphe et de Philon le Juif nous ont suffisamment fait connaitre[2] cette secte pour qu'il ne nous reste aucun doute dans l'esprit sur le réformateur Nazaréen ; après avoir été instruit au désert où habitaient ses maitres, et avoir été dument initié aux Mystères, il préféra la vie libre et indépendante d'un NAZARIA errant et se sépara d'eux ou s'INAZÉRIANA, pour devenir un thérapeute voyageur, un NAZARIA, un guérisseur... »

On voit ici que Sinnett ignore ce que nous savons, que parmi les Essènes ou Esséniens, il y avait les thérapeutes, ensuite que les Esséniens s'efforçaient par tous les moyens de cacher qu'ils faisaient partie d'une fraternité quelconque ; mais poursuivons la citation d'*Isis* : « Dans ses discours et ses prédications, Jésus parlait en paraboles et employait des métaphores pour son auditoire. C'était encore là une coutume des Esséniens et des Nazaréens ; les Galiléens, qui habitaient dans les villes et les villages, ne furent jamais connus pour employer de langage allégorique. Quelques-uns même de ses disciples, Galiléens comme lui, se trouvèrent surpris de le voir employer avec le peuple cette manière de parler. « Pourquoi leur parlez-vous en paraboles ? » demandaient-ils souvent. »

— « Parce qu'il vous est donné de connaitre les mystères du royaume de Dieu ; mais cela ne leur est point donné » ; voilà bien la réponse d'un Initié.

« Aussi, je leur parle par paraboles, parce qu'en voyant, ils ne voient point et qu'en entendant, ils n'entendent point. » De plus, nous trouvons Jésus exprimant ses pensées... en sentences purement pythagoriciennes, quand, dans le Sermon sur la Montagne, il dit : « Ne donnez point les choses saintes aux chiens, et ne jetez point vos perles devant les pourceaux, de peur qu'ils ne les foulent aux pieds et que, se retournant, ils ne vous déchirent. »

Mais là, où l'analogie est frappante et ne peut faire l'ombre d'un doute, c'est la parité qui existe entre les Sauveurs du monde dans l'Inde et celle de Jésus de Nazareth. Cette analogie est si frappante qu'on dirait que celle-ci est dérivée de la première.

Nous en faisons juge le lecteur.

Paris, Perrin, Ed., 2e Edition.

1. C'est évidemment *thérapeute* que veut dire Sinnett.
2. Voir nos chap, précédents IV et V.

Le Sauveur du monde dans l'Inde

Les traditions hindoues relatives à un enfant merveilleux annoncé comme Sauveur du Monde sont réunies dans un traité intitulé : *Vicrama-Charitra* ou Histoire de Vicramaditya.

Les Pandits hindous disent que la preuve certaine de la mission divine d'un avatar est la prédiction de sa venue. Or, les prophéties concernant le Sauveur reviennent fort souvent dans leur livre ; on y voit que Krishna est considéré comme le premier en dignité, comme la principale incarnation et que les autres lui sont de beaucoup inférieures. Dans le temps de Krishna, les oracles divins étaient mis par écrit et aussi une race de Brahmanes plus pure et plus éclairée se répandit dans l'Inde.

Krishna est l'avant-dernier avatar qui doit paraitre avant la dissolution de l'Univers (Pralaya).

Abordons la légende dont nous parlons ci-dessus.

Le merveilleux enfant devait se manifester au monde après les 31.000 premières années du kali-yuaga ; c'est-à-dire en l'an 3.101 de cet âge, qui correspond à la première année de l'ère chrétienne, selon le *Coumarica-Chanda* et le *Vicrama-Charitrâ,* ou l'histoire de *Viera maditya.*

Suivant cette même autorité, le but de cette incarnation divine était d'éloigner du monde la méchanceté et la misère, et son nom devait être alors *Saca,* ou Roi puissant ; ou Roi glorieux.

LÉGENDE. — *Saliva-hana* était fils de *Tachana* (charpentier) ; il naquit et fut élevé dans la maison d'un potier. Ce charpentier n'était pas un simple bourgeois, mais le chef des *Tacchacas,* tribu serpentine dont parle les *Puranas,* qui sont déclarés les plus habiles artistes-mécaniciens qu'il y ait au monde.

Le potier avait coutume de faire des figures d'argile pour amuser son petit-fils, qui apprit bientôt à les imiter ; il leur donnait même la vie.

Un jour, sa mère le conduisit dans un lieu plein de serpents et lui dit : « Va et joue avec, ce sont tes parents. »

L'enfant joua avec eux et n'en reçut aucun mal.

Vers la même époque, Vicramaditya, empereur de l'Inde, fut très alarmé par une rumeur générale, car des prophéties annonçaient qu'un enfant né d'une Vierge devait conquérir l'Inde et le monde entier ; aussi envoya-t-il par tout le pays des émissaires pour s'informer de la véracité de cet évènement et découvrir, si possible, le nouveau-né céleste.

Bientôt les émissaires de l'empereur revinrent auprès de leur Maitre et l'informèrent que le fait était vrai et que l'enfant céleste entrait dans sa cinquième année.

Vicramaditya leva aussitôt une grande armée, afin d'exterminer, avec l'enfant, les partisans qu'il pourrait avoir autour de lui. Il s'avança donc en grande diligence et trouva l'enfant au milieu d'innombrables figures de soldats, de chevaux et d'éléphants de guerre. L'enfant donna la vie à toutes ces figures, attaqua Vicramaditya, défit complètement son armée et le blessa lui-même mortellement de sa main sur le champ de bataille.

En mourant, le monarque ne demanda à son vainqueur qu'une chose : de permettre que son ère eût cours avec la sienne dans l'Inde, ce que l'enfant accorda, mais il lui coupa la tête et la lança au cœur de la ville d'Ujayini, qui était cependant très éloignée du champ de bataille.

Les évènements qui précèdent eurent lieu suivant le *Coumarica-chanda,* dans la première année de l'ère chrétienne, Saliva-hanan était alors âgé que de cinq ans.

Ajoutons que Saliva-hana est considéré sous trois points de vue différents, suivant les trois points de vue de sa mission ; aussi le dit-on une incarnation de Brahma, Vishnu, Civa, et le considère-t-on comme possédant conjointement trois pouvoirs ou énergies, et le désigne-t-on à cause de cela *Trivicrama.*

Sous son aspect destructeur, on le nomme Civa ; sous son aspect de douceur et sous celui de bienveillant, il est dit Vishnu.

Dans le IVe livre d'Esdras, le Christ est représenté comme *venant de la mer* ; or un de ses surnoms, en sanscrit, *Samoudra Pala,* veut dire *Fils de l'Océan.*

Le *Scanda-Purana* renferme pour ainsi dire des traditions Messianiques, ainsi dans le §42, nous lisons : quand 3100 ans du Kali-yuga seront écoulés, le roi de gloire Saca paraitra et délivrera le monde de toute misère et de tout mal. »

Or, cette date correspond précisément à la première année de l'ère chrétienne.

La déesse Kali avait prédit à Vicramaditya, que sa postérité règnerait jusqu'à ce qu'un enfant divin, né d'une Vierge, mit fin à sa dynastie.

De son côté, l'*Agni-Purana* nous apprend, dans un *Appendice,* que « dans la Ville Sainte consacrée à Pratichtana, ville assise sur un roc et appelée Saileya Dhara ou Saileyam, paraitrait Salivahana, le grand et puissant Esprit de droiture et de justice, dont les paroles seront la vérité même et dont l'empire s'étendrait sur le monde entier. Il serait le conducteur des âmes au lieu du bonheur éternel...

« La conception miraculeuse de Salivahana eut lieu dans le sein de la *Vierge,* sa mère. Il était le fils du grand *artiste* et la vertu de sa mère fut suspectée tout d'abord ; mais le chœur (*sent,* des Dévas) descendit sur la terre pour l'adorer et des ondées de fleurs tombèrent d'en haut.

Le roi de la contrée, en entendant raconter ces prodiges fut très alarmé et chercha à le faire périr ; mais ce fut en vain, car il se constitua le Maitre absolu des trois mondes : la terre, le ciel et l'enfer (monde physique, monde spirituel et monde psychique) et les bons et mauvais génies le reconnurent pour leur Seigneur et Maitre. Salivalsana avait coutume de jouer avec les serpents et de marcher sur les vipères sans en éprouver le moindre mal. Il surpassa les maitres qui l'instruisaient et quand il atteignit l'âge de cinq ans, il fit son apparition devant l'Assemblée des anciens et respectables docteurs du pays et à leur grand étonnement et admiration, il fournit l'explication de plusieurs questions ésotériques et ses paroles étaient douces comme l'*Amrita*!

Dans les copies manuscrites du *Vansavali* dont les exemplaires circulent encore aujourd'hui dans l'ouest de l'Inde, le divin Enfant de la Vierge est dénommé Samoudra Pala (Fils de l'Océan, nous l'avons vu déjà) ; on le considère comme le même personnage que *Mlech-havatara* ou l'*Incarnation de la divinité* dont il est question dans plusieurs traités d'astronomie...

Voici ce qu'on lit au sujet de l'incarnation miraculeuse de ce même enfant, dans le Vrihat-Catha : « Alors Mahadeva apparut au père de ce futur Sauveur du monde et l'informa que sa femme concevrait, que le fruit de ses entrailles serait une Incarnation divine et que son nom serait *Vicrama.*

Quand sa mère l'eût conçu, elle devint éclatante de lumière, comme le Soleil levant et cette splendeur correspond au *Nour* des Musulmans, d'où sortit Issa (Jésus).

« Dès que l'enfant fut né, tous les grands Esprits du ciel descendirent pour le saluer et l'adorer, et il tomba une pluie de fleurs en même temps que se fit entendre une musique céleste. Le Grand-Prêtre, qui n'avait point d'enfant, en eût un à cette occasion. On voit ici ce qui a pu donner lieu à un fait analogue au sujet de la naissance de saint Jean-Baptiste, fils de Zacharie, le Grand-Prêtre !

Nous lisons dans le *Raja-tarangidi* (l'histoire du Cachemire), que 146 ans après l'avènement au trône de Vicramaditya, survint le roi Arrya, qui était auparavant Premier ministre du roi Jaya-Indra, dont le nom signifie le *Seigneur de la victoire,* lequel roi Arrya serait malheureux et persécuté toute sa vie ; qu'enfin, il mourrait sur une croix, mais qu'il ressusciterait bientôt après, avec l'aide de Phani-Canya ou Vierge de la tribu des serpents et qu'alors, il deviendrait un grand Monarque.

Voici d'après un inventaire de 1682 la description de la statue de la Vierge de Chartres, dont on peut voir une représentation figurée dans le *Magasin Pittoresque,* Tome XXII, p. 64 : « Elle est vêtue d'une robe qui descend jusqu'aux talons ; par-dessus, elle a une mante en forme de chasuble antique, qui se retrousse sur le bras. Elle a un voile sur la tête, qui ne lui recouvre pas le visage, mais tombe le long du cou, et va se perdre derrière les épaules. Elle a par-dessus une couronne de feuilles de chêne, en manière de fleurons. Sa chaussure est à l'antique et l'on en aperçoit l'extrémité, au défaut de sa robe. La chaise où elle est assise est composée de quatre bâtons, joints des deux côtés de la figure, seulement par des chalumeaux de paille, sans avoir aucun fond ni dossier. L'enfant quelle tient dans ses bras a la tête nue, ainsi que les pieds. Il n'est revêtu que d'une simple tunique. Dans sa main gauche, il tient une boule et donne de sa main droite la bénédiction. Ses yeux sont ouverts, tandis que ceux de sa mère sont fermés : ce qui n'a pas été fait sans dessein, car les anciens philosophes n'ont représenté cette Mère-Vierge avec les yeux fermés, que pour marquer que celle qu'ils honoraient sous cette figure n'était pas encore au monde, tandis qu'ils ont ouvert les yeux de son enfant pour faire connaitre qu'ils le croyaient existant avant tous les siècles et de toute éternité.

On a fait de longues et consciencieuses dissertations pour démontrer que cette image était une œuvre authentique des Druides. Pour nous, le fait est indiscutable, car le travail de ce monument archaïque est des plus grossiers. La manière dont sont placées en fleuron les feuilles de chêne, la simplicité du dessin de la chaise et l'ensemble de toute l'œuvre démontrent hautement qu'on se trouve en présence d'une œuvre archaïque d'une très haute antiquité.

Cette œuvre a disparu de la cathédrale de Chartres vers l'époque de la Révolution française. Ajoutons que, sur l'emplacement actuel de Chartres, se trouvait autrefois le grand Collège des Druides.

Dans les environs de Châlons-sur-Marne, on a trouvé une statuette analogue à celle que nous venons de décrire ; or « suivant la tradition populaire, fortifiée par le témoignage de l'histoire locale, il y avait non loin de cet endroit et du Palais du Gouverneur de Châlons, sous Claude Ier et Néron, une chapelle souterraine consacrée par les Druides à la Vierge des Sectateurs d'Esus.

Là, des prêtres de Jupiter et d'Apollon se rendaient en grande pompe, le premier de chaque mois, pour faire des ablutions, réciter des vers autour d'un autel sur lequel était élevée la statue *d'une jeune fille tenant un enfant entre ses bras* et qui portait au bas cette inscription : « *Virginiparitum Druides* ». Les Druides la Vierge qui doit accoucher (d'un enfant[1]).

« Les Druides, dit Elias Schedius[2], avaient, dans l'intérieur de leurs sanctuaires, une statue consacrée à Isis ou à la Vierge qui devait enfanter le libérateur du monde. »

Au Puy, lors de la Révolution, on brula une Vierge en bois, très ancienne, dans laquelle on trouva une pierre égyptienne qui, entre autres figures, contenait celle d'Isis.

Presque tous les peuples de l'Antiquité ont eu une Vierge-Mère ; c'est là un fait incontestable et qui explique l'hommage que tous les peuples ont toujours rendu à la Virginité.

Les Juifs attendaient un Messie, qui *sans père terrestre* devait régénérer le monde par un *miracle nouveau et unique*[3].

Dans les *Nombres* (c. XXXI, v. 17, 18,35), nous voyons que les Madianites, hommes, femmes, enfants, sont passés au fil de l'épée et que Dieu « n'en exempte que les *Vierges pures* de tout commerce avec l'homme ».

Simon le *Magicien* se donnait pour « la grande vertu de Dieu ».

« N'allez pas vous imaginer, avait-il coutume de dire, que je sois un homme comme tous les autres. Je ne suis point le fils d'Antoine : car Rachel, ma mère, conçut avant de dormir avec lui, et étant encore Vierge[4]. »

C'était une ancienne croyance assez générale dans l'Antiquité que la divinité venait s'incarner de temps en temps, sous une forme humaine, pour

1. *Annales de Philosophie chrétienne.* Tome vu, p. 327. On peut également consulter : *Dom Martin, Religion des Gaulois* ; Pelloutier, *Histoire des Celtes,* L'Escalopier, *Theologia veterum Gallorum.*

2. *De Di isgermanis,* c, XIII. p. 346.

3. Cf. Drach, *Troisième lettre d'un Rabbin converti,* p. 43, 47, 48, 59, 69 et Sect. 11, c. 1, §11.

4. S. Clément, *in recogn.,* Lib. II, c. 14.

instruire et consoler les hommes.

Ces sortes d'apparitions s'appelaient *Théophanies* chez les Grecs ; et, dans les *livres sacrés* des Brahmanes, elles se nomment *Acataras.*

Or, ces mêmes livres déclarent que lorsqu'un Dieu daigne visiter le monde, il s'incarne dans le sein d'une Vierge, sans union de sexe[1].

Nous n'insisterons pas ici plus longuement sur les *nouvelles origines orientales du christianisme* ; ce qui précède a dû, sinon convaincre, tout au moins éveiller dans l'esprit du lecteur des idées et des convictions nouvelles sur les origines du christianisme.

Dans un prochain volume qui formera pour ainsi dire le complément de celui-ci ; dans *Védantisme* et *christianisme,* nous traiterons à fond la question que nous venons d'esquisser dans le présent chapitre.

1. Wiliam Jones, *Œuvres,* supplément, Tome 11, p. 548.

CHAPITRE XXI

Les historiens de Jésus de Nazareth

Nous pouvons bien dire, sans être taxé d'exagération, qu'aucune personnalité humaine n'a eu, très certainement, autant de biographes, autant d'historiens que Jésus de Nazareth. C'est pourquoi le lecteur ne saurait s'attendre, en lisant le titre du présent chapitre, à ce que nous passions en revue leurs œuvres. Un pareil travail, aussi résumé qu'il fût, demanderait certainement un gros, très gros volume. Aussi dans le présent chapitre, nous ne dirons que quelques mots sur les tout derniers historiens de Jésus-Christ, en insistant plus particulièrement sur l'œuvre de l'un d'eux. Il est un auteur qui n'a laissé sur le grand Nazaréen que des notes, mais elles font amèrement regretter que ce robuste écrivain, d'un grand savoir et de beaucoup d'érudition, n'ait pas écrit la vie qu'il projetait d'écrire. C'est Proudhon ; son livre : *Jésus et les origines du christianisme*, publié d'après des notes manuscrites inédites par Clément Rochel, a paru en 1896. Le volume n'est guère qu'une réunion de notes du grand et fécond écrivain, en vue d'un travail de critique religieuse. Il contient une virulente critique de la *Vie de Jésus* de Renan. Le grand socialiste se montre sévère, mais juste envers l'académicien. Il aurait voulu des opinions plus complètes, il n'ose dire (mais cela se voit à travers les lignes) plus franches, aurait-il même détruit ainsi, tout le système de L'Allemand Strauss ; l'œuvre de celui-ci, parue en 1835, a voulu résoudre les miracles et les hauts problèmes de la *Vie de Jésus* par une donnée mythique. D'après l'auteur allemand, il ne resterait rien, ou du moins fort peu de choses de la *Vie de Jésus,* si l'on supprimait toute la mythique messianique.

Avant Strauss, d'autres auteurs avaient élevé la même prétention ; au reste, en général, beaucoup trop d'écrivains ont considéré les faits et gestes de Jésus-Christ comme mythiques ; nous aurons l'occasion de le voir dans le cours de ce chapitre.

S'inspirant des idées de Proudhon sur le Christ, un écrivain de valeur, le comte de Renesse, a publié, il y a un an environ, un opuscule très intéressant : *Jésus-Christ, ses apôtres et ses disciples au XXe siècle.* Le style est vif, alerte, clair et harmonieux. Les idées contenues dans cet écrit ont un caractère tout moderne, elles sont hautement moralisatrices.

L'auteur prend le christianisme à ses débuts et démontre, avec une logique implacable, les fâcheuses et cruelles altérations que la doctrine du divin Nazaréen a subies durant le cours de vingt siècles.

Comme nous le disons nous-même dans le chapitre XX, M. de Renesse reproche aux apôtres et aux prêtres d'avoir, par un esprit de domination, trahi l'Évangile de leur divin Maitre, l'évangile d'amour, de paix et de fraternité pour en faire un Évangile de haine et même de sang. — D'après notre auteur, le haut clergé a acquis indépendamment de la force occulte, la force provenant de la richesse, des biens matériels, et de n'avoir pas mis, par suite, en pratique les paroles de J.-C. à ses apôtres : « N'amassez point des trésors sur la terre où la rouille et les vers les consument... Vous ne pouvez servir en même temps Dieu et les Richesses. »

Passons maintenant à l'œuvre écrite par un peintre poète qui se prétend méconnu de ses contemporains.

M. Strada est un artiste-peintre et un philosophe, ses amis le qualifient même « l'un des plus puissants penseurs du siècle ».

Ses amis nous disent aussi « qu'il croit à la science des Sanctuaires antiques, mais à une science rationnelle, comme celle de nos jours ».

Dans son volume « Jésus et l'ère de la Science », Strada croit que Jésus ne fut pas initié à la science des sanctuaires, c'est-à-dire à la science initiatique. Il en donne pour preuves que les Évangiles ne signalent pas de rapports entre lui et les Esséniens !

M. Strada se trompe, nous pensons avoir démontré que Jésus était un haut Initié ; quant à avoir appartenu à la société secrète des Esséniens, tous les lecteurs qui ont bien voulu lire ce que nous avons écrit sur les Esséniens et sur Jésus l'essénien, tous ces lecteurs, disons-nous, doivent être convaincus que Jésus était Essénien, bien que l'Évangile n'en fasse pas mention.

Pour Strada. Jésus est un Mahomet, un ignorant de génie, qui, grâce à des idées récoltées dans l'entretien de voyageurs de tous pays, qui traversaient la Galilée, se forma tout seul une opinion, une loi par la méditation. Ayant appris par les hindous que de temps à autre, Vishnou s'incarnait pour sauver le monde, il croit que lui aussi est une incarnation du Dieu d'Israël, ayant pour mission de sauver le peuple élu; les juifs, car pour Strada Jésus n'est qu'un pauvre juif, ignorant et de génie, n'ayant souci que de ses compatriotes, mais pas du genre humain.

Si Jésus avait été un humanitaire conscient, il aurait su, nous dit Strada, que ce n'est pas le sacrifice d'une victime innocente qui peut racheter les hommes. Et d'ailleurs les racheter de quoi? du péché originel, dogme juif servant de masque à un fait incompris: l'origine de l'humanité!...

Cependant, Strada veut bien reconnaitre que Jésus était un homme de grand caractère, à volonté puissante, à moi tyrannique, mais profondément ignorant et n'ayant dans la cervelle que quelques idées incohérentes, qui étaient assemblées tant bien que mal, au hasard des impressions du moment, par sa ferme volonté de dominer sur les hommes, car à force de rêver, de méditer, de chauffer sa pensée frustre au foyer brulant de son orgueil, de son personnalisme, Jésus est arrivé à croire qu'il était le Fils de Dieu, son Envoyé pour régner sur la nation juive.

Autant de mots que d'erreurs, aussi nous ne poursuivrons pas la critique du volume de Strada, une œuvre malsaine, nous dirions même criminelle, si Strada n'avait pas accompli une œuvre inconsciente; elle lui a été certainement suggestionnée par *l'Hostile,* par l'ennemi du genre humain.

À quoi bon, du reste, poursuivre une critique qui a été admirablement faite par notre ami Albert Jounet[1].

Un livre qui a une valeur toute contraire, c'est *La vie de Jésus,* du Dr Sepp; elle comporte trois parties: la première fixe les dates de la nativité et de la mort du Messie. Elle expose les faits rapportés par les quatre évangélistes dans leur relation avec l'histoire profane.

La deuxième partie: *Harmonie des Évangiles,* donne l'histoire de Jésus depuis l'apparition d'un ange à Zacharie, au pied de l'autel d'or[2], jusqu'à la descente du Saint-Esprit sur les apôtres réunis dans une sorte de synode à Jérusalem[3]. Cette partie est suivie des Actes des apôtres, avec une chronologie nouvelle concordant avec les écrits du Nouveau Testament.

Enfin, la troisième partie est une simple dissertation qui s'efforce d'être scientifique (mais combien peu, hélas!) sur l'âge du monde et sur les rapports de la rédemption avec l'astronomie, la chronologie et la mythologie

1. *Jésus-Christ,* d'après l'Évangile: Réfutation du livre de Strada: *Jésus et l'ère de la science,* 1 vol. in-8° cavalier de 420 pages, Saint-Raphaël, Imprimerie V. Chailan, avril 1900.

2. Luc, I, 8-20.

3. *Actus,* II, I-4.

de tous les peuples, c'est sans conteste la partie la plus faible.

En définitive, l'ouvrage du Dr Sepp est d'essence catholique orthodoxe et ne sort guère de la banalité des œuvres catholiques, qui ont traité le même sujet.

Au surplus, voici la pensée maitresse qui a dirigé l'auteur : « Nous voyons, dit-il[1], se développer dans toute la suite de la vie de J.-C. un accord qu'on n'avait pas soupçonné pendant longtemps entre l'histoire profane et l'histoire sainte, accord qui est le résultat des rectifications chronologiques. Ces deux histoires nous apparaissent, la première comme la trame, et la seconde comme la chair de ce tissu que la main du Tout-Puissant forme sur le métier du grand drame de ce monde ; tandis que jusqu'à aujourd'hui, elles paraissaient n'avoir aucun contact réciproque, et qu'on en était venu à regarder l'histoire évangélique comme un simple mythe. De là cette surprise, ce ravissement qui nous saisit, lorsque, par suite des nouveaux rapports que l'histoire établit entre la vie de Jésus et les autres évènements contemporains, nous voyons la scène s'agrandir devant nous et l'histoire de J.-C. encadrée, pour ainsi dire, avec une harmonie parfaite dans l'Histoire universelle de cette époque.

Nous ne poursuivrons pas le dépouillement de nos notes sur les *Historiens de la Vie de Jésus,* notes qui nous ont permis de faire un choix pour écrire notre œuvre, nous désignerons rapidement quelques auteurs, puis nous passerons à l'œuvre qui a été le plus vivement critiquée à notre époque, et cela avec juste raison, parce que l'homme qui l'a écrite a abusé d'un grand nom (plutôt d'un nom célèbre) pour écrire un Roman véritable sur Jésus ; nous avons nommé M. Renan ; c'est même après avoir lu et médité cet ouvrage, que nous nous sommes mis à écrire, nous un très humble auteur, fort peu connu, ayant toujours évité le bruit et le tapage, *Notre Vie ésotérique de Jésus de Nazareth.*

Un livre qui a joui d'une certaine célébrité, parce qu'il a été écrit par un moine et qu'il a été une sorte de réfutation de la Vie de Renan, est le *Jésus-Christ* de Didon ; mais ce dominicain, surnommé *Didon coupe-têtes* à la suite d'un discours de distribution des prix à son pensionnat d'Arcueil, était disqualifié pour écrire la vie du doux Nazaréen.

En étudiant les Évangiles, M. G. d'Eichtal a donné une esquisse de l'œuvre de Jésus, dans laquelle la pensée humaine s'est élevée beaucoup plus haut que chez un grand nombre d'auteurs qui l'avaient précédé.

1. Tome I, p. 103.

Si le p. Didon était disqualifié pour écrire la vie de Jésus, un des plus éminents hébraïsants et orientalistes de l'Europe contemporaine, M. Ewald était tout à fait qualifié pour l'écrire et pour critiquer les *Biographes de Jésus* ; c'est du reste un savant véritable celui-là, qui sans aucune réclame et aucun vernis factice brille au premier rang ; il a certainement le plus approfondi *l'Histoire du peuple d'Israël,* tel est le titre de son œuvre, dont *l'Histoire du Christ* est le cinquième volume.

La vie de Jésus de M. Ewald est une des plus remarquables qui aient été écrites à notre époque. Elle exprime très nettement ce que pense la science allemande rationaliste sur ce sujet si intéressant. Dans son étude, il met bien en vue les fautes de l'Église catholique, et bien que protestant, pensons-nous, il se montre très impartial, ce qui indique un esprit bien pondéré et un noble caractère. Ce qui plait surtout chez cet historien, c'est qu'il aime le divin Maitre, comme devraient l'aimer tous les hommes, c'est-à-dire par-dessus tout et par-dessus tous. Combien nous sommes loin, ici, de l'étude alambiquée, en tous ses points contradictoires, de M. Renan, étude écrite très certainement en vue de plaire à une certaine catégorie de lecteurs.

Parlant de cette dernière œuvre, voici ce qu'en dit Ewald, ce véritable adorateur du Christ[1] : « Nous ne pouvons malheureusement pas dire que M. Renan se soit placé à la hauteur de son sujet, et qu'il ait su, de ce vrai point de vue, contempler et décrire avec calme, je ne dis pas l'incomparable sublimité de cette histoire, mais seulement sa manifeste et simple vérité.

« Le Christ a, dans l'histoire universelle, un caractère unique, qui dépasse de beaucoup tout ce qui, de près ou de loin, pourrait lui ressembler. Nul avant lui n'offre rien de pareil ; nul après lui n'a pu, ni ne pourra, lui être comparé. »

Comme on sent bien ici l'honnête écrivain qui écrit avec tout son cœur et sans chercher à produire des effets littéraires, afin d'être applaudi par la galerie de ses lecteurs ; mais poursuivons notre citation, car toutes nos réflexions seraient bien au-dessous de l'œuvre dont nous essayons de faire respirer tout le parfum de l'amour filial à nos lecteurs.

« Il est le Christ, poursuit M. Ewald, le Messie unique, le Sauveur attendu, la fleur, le fruit de toute l'histoire humaine... C'est-à-dire qu'il (Renan) ne peut rien comprendre à sa venue, à ses discours, à ses actions, à ses souffrances, à sa victoire. Il lui manque l'idée mère, qui seule aurait pu lui apprendre à connaitre le Christ et à le décrire, tel qu'il est dans sa sublime

1. *Journal des savants,* de Gœttingue (5 aout 1963).

grandeur et dans sa pleine vérité historique.

« Et c'est précisément la pureté de ce Christ historique, ce qu'il y a en lui de plus puissant, ce qu'il y a en lui d'unique, de supérieur à toutes les autres sublimités humaines, ce qu'il y a en lui de merveilleux, et de mille fois plus merveilleux que tout miracle, c'est là ce qui demeure pour cet esprit la plus obscure énigme, et c'est avec la plus étrange légèreté qu'il mêle dans cette histoire, d'une pureté et d'une sublimité incomparables, les pensées et les imaginations les plus fausses, les plus basses et, disons-le, les plus indignes. La grandeur de l'histoire du Christ lui échappe ; il n'en voit pas le lien ni le vrai développement. Jamais, nulle part, la vie publique d'un homme n'a su se développer aussi pleinement, malgré les plus violentes vicissitudes, à partir d'une pensée unique et d'un unique élan, vers un seul but ; jamais une autre vie n'offrit à l'œil la merveille de cette simplicité et de cette pureté immuables !...

« Mais la lumière de cette histoire échappe cet auteur ; il y trouve de tristes défaillances, et des contradictions qui ne sont que dans son imagination troublée, laquelle se montre vraiment ici plus abaissée et plus mauvaise qu'elle ne saurait l'être en effet... »

Jamais une critique plus juste et aussi modérée n'a été faite de l'œuvre de Renan et c'est précisément parce quelle est sans passion, calme et modérée, quelle porte en elle une puissance véritable.

Mais poursuivons la citation de l'éminent Hébraïsant. M. Ewald se demande ensuite ce qui peut bien motiver l'infériorité de l'auteur, qui s'est tenu si fort au-dessous de son sujet, « de ce sujet qu'il a librement choisi ? »

Il trouve à cela plusieurs causes et la première serait qu'il n'a pas su rapprocher la haute personnalité du Christ de l'ensemble historique d'Israël et alors M. Ewald ajoute avec son style poétique : « Or sans cela (sans ce rapprochement) il est entièrement impossible de connaitre le Christ historique et de l'estimer ce qu'il est, car il n'est que la plus haute fleur, et, autant que le fruit entier peut se trouver dans un seul homme, il est le fruit de cette grande histoire. Il est le terme de tout ce développement. Il est, dans toute cette suite, celui qui devait venir, qui est prévu, et attendu, et qui pourtant, lorsqu'il arrive se trouve absolument inattendu, comme quand la fleur que l'on attend vient en effet, elle vient tout autre que ne pourrait le soupçonner, à voir les branches et les feuilles de l'arbuste, quiconque ne l'eût pas encore vue fleurir.

« Faibles comparaisons ! s'il est vrai que nous avons ici devant les yeux la sublimité historique la plus haute que l'esprit puisse concevoir, et qui, dans le cours entier de l'histoire, ne pouvait s'accomplir que dans cet homme unique, savoir : le plus parfait concours, le plus intime accord de la logique providentielle et nécessaire de Dieu et de la liberté humaine la plus puissante et la plus pure, accomplissant ensemble l'œuvre divine et humaine la plus haute.

« Il ne suffirait pas de connaitre, même très exactement, cette histoire de vingt siècles pour comprendre, par cela seul, l'œuvre historique du Christ. L'œuvre et l'action du Christ, telle quelle s'est développée au grand jour de l'histoire, est quelque chose de pleinement original, que ne peuvent aider à comprendre, ni les faits antérieurs au Christ, ni toutes les espérances ou pressentiments de l'Antiquité : c'est l'œuvre propre et personnelle purement et pleinement libre de J.-C. »

M. Renan avait peut-être en lui toute l'étoffe nécessaire pour écrire *l'Abbesse de Jouarre,* mais à coup sûr, il n'avait aucune des qualités requises pour écrire la vie du *Sauveur du monde,* une preuve certaine de cette incapacité nous est fournie par la page suivante qui montrera ce que M. Renan pense de l'humanité : « l'histoire est impossible, dit l'auteur de l'abbesse de Jouarre, si l'on n'admet pas hautement qu'il y a pour la sincérité plusieurs mesures... Il nous est facile à nous autres, impuissants que nous sommes, d'appeler cela mensonge, et fiers de notre timide honnêteté, de traiter avec dédain les héros qui ont accepté dans d'autres conditions les luttes de la vie. Quand nous aurons fait avec nos scrupules, ce qu'ils firent avec leurs mensonges, nous aurons le droit d'être sévère pour eux... le seul coupable en pareil cas, c'est l'humanité qui veut être trompée... »

Après cette tirade on peut tirer l'échelle, ce nous semble. Le penseur le moins clairvoyant peut voir comment M. Renan apprécie l'histoire humaine et que cet auteur, ce vaste *puits d'érudition,* comme le nommaient ses collègues de l'Institut, était incapable de juger sainement de Jésus et d'écrire, partant, son admirable histoire.

Mais là, où surtout se montre la faiblesse de l'auteur, c'est dans son chapitre sur les miracles. Ici il se montre tout à fait incompétent. — Jésus, en effet, était pour M. Renan « un simulateur », il rejette le Christ au rôle de prestidigitateur de bas étage !

Pour se permettre toute invention et donner libre carrière à son imagination déréglée, Renan écrit[1] : « Dans un tel effort pour faire revivre les hautes

1. Vie de Jésus, Introduction, p. IV.

âmes du passé, *une part de divination et de conjecture est permise.* Une grande vie est un tout organique qui ne peut se rendre par la simple agglomération de petits faits. Il faut qu'un sentiment profond embrasse l'ensemble et en fasse l'unité. *La raison en pareil sujet est un bon guide*; le tact exquis d'un Goethe trouverait à s'y appliquer, etc. »

Les passages en italiques ont été soulignés par nous, afin d'y attirer l'attention du lecteur, pour lui bien faire comprendre qu'ainsi armé un auteur est libre de se livrer à toutes ses fantaisies et peut transformer en fables, l'histoire; M. Renan a usé et mésusé même de cette faculté.

Et cependant, un enthousiaste de Renan, M. Havet, a osé écrire cette phrase: « La légende de Jésus entre aujourd'hui solennellement dans l'histoire. »

C'est bien le cas de répéter: « Qui trompe-t-on ici ? »

Le livre de M. Renan fait entrer Jésus dans l'histoire ! Heureusement que cette parole est fausse; quoi ! M. Renan aurait découvert le Christ tel qu'on doit le connaitre !

Quelle imposture ! M. Renan n'a fait que calomnier le Christ, quant à l'histoire, il l'a mise sous ses pieds !...

« Jésus, dit Renan, n'a pas la moindre notion d'une âme séparée du corps ». — Or, Jésus profond ésotériste, a toujours démontré le contraire de cette affirmation : « Ne craignez point ceux qui ôtent la vie du corps, a-t-il dit[1], et qui ne peuvent faire mourir l'âme, mais craignez plutôt celui qui peut faire périr et l'âme et le corps dans la Géhenne. »

Voilà ce que dit Mathieu, que M. Renan nous donne comme l'évangéliste qui a fourni les discours de Jésus *les plus authentiques.*

Or, Jésus connaissait non seulement l'âme et le corps comme distincts dans l'homme, mais encore le *double éthérique.* Nous aurions à fournir comme preuve de ce fait que les Pères de l'Église qui avaient connaissance de ce corps éthérique avaient dû l'apprendre par la tradition transmise par les apôtres et les disciples de Jésus-Christ.

Origène[2] a écrit : « L'âme sera revêtue après la mort de son corps *éthérique,* qui ressemble au corps terrestre; elle garde ce corps jusqu'à la résurrection finale de la chair... »

1. Mathieu, X, 23.

2. *Fragin. de Résurrect.* Ed. Paris, Op. I, p. 35.

Voici un passage, qui témoigne que le grand érudit Renan ne connait pas un mot d'*ésotérisme :* « Quoique né (Jésus) à une époque où le principe de la science positive était déjà proclamée (ceci nous parait un peu paradoxal), mais poursuivons, « il vécut en plein surnaturel. Jamais, peut-être, les juifs n'avaient été plus possédés de la soif du merveilleux. Philon, qui vivait dans un grand centre intellectuel et qui avait reçu une éducation très complète, ne possède qu'une science chimérique et de mauvais aloi. — Jésus ne différait en rien sur ce point de ses compatriotes. Il croyait au diable, qu'il envisageait comme une sorte de génie du mal, et il s'imaginait, avec tout le monde, que les maladies nerveuses étaient l'effet de démons, qui s'emparaient du patient et l'agitaient ! Le merveilleux n'était pas, pour lui, l'exceptionnel ; c'était l'état normal. La notion du surnaturel, avec ses impossibilités, n'apparait que le jour où nait la science expérimentale de la nature. L'homme étranger à toute idée de physique, qui croit qu'en priant il change la marche des nuages, arrête la maladie et la mort même, ne trouve dans le miracle rien d'extraordinaire, puisque le cours entier des choses est pour lui le résultat de volontés libres de la divinité. Cet état intellectuel fut toujours celui de Jésus. Mais dans sa grande âme, une telle croyance produisait des effets tout opposés à ceux où arrivait le vulgaire. Chez le vulgaire, la foi à l'action particulière de Dieu, amenait une crédulité niaise et des duperies de charlatans. Chez lui, elle tenait à une notion profonde des rapports familiers de l'homme avec Dieu et à une croyance exagérée dans le pouvoir de l'homme ; belles erreurs qui furent le principe de sa force ; car si elles devaient un jour le mettre en défaut aux yeux du physicien et du chimiste, elles lui donnaient sur son temps une force dont aucun individu n'a disposé avant lui ni depuis[1]. »

Tout ce qui précède peut s'expliquer par l'Occultisme : Jésus n'avait pas soif du merveilleux, car tous les faits dits *miraculeux* qu'il produisait, s'expliquent pour l'ésotériste aux chapitres XII et XIII qui traitent des miracles, nous en avons suffisamment parlé.— En ce qui concerne le Diable, nous dirons qu'en tant que personnage, il n'existe pas, mais la quantité d'Entités mauvaises, méchantes et malsaines créées par les passions ou la méchanceté des hommes, ces entités sont bien réelles et constituent, par leur ensemble, ce qu'on est convenu de dénommer le *Mal* ou le *Diable.*

Pour traiter toutes ces questions dites *merveilleuses,* miraculeuses, il faut connaitre beaucoup d'ésotérisme et encore, à notre époque, ces questions sont fort peu connues, à peine sont-elles étudiées depuis une vingtaine

1. Renan, *Vie de Jésus,* pages 41 et suivantes.

d'années par une jeune École Occultique.

Nous donnerons comme conclusion de la critique de l'œuvre de M. Renan une étude de M. Keim parue dans un journal allemand[1]. Le rédacteur de cette étude appartient à l'École rationaliste de Tubingue, héritière de Strauss, de Bauer et autres Exégètes allemands, l'étude étant fort longue nous nous bornerons à donner seulement une partie de la conclusion : « C'est un roman... Ce sont de nouveaux *mystères de Paris,* écrits avec rapidité pour amuser, sur un terrain sacré, un public de profanes. Sur toutes les questions graves, le livre est nul, scientifiquement parlant...

« Au lieu de se jouer de cette grande histoire de Jésus que tous les siècles contemplent avec recueillement, au lieu de flatter les esprits blasés, de contrister les croyants et *& outrager la science, je parle de la science libre,* que M. Renan se remette au travail avec conscience et recueillement, qu'il n'essaye plus d'écrire en six mois, dans une hutte de maronites, et entouré de cinq ou six volumes, l'histoire des temps apostoliques annoncée dans son introduction : alors, il pourra obtenir son pardon des amis de l'Histoire véritable, qui, aujourd'hui, rient de son singulier triomphe. »

Pour tous ceux qui connaissent à fond l'œuvre de Renan, cette critique bien sévère est très juste, aussi on ne comprend guère l'engouement du public français pour un tel livre, ou plutôt on se l'explique, par le lancement d'un puissant éditeur, qui, ayant payé fort cher un manuscrit, tenait à rentrer dans son argent ; comme on le voit, c'est une simple affaire commerciale.

Dans la *Revue de Théobgie protestante* de Strasbourg[2], M. Colani, celui-là même dont M. Renan recommande dans son introduction les œuvres[3], écrit du roman de Jésus ceci :

« On le voit : à l'aide de combinaisons étranges, ou plutôt de décisions *on ne peut plus arbitraires,* M. Renan s'est tracé un cadre de la vie de Jésus qui n'est, ni celui des Synoptiques, ni celui de saint Jean, mais qui se compose de quelques éléments arrachés violemment à celui-ci, et puis complètement transformés... Tout ce cadre, ajoute un peu plus loin M. Colani, est de pure invention, je le répète, quant aux faits et même aux dates. Mais ce qui est de beaucoup plus grave, c'est le procédé inouï d'après lequel M. Renan, brisant en mille pièces les récits et les discours des Évangiles, en distribue les fragments comme bon lui semble... Ici toute discussion est inutile... Il

1. Traduit de *Gazette d'Augsbourg* des 15, 16 et 17 sept. 1863.

2. Année 1864, *5e Livraison,* page 400 et *suiv.*

3. Introduction, page LIV.

doit suffire de protester énergiquement contre ces perpétuels coups d'État, et de protester, non pas au nom d'un préjugé religieux, mais au nom de la science, au nom de la critique, au nom de l'histoire. »

Cette critique est fort juste et ne fait que corroborer la plupart de celles qui ont été formulées contre la *Vie de Jésus* de l'ancien *Sulpicien.* En lisant son œuvre, nous aussi nous avions été singulièrement affecté, de ce qu'un érudit, un écrivain célèbre et renommé eût osé se moquer de son public, au point décrire le passage relevé au sujet de la hutte maronite, passage que voici ; nous nous en voudrions beaucoup de ne point le faire connaitre à nos lecteurs : « Le livre, dit notre auteur, a été, de la sorte, composé tout entier fort près des lieux mêmes où Jésus naquit et se développa. Depuis mon retour, j'ai travaillé sans cesse à vérifier et à contrôler dans le détail l'ébauche que j'avais écrite à la hâte dans une cabane maronite, avec cinq ou six volumes autour de moi. »

Nous ne poursuivrons pas l'étude d'autres auteurs de la *Vie de Jésus*, mais en dehors des œuvres déjà signalées, nous donnerons une mention spéciale aux suivantes : de Pressensé, *Jésus Christ, son temps, sa vie son œuvre* ; P. de Régla, *Jésus de Nazareth* ; Adrien Peladan, *Histoire de Jésus-Christ d'après la science*[1], enfin au point de vue artistique, nous ne saurions faire un trop grand éloge du beau livre du peintre James Tissot.

1. Un auteur allemand J. Kuhn, a donné sous le même titre une vie remarquable de J. C.

POSTFACE

La Vie ésotérique de Jésus, que nous venons de présenter au lecteur, comporte en elle-même sa conclusion, aussi nous trouvons bien inutile d'en écrire une ; seulement nous voulons, avant de quitter le lecteur et notre sujet, dire encore quelques mots.

Nous avons la prétention de n'avoir pas écrit une Vie banale de Jésus, comme il en existe déjà tant.

Notre travail a-t-il quelque mérite ?

Ce n'est pas nous qui pouvons en décider !

Mais ce qu'il nous sera permis de dire, c'est qu'à défaut de mérites, notre travail aura toujours pour lui l'originalité ; il ouvrira ensuite certainement, aux esprits hautement spiritualistes, des horizons nouveaux et leur fera pressentir en Jésus une Personnalité que, jusqu'alors, ils n'avaient pas soupçonnée.

Un autre mérite que nous revendiquons pour notre œuvre, c'est qu'elle est franche et honnête et n'a pas été écrite dans un but de sectarisme quelconque. Malheureusement, l'écrivain contemporain écrit trop souvent d'après des inspirations étrangères à ses convictions, à son esprit, et cela pour une raison quelconque.

Ce que nous venons de dire peut s'appliquer à une grande partie des historiens de la *Vie de Jésus.*

Nous avons lu de très nombreux ouvrages qui traitent de ce sujet qui nous intéresse si fort et trop généralement nous avons trouvé que des hommes passionnés ont écrit non pour retrouver le *Christ historique,* mais pour rétorquer des arguments, pour détruire des données ou des idées quelconques, pour faire, accepter ou rejeter certains principes ou dogmes ; et voilà pourquoi est si peu connue encore la *Vie historique* de Jésus-Christ. — Tels sont les seuls motifs qui nous ont poussé à écrire la vie que nous venons d'offrir au public instruit et quelque peu ésotériste, car notre œuvre contient beaucoup plus d'ésotérisme quelle parait de prime abord. Il faut savoir la lire entre les lignes, il faut surtout méditer certains chapitres et certaines parties du volume.

Alors, l'étudiant trouvera après chaque lecture de nouveaux enseignements.

Quand il possédera parfaitement l'esprit de notre œuvre, il commencera par entrevoir la beauté, l'éclatant rayonnement de cette majestueuse figure de Jésus, qui éclaire si vivement le monde par sa bonté, sa charité et par son amour.

Alors, l'étudiant saura fort bien distinguer (ce que nous avons vivement désiré) entre le Christ mythique et légendaire et le CHRIST HISTORIQUE.

Cette distinction établie et bien comprise nous dédommagera largement des fatigues et des travaux de notre œuvre.

Un dernier mot encore : Avons-nous rétabli la grande figure historique de Jésus de Nazareth ? Nous ne le pensons pas ; et nous nous plaisons à répéter ici, ce que nous avons dit dans le courant d'un chapitre : « Notre livre sera un *pont,* où une simple passerelle, si l'on veut, entre le *Christ mythique* et le *Christ historique.* Il aura eu le mérite d'avoir largement ouvert la voie historique ; en tous cas, nous pouvons dire, en déposant la plume, comme a dit le grand Montaigne :

« Cecy est un livre de Bonne foy ! »

Fin

Les Éditions **Discovery** est un éditeur multimédia dont la mission est d'inspirer et de soutenir la transformation personnelle, la croissance spirituelle et l'éveil. Avec chaque titre, nous nous efforçons de préserver la sagesse essentielle de l'auteur, de l'enseignant spirituel, du penseur, guérisseur et de l'artiste visionnaire.

www.ingramcontent.com/pod-product-compliance
Lightning Source LLC
Chambersburg PA
CBHW022120080426
42734CB00006B/192

9781788943390